本教材为贵州省普通本科高校省级“金课”（一流课程）——“商贸流通专业群贸易实务虚拟仿真实验”的研究成果之一

国际商务综合实验教程

李晓璇　等／编著

韦海燕　梁力凡　周思淼　孙淑梅　罗祥周／参编

西南财经大学出版社

中国·成都

图书在版编目(CIP)数据

国际商务综合实验教程/李晓璇等编著.—成都:西南财经大学出版社,2022.10
ISBN 978-7-5504-5438-5

Ⅰ.①国…　Ⅱ.①李…　Ⅲ.①国际商务—实验—教材　Ⅳ.①F740-33

中国版本图书馆 CIP 数据核字(2022)第 125837 号

国际商务综合实验教程

GUOJI SHANGWU ZONGHE SHIYAN JIAOCHENG

李晓璇　等 编著

策划编辑:高小田
责任编辑:高小田
责任校对:雷　静
封面设计:墨创文化
责任印制:朱曼丽

出版发行	西南财经大学出版社(四川省成都市光华村街 55 号)
网　　址	http://cbs. swufe. edu. cn
电子邮件	bookcj@ swufe. edu. cn
邮政编码	610074
电　　话	028-87353785
照　　排	四川胜翔数码印务设计有限公司
印　　刷	郫县犀浦印刷厂
成品尺寸	185mm×260mm
印　　张	20. 75
字　　数	1118 千字
版　　次	2022 年 10 月第 1 版
印　　次	2022 年 10 月第 1 次印刷
书　　号	ISBN 978-7-5504-5438-5
定　　价	59. 80 元

前言

QIANYAN

应用型本科教育的宗旨是培养符合新时代要求，专业基础实、实践能力强的高素质应用型人才。实践教学是高素质应用型人才培养的重要环节，规范实践教学内容和训练体系，是保证教学质量的关键。目前，应用型本科院校用于指导国际商务专业实践教学的、系统性的专业实验教材短缺。为此，在西南财经大学出版社的热情支持下，结合多年对国际商务专业实践教学的体会，我们编著了活页式实验教材。

本教材的编写坚持以习近平新时代中国特色社会主义思想为引领，全面贯彻党的教育方针，落实立德树人根本任务，始终牢记“为党育人、为国育才”的使命，立足于应用型本科教育，以培养国际商务职业化人才为指导思想，将课程思政融入教材，强调职业素质的培养，突出应用与实践能力训练，将学生应具备的职业能力分解为三篇。第一篇为国际商务专业职业基础综合素质训练；第二篇为开拓国际市场专业基本技能训练；第三篇为国际商务专业综合应用能力训练，主要介绍国际商务专业学生应该具备的素质和能力，通过实验，整合串联各门专业课的知识点，让学生具备国际商务专业职业素养，拥有完整的国际商务专业职业能力。

教材适合应用型本科国际商务、国际贸易和商务英语等涉外专业的学生使用，也可作为企业国际商务从业人员的培训用书。

贵州商学院参与本教材编写的老师如下：李晓璇、韦海燕、梁力凡、周思淼、孙淑梅、罗祥周。全书由李晓璇副教授负责教材体例的确定，教材的修改、总纂与最后审定。在教材的编著过程中参阅了近年来有关国际商务人才综合素质培养方面的教材、著作和研究成果，在此对这些教材、著作和研究成果的作者表示感谢。

鉴于作者的水平、实践教学经验有限，书中难免存在不足之处，欢迎各位读者批评指正。

李晓璇

2022年7月于贵阳

目录

CONTENTS

第一篇　国际商务专业职业基础综合素质训练

第二篇 开拓国际市场专业基本技能训练

第三篇　国际商务专业综合技能应用能力训练

第一篇

国际商务专业职业基础综合素质训练

第一章
国际商务从业人员职业道德与潜能提升训练

职业化是个人在工作岗位上赖以成功的基本条件之一。每个人在一生当中都会选择某种职业，而无论从事何种职业都需要具备职业化的工作技能、职业化的工作形象、职业化的工作态度、职业化的工作道德，这不仅是社会对从业人员的基本要求，而且是对从事国际贸易活动人员的素质要求。在涉外工作中，业务员不仅代表个人和公司，而且代表国家，代表中国形象。本章主要介绍了国际贸易专业的职业化与团队建设的要求，为拟进入国际贸易专业学习的学生提供测试职业倾向的方法。

第一节 职业意识与国际商务理念训练

职业意识就是个人将自己的前途和对未来的美好追求寄托在具体的职业上并将此作为接受教育的主要目的。

一、训练的目的

（1）要求学生了解专业与职业的关系，专业意识是职业意识的保证。事情做得专业，工作才能做得职业。

（2）要求学生在了解自身思维特征、性格特点、兴趣爱好的前提下，初步确定个人的职业选择倾向和人生发展目标，明确自己的职业发展方向和规划。

（3）要求学生掌握团队的概念，按教师的要求组建团队并确定团队的宗旨、目标、分工、职责，学会在团队内部协调和团队之间沟通，达成团队目标。

二、职业倾向测试

（一）职业倾向测试一

Work individually: It will help you to make a smart career choice if you know your unique qualities—your abilities, talents, needs, values, and interests. Here is a quiz to help you learn more about yourself. Read each statement and decide if it describes you (when compared with other students).

1. What do I like?

(1) I like to work with animals, tools, or machines.

A. True B. Mostly C. Not true

(2) I like to study and solve math or science problems.

A. True B. Mostly C. Not true

(3) I like to do creative activities like art, drama, crafts, dance, music, or creative writing.

A. True B. Mostly C. Not true

(4) I like to do things where I can help people—like teaching, first aid, or giving information.

A. True B. Mostly C. Not true

(5) I like to leak and persuade people, and to sell things and ideas.

A. True B. Mostly C. Not true

(6) I like to work with numbers, records, or machines in a set, orderly way.

A. True B. Mostly C. Not true

2. How do I see myself?

(1) I am practical, mechanical, and realistic.

A. True B. Mostly C. Not true

(2) I am precise, scientific, and intellectual.

A. True B. Mostly C. Not true

(3) I am artistic, imaginative, original, and independent.

A. True B. Mostly C. Not true

(4) I am helpful, friendly, and trustworthy.

A. True B. Mostly C. Not true

(5) I am energetic, ambitious, and sociable.

A. True B. Mostly C. Not true

(6) I am orderly, and good at following a set plan.

A. True　　B. Mostly　　C. Not true

3. What do I value?

(1) I value practical things you can see and touch like plants and animals you can grow, or things you can build or make better.

A. True　　B. Mostly　　C. Not true

(2) I value the creative arts—like drama, music, art, or the works of creative writers.

A. True　　B. Mostly　　C. Not true

(3) I value helping people and solving social problems.

A. True　　B. Mostly　　C. Not true

(4) I value success in politics, leadership, or business.

A. True　　B. Mostly　　C. Not true

(5) I value science.

A. True　　B. Mostly　　C. Not true

(二) 职业倾向测试二

The test measures how similar you are to six basic types of people: realistic type, investigative type, artistic type, social type, enterprising type and conventional type. Occupations can also be grouped according to these six types. Generally, you will be happiest in a job that matches your personality type. Now, let's have a look at the questionnaire and find out what type of person you are exactly.

1. The Realistic Personality Type

(1) likes to work with animals, tools, or machines;

(2) generally avoids social activities like teaching, counseling, nursing, and informing others;

(3) has good skills in working with tools, mechanical drawings, machines or animals;

(4) values practical things you can see and touch—like plants and animals you can grow, or things you can build or make better;

(5) sees self as practical, mechanical, and realistic.

In the Realistic group, for example, there are jobs like animal caretaker, farmer, firefighter, guard, police detective, architect, engineer, surveyor, inspector, cost estimator, aircraft pilot, upholsterer, plumber, carpenter, mason, mechanic, sailor, production manager, driver, operator, clerk, librarian, chef, jeweler, welder, computer programmer, optician, appliance repairer, landscape architect, electrician, etc.

2. The Investigative Personality Type

(1) likes to study and solve math or science problems;

(2) generally avoids leading, selling, or persuading people;

(3) has good skills at understanding and solving science and math problems;

(4) values science, and sees self as precise, scientific, and intellectual.

In the investigative group, for example, there are jobs like scientist, astronomer, chemist, geologist, meteorologist, physicist, urban planner, sociologist, marketing researcher, historian, economist, dentist, surgeon, biomedical engineer, information system manager, computer support specialist, curator, actuary, lab technician, etc.

3. The Artistic Personality Type

(1) likes to do creative activities like art, drama, crafts, dance, music, or creative writing;

(2) generally avoids highly ordered or repetitive activities;

(3) has good artistic abilities—in creative writing, drama, crafts, music, or art;

(4) values the creative arts—like drama, music, art, or the works of creative writers;

(5) sees self as expressive, original, and independent.

In the Artistic group, for example, there are jobs like biographer, editor, writer, poet, architect, cartoonist, commercial/graphic/industrial/interior designer, painter, sculptor, photographer, actor/actress, dancer, director, disk jockey, producer, radio and TV announcer, composer, musician, orchestra conductor, singer, etc.

4. The Social Personality Type

(1) likes to do things to help people—like teaching, counseling, nursing, or giving information;

(2) generally avoids using machines, tools, or animals to achieve a goal;

(3) has good skills at teaching, counseling, nursing, or giving information;

(4) values helping people and solving social problems;

(5) sees self as helpful, friendly, and trustworthy.

In the Social group, for example, there are jobs like coach, umpire, recreation and fitness worker, schoolteacher, special education teacher, instruction coordinator, librarian, childcare worker, personal and home care aide, dietitian, clergy or religious worker, employment counselor, probation officer, social worker, registered nurse, etc.

5. The Enterprising Personality Type

(1) likes to lead and persuade people, and to sell thing and ideas; generally avoids activities that require careful observation and scientific, analytical thinking;

(2) is good at leading people and selling things or ideas;

(3) values success in politics, leadership, or business;

(4) sees self as energetic, ambitious, and sociable.

In the Enterprising group, for example, there are jobs like counter/rental clerk, sales agent, sales representative, travel agent, hair stylist, bartender, flight attendant, reservation or ticket agent, waiter/waitress, lawyer, judge, business manager, management consultant, top executive, school superintendent, public relations specialist, reporter, news analyst, desktop publisher, customs inspector, occupational safety and health specialist, etc.

6. The Conventional Personality Type

(1) likes to work with numbers, records, or machines in a set, orderly way; generally avoids ambiguous, unstructured activities;

(2) is good at working with written records and numbers in a systematic, orderly way;

(3) values success in business;

(4) sees self as orderly, and is good at following a set plan.

In the Conventional group, for example, there are jobs like computer operator, data entry keyer, file clerk, mail carrier, office clerk, measurer/checker, typist, bank teller, cashier, dispatcher, receptionist, switchboard operator, loan office, secretary, administrative assistant, accounting clerk, billing clerk, book-keeper, stock clerk & order filler, claim examiner, hotel/motel desk clerk, etc.

(三) 职业倾向测试三

1. It's easy to talk about all the nice thing you desire in a job offer, but it's far from easy to land yourself on a job which is not very desirable, especially for a young man without much work experience and social connections. The following tips may be helpful for young jobseekers:

(1) Chances of getting a job are better with smaller companies than with large ones.

(2) Do homework by yourself. Identify your skills in great detail, and in priority.

(3) Research your potential employer. Find out all we can about the organization.

(4) Be persistent. Keep at the job hunt—make return visits.

(5) Investigate many different organizations or businesses for job openings. Don't limit yourself to one type of organization.

(6) Don't "put all of your eggs in one basket" —such as relying only on relatives, just sending out resumes, or just applying to your first employer choice.

(7) Get as many other people helping you look for a job as possible: friend relatives, coworkers, professionals, and so on.

(8) Look as sharp as possible. Be clean, well-dressed and alert.

(9) No one "owes" you a job. It's up to you to "win" a job by showing a potential employer you have the right attitude and skill.

2. Activity sheet for occupation-hunters.

(1) What do you like to do?

(2) What are you good at?

(3) What do you expert for the job?

(4) Do you like physical or outdoor activities?

(5) Do you mind traveling a lot?

(6) Are you patient with children or the elderly?

(7) What do you want to do when you graduate from college?

(8) What do your parents think of your choice of career?

(9) Will your parents' attitude influence your choice of career?

(10) How can you find out which career is suitable for you?

3. If you are sure about those questions, continue to answer the following questions to make a clearer picture about your career.

(1) What do people exactly do at work?

(2) Is the job interesting or boring?

(3) What are the skills or knowledge required for this job?

(4) What qualifications or certificates are required for this job?

(5) What is the responsibility of the job?

(6) What future prospects does this job offer?

(7) Does the job require a lot of contact with the public or co-workers?

4. If you are not clear about the above questions you may have several ways to find the answers.

(1) Internet: Search the answers in all kinds of websites, there's all kinds of information.

(2) School library.

(3) Teachers.

(4) Newspapers and magazines.

(5) Investigation: Investigate all kinds of companies, hotels, travel agencies to get your useful.

根据自己的测试判断自己是否适合在国际贸易的职业方向发展，明确今后自己的职业发展方向。

在大学的学习生涯中每个人都面临四种发展任务，如图 1-1 所示。

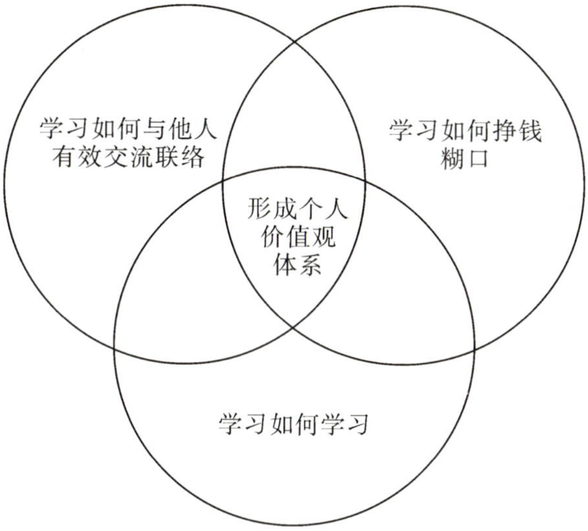

图 1-1 四种发展任务

以上四种任务的核心是形成个人的职业意识和职业价值观念。

三、职业意识与国际贸易理念建立

（一）对职业人的认识

从经营人生的角度来考虑，可以把人分成四类：

（1）不经营自己，也不经营别人；

（2）不经营自己，由别人来经营自己；

（3）经营自己；

（4）经营自己，也经营别人。

第一类人无任何经营之意义；第二类人碌碌无为；第四类人就是我们称为“老板”的人；而第三类人称为“职业人”。因此，简单来说，“职业人”就是懂得如何为自己创造美好生活的人。

（二）国际贸易专业对职业素质、知识和技能的要求

（1）合作精神。“职业人”是企业的合作者，他们总是积极参与企业的运作。

（2）能力要求。①专业基础及相关知识方面：基本掌握经济运营类专业的基础知识和基本理论；初步掌握经济学原理、统计学原理、公共关系、经济应用数学和经济应用写作的基本理论和原理，能够运用相关的理论和原理对专业理论知识和专业实践活动中的问题进行有效的分析和解决。②专业理论与知识技能方面：系统掌握国际贸易、国际金融实务、国际商法、中国对外贸易概论等方面的理论知识；掌握国际贸易

活动中，国际市场开拓、跨国经营、国际贸易谈判、进出口业务等方面的专业知识，了解与商务活动相关的企业核算等方面的知识。③专业实务操作技能方面：具有一定的开拓国际市场能力、涉外交流能力；从事基本的进出口业务能力；应用计算机和相关电子办公设备处理电子单证、进行相关信息交流的能力；具备一定的英语听、说、读、写的能力。④专业综合能力方面：具备基本的应用国际贸易专业的知识和技能，具有一定的信息收集与处理能力、知识更新能力，利用外语进行基本生活交流和业务交流的能力，具备国际贸易活动的相关职业资格认证所要求的实际操作能力。

（三）个人素质与修养要求

1. 具备健康常识

（1）具有一定的体育运动知识；掌握科学锻炼身体的基本技能，养成良好的体育锻炼和卫生习惯，具有健康的体魄。

（2）心理平衡能更好地做到生理平衡，合理的膳食是我们保持健康必须长期坚持的生活习惯。

（3）定期体检是健康管理的开始。

（4）重视个人的健商（HQ）。

健商（HQ），是健康商数（health quotient）的缩写，代表一个人的健康智慧及其对健康的态度。健商包括五大要素：

①自我保健。自己主宰自己的健康命运，不把自己的健康都交给医生，通过健康的生活方式、乐观的生活态度来控制健康。

②健康知识。一个人对健康知识掌握得越多，就越能对自己的健康做出明智的选择。

③生活方式。作息、饮食、价值观等生活习惯和方式，对健康的作用举足轻重，不良的生活方式已成为我们的健康大敌。

④心理健康。学会倾诉和发泄，合理安排工作学习时间，保持心理平衡。精神上感到满足的人，常能健康长寿。

⑤生活技能。通过重新评估环境，包括工作和人际关系来改善生活，掌握保持健康的秘诀和方法。

2. 情商（EQ）管理

情商（emotional intelligence quotient，EQ），又称为“情绪智力”，是近年来心理学家们提出的与智力和智商相对应的概念。它主要是指人在情绪、情感、意志、耐受挫折等方面的品质。情商最初由美国耶鲁大学心理学家彼得·萨洛维（Peter Salovey）和新罕布什尔大学的约翰·梅耶（D. Mayer）于 1990 年提出，但并没有引起全球范围内的关注，直至 1995 年，时任《纽约时报》的科学记者丹尼尔·戈尔曼出版了《情商：为什么情商比智商更重要》一书，才引起全球性的情商研究与讨论，因此，丹尼尔·

戈尔曼被誉为“情商之父”。总的来讲，人与人之间的情商并无明显的先天差别，更多与后天的培养息息相关。

情商管理主要包含五个方面的内容：

（1）了解自我，能够察觉某种情绪的出现，观察和审视自己的内心体验，监视情绪时时刻刻的变化。它是情感智商的核心。

（2）自我管理，调控自己的情绪，使之适时适度地表现出来。

（3）自我激励，能够依据活动的某种目标，调动、指挥情绪的能力。

（4）识别他人的情绪，能够通过细微的社会信号、敏感地感受到他人的需求与欲望。

（5）处理人际关系，调控与他人的情绪反应的技巧。

此外，职业人还应具有良好的仪态和个人形象气质，较强的语言表达能力，以及一定的美学知识和审美观。

（四）建立职业意识，并掌握正确实践的方法

1. 定义国际贸易专业的职业，确定国际贸易专业的各种职业信息

①国际贸易专业有关职业的种种称呼；②国际贸易专业有关职业的具体表现形式，包括文字说明与图形呈现；③这种职业的起源表现为什么形式；④这种职业首先在哪些国家受到重视，它给个人和社会带来了些什么；⑤在我国，人们如何认识这种职业，社会的进步是否需要这种职业；⑥从事这种职业有无特殊的知识和个性品质要求；⑦完成我们未来的国际贸易有关职业展望演讲稿，出一期国际贸易专业的招生宣传专辑。附加目录，装订成册送交系资料室典藏。

2. 信息搜寻

①向学校图书管理员请教图书馆内有哪些可用的资源，及学习如何利用资源。②访问专家、学者、企业家，请其提供相关信息。③加入相关主题的微信或 QQ 讨论群。④利用图书馆馆藏目录查询。学生讨论适当的“关键词”。如：键入国际贸易项目名或“贸易”或“某某年”为关键词；查看该书属于哪一个图书分类，便于到架上查看内容是否符合需要。⑤利用网络检索相关的电子资源。键入关键词，知道简易的布尔表达式查询法，如 and，or，not 的运用，以免找到太多不必要的资料。如：“国际贸易”and 职业 and 选择。

3. 取得信息

查到的资源可能是印刷品，也可能是网络信息，要先知道它们典藏或陈列的位置，再透过借阅、影印、打印等取得信息。经同学合作整理出相关信息如下：①学校图书馆馆藏；②其他公共图书馆馆藏；③电子资源；④实地调查资源。

4. 利用信息

取得信息后，经浏览、阅读、组织、分析选出与主题有关的部分，编辑成电子资

料。在此阶段，学习和阅读信息，并做好阅读笔记。

5. 整合信息

①将组员搜集到的资料分门别类，找出各定义问题所需的信息。②将①中搜集到的资料和信息进行归档，以备后用。③小组讨论如何以最吸引人的海报设计来呈现研究的成果，彼此分工用计算机文书处理成海报，展示在教室内，并做口头介绍。

6. 评估信息

①要求学生填写学习日志，学生需在学习单元回答相关信息来自哪些资源、相关书目的索书号等问题，强调使用各类信息的相关法律、礼节与道德；②组织学生以团队为单位进行报告；③由学生完成评价量表。

四、训练的组织与要求

（一）训练组织

在教师指导下，学生分为若干模拟业务小组，在教师讲解的基础上提出任务目标，各小组成员自行行动，然后由小组组织测评，在给定时间内集中各小组以交互式对抗评议的方式组织训练。

（二）训练要求

信息搜集与分析训练在本组内进行，按规范操作结束后由教师以各组策划方案与活动实施结果为依据，结合小组间交互式对抗评议评比打分，计算个人综合成绩。

第二节 职业生涯发展规划训练

一、训练的目的

（1）使学生更正确地认识自我，探索自己的兴趣、爱好、特长、性格，分析所处环境，确定自己的成长目标，学会规划自己的职业生涯。

（2）使学生学会按照自己的职业生涯规划，明确学习努力的方向，修正自身的行为，使学习赢在起跑点。

二、训练的内容

（一）职业生涯规划的信息准备与分析

1. 职业岗位所需的专业知识

科技的迅猛发展实现了许多技术突破，例如人工智能、大数据、区块链、虚拟技术、5G 技术等，新科技催生了以跨界融合为特征的新产业、新业态，跨境电子商务、互联网金融、互联网营销等风起云涌。新产业、新业态的快速发展迫切需要知识复合、学科融合、实践能力强的新型人才。所以，不仅应该了解与本专业对应的职业岗位群，还应关注金融、物流、保险等专业的发展需求。

2. 组织环境的信息

①组织特色：组织规模、组织结构、组织文化、人员流动等。②经营战略：组织的发展战略与措施、竞争实力、发展态势等。③人力资源评估：人才的需求预测、升迁政策、培训方法、招募方式等。重点了解相关组织未来需要什么样的人才，需要多少，对人才的具体要求是什么，人才培训机制与升迁政策有哪些规定。④人力资源管理：人事管理方案、薪资报酬、福利措施、员工关系等。

3. 社会环境的信息

①社会政策。人生发展与社会政策密切相关。要分析哪些事情可以做，哪些事情不能做。不仅要分析现在，而且要预测未来。②社会的变迁与价值观念。重点是信息社会对职业生涯发展的影响，分析信息社会对人才成长的要求与挑战，还要注意人的价值观念的变化。③科学技术的发展。科学技术日新月异，知识更新的周期日趋缩短。因此，在职业生涯规划中要充分考虑到知识的补充、理论的更新、观念的转变、思维的变革，等等。

（二）职业生涯发展规划的制订

1. 四项准则

准则一：择己所爱。从事一项你喜欢的工作，工作本身就能给你一种满足感，你的职业生涯也会从此变得妙趣横生。兴趣是最好的老师，是最初的动力，兴趣是成功之母。调查一再表明：兴趣与成功率有着明显的正相关性。你在设计职业生涯时，务必注意：考虑自己的特点，珍惜自己的兴趣，择己所爱，选择自己喜欢的职业。

准则二：择己所长。尺有所短，寸有所长。你也许兴趣广泛，掌握多种技能，但所有技能中，总有你的长项。有些人善于与人打交道，有些人则更适合管理机器物品。你在设计自己的职业生涯时，千万要注意：选择最有利于发挥自己优势的职业，即择己所长。

比较优势原理同样适用于职业生涯设计。当你长处较多时，不妨观察一下周围人群，研究一下别人的长处和短处，如果你的长处也正是别人的长处，不妨放弃这种选择，尽量寻找一个你非常拿手，而别人却感到棘手的职业。因为在这一领域内，很少有人能和你竞争，只有你一枝独秀。

准则三：择世所需。社会的需求不断演化着，旧的需求不断消灭，同时新的需求不断产生。昨天的“抢手货”今天就变得无人问津，生活处于不断的变化之中。你在设计自己的职业生涯时，一定要分析社会需求，择世之所需；否则，只会自食苦果。

准则四：择己所利。职业生涯设计，首先考虑的是自己的预期收益，这种预期收益要求你实现最大化的幸福，也就是使收益最大化。马斯洛将这种需求按先后次序排列成五个层次：生理需求、安全需求、爱的需求、自尊需求以及自我实现的需求。个人预期收益在于使这些由低到高的基本需求得到最大的满足，而衡量其满足程度的指标表现在收入、社会地位、职业生涯稳定感与挑战等，不同的人有不同的偏好，每个人都会尽可能满足其所有的需求。

2. 三个步骤

一是“定向”。方向定错了，则南辕北辙，距离目标会越来越远，还要重新走回头路，付出较大的代价。因此，职业生涯决策，决不能犯“方向性错误”。

职业方向由本人所学的专业确定。但尚需认真考虑，要选择适合自己的职业岗位。学生在学校读书时，就应多参与社会实践，培养自己的岗位适应能力，拓宽自己的岗位选择面。

二是“定点”。所谓“定点”就是定职业发展的地点。学生应该综合多方面因素考虑，不可冲动，心血来潮，感情用事。综合考虑竞争强弱、观念差异、心理承受能力，甚至气候、水土等因素，一开始选准方向，就可以在一个地方，围绕一个职业长期稳定发展，对自己的资历和经验积累都会有帮助。

三是“定位”。择业前要对自己的水平、能力、薪资期望、心理承受度等进行全面分析，做出较准确的定位。不可悲观，把自己定位过低；更不要高估自己，导致期望值过高。确立从基层做起、从基础做起，逐步积累经验，循序渐进，谋求发展的思想理念。

3. 两条途径

一是突破思考盲点、建立正确的心态。心态改变，你的态度也会跟着改变；习惯改变，你的性格跟着改变；性格改变，你的人生跟着改变。

二是选择学习的领域，把握学习的渠道，采取有效的方法进行学习。

（三）职业生涯的忠告

（1）无论你现在或将来从事的职业是什么，对职业要负责这一点千万不可忘记。你一定要对自己的职业认真敬业，勇承重担，兢兢业业，恪守职责。

（2）切记和谐融洽的人际关系非常重要。实践证明与同事间人事关系融洽将使工作效率倍增。

（3）要优化你的交际技能。优良的交际技能可为你谋职就业提高成功概率。

（4）要善于发现变化并适应变化。不管周围环境及你人生某一阶段出现什么样的变化，你都应该善于发现其中的各种机遇并驾驭这些机遇。

（5）要灵活。未来时代的工作者们可能必须要经常转换职业角色，这就是说你要善于灵活地从一个角色迅速转换到另一个角色，方能适应时代环境的变化。

（6）要善于学习和使用新技术。或许你想当一名作家，但在当今时代作家要想获得成功也必须不断学习并掌握新技术技能才行，比如作家必须同时成为一名计算机文字处理员、打字员、网上发行员才能获得成功。

（7）要舍得花钱、花时间学习各种指南性知识简介。目前各大学、社会研究机构、其他组织开办了各式各样的实用性半日、一日或二日即可学完的知识简介科目，这类指南性知识简介科目的试学可能是预探新领域“水深度”的最简便易行的方法。

（8）摒弃各种错误观念。当你考虑某新职业或新产业时，观念一定要更新，以防被错误思维误导。

（9）要不断开拓进取、不断开发新技能。一个复合的社会不仅需要专业化知识，还需要通用化及灵活式的技能。一名专业工作者只有借助于专业知识及通用技能综合武装自己，才更能适应未来年代的挑战和竞争。换句话说，为你未来的职业考虑，你绝不应只“低头拉车”专心研究某一种专业知识，还应同时“抬头看路”，看看这种专业知识在未来社会是否还将为人们所需要。

三、训练的组织与要求

（一）训练组织

在教师指导下，学生分为若干模拟业务小组，在教师讲解的基础上提出任务目标，各小组成员自行行动，而后由小组组织测评。

（二）训练要求

个人训练在本组内进行，按规范操作结束后由教师以每组个人成绩和该组成绩加权评分为基础，组合小组间交互式对抗评议评比打分，计算个人综合成绩。其职业生涯设计结果可交由班主任或辅导员督导实施。

第三节 团队合作与个人潜能拓展训练

一、训练的目的

（1）帮助学生突破生理、心理障碍，挑战极限、超越自我。让人的信念、意志、身体等潜能得到极大的发挥。

（2）要求学生组建团队并建立团队的规章制度，确定团队目标，使整个受训集体凝聚力增加，战斗力、协调能力提高。

二、团队建设

（一）教师提出组建团队的要求

（1）团队名称、口号。

（2）团队徽记、队歌、宗旨、理念、颜色。

（3）人数、负责人。

（4）分工、角色、职责、考核制度。

（5）团队目标（近期、中期、远期）。

（6）团队建设过程描述。

①组建方式、所处（内、外部）环境。

②自身优、缺点。

③机遇与解决方法。

（7）团队成果展示（团队活动）及团队展望。

（二）学生讨论并组建学习团队

由学生针对前面的问题进行相互讨论，明确学习目标后，组成三人一组的学习团队，明确团队分工和职责，建立团队制度，设定团队目标。

三、训练的内容

拓展训练起源于第二次世界大战期间的英国。当时大西洋上有很多船只受到攻击而沉没，大批船员落水，由于海水冰冷，又远离大陆，许多年轻海员葬身海底，但人们从生还者身上发现了一个令人非常惊奇的事实，就是这些人并不一定都是体能最好的人，但却都是求生意志最顽强的人。当时有个法国人库尔特·汉思提议，利用一些自然条件和人工设施，让年轻的海员做一些具有心理挑战的活动和项目，以训练和提高他们的心理素质。后来其好友劳伦斯在 1942 年成立了一所阿德伯威海上训练学校，以年轻海员为训练对象，这是拓展训练的雏形。第二次世界大战以后，在英国出现了一种叫作“outward bound（拓展训练）”的管理培训，这种训练以户外活动的形式进行，模拟真实管理情境，对管理者和企业家进行心理和管理两方面的培训。活动主题：MBM。“MBM”是创新空前、激情贯注的三维素质拓展训练的简称。“M”（mind）代表“心理”：知、情、意，即最佳的心智、最高的情商、最坚强的意志，知、情、意并举。“B”（body）代表“身体”：集强、健、敏于一身的身体素质，最强的体魄、最健壮的身躯、最敏捷的身手。“M”（morality）代表“品德”：真、善、美融于一体的品德素质。

（一）团队合作项目训练

从高中的普通教育进入大学的职业教育，人生无疑要经历一次改变，在融入职业团队的过程中，让我们去体会绝不能有人恃才傲物，团队的力量才是无穷的。以下是一些团队游戏。

1. 如何建立信任

玩法：戴眼罩行走，两人一组。①一个人戴眼罩行走，和另一人手牵手，可以提示；②一人戴眼罩行走，另一人在其左右，但不能身体接触，也不能使用语言提示；③一人戴眼罩行走，另一人与其保持一定距离，不能使用语言提示。

游戏说明：①领导行为、观点的连续性、一致性，保持沟通，是信任建立的根本条件；②手把手教—引导—建立信任，授权，同时不断给予指导。

2. 责任

玩法：①每队四个人，两人相向站着，另外两人相向蹲着，一个站着和蹲着的人是一队；②站着的两个人进行猜拳，猜拳胜者，则由猜拳胜者这队蹲着的人去刮对方输的那队蹲着人的鼻子；③输方轮换位置，即站着的人蹲下，蹲着的人站起来；④继续开始下一局。

游戏说明：①如何看待责任？②当别人失败的时候，有没有抱怨？③两个人有没有同心协力应对外面的压力？

3. 趣味跳绳

大家都跳过绳，在玩的时候会发生很多事，不同的人会有不同反应，为什么呢？这是一个典型的团队活动，需要大家共同配合，怎样达到最佳的合作效果？这些问题，您是否想过。让我们带着这些问题，再玩一次跳绳，使学员互助合作达成共识完成活动。

玩法：用粗棉绳一条，请两个人各握住绳子的一端，其他人要一起跳过绳子，所有人都跳过算一下，数一数整个团队总共能跳多少下。

游戏说明：①当有人被绊倒时，各位当时发出的第一个声音是什么？②发出声音的人是刻意指责别人吗？③想一想自己是否不经意就给别人造成压力？④接下来我们应该怎么做，刚才的感觉才不会发生？

注意：①提醒膝盖或脚部有伤者，视情况决定是否参与；②场地宜选择户外空旷平坦的地方，以免受伤；③合作跳绳时应注意伙伴位置及距离，以免踏伤伙伴或互相碰撞。

变化：①可考虑不同的跳绳方式，如：每个学员依序进入；②可用两条绳子，或变换用绳方向。

4. 你说我做

①道具：七彩积木；②参加人数：20~30 人；③时间：约 1 小时；④游戏前准备：教师先自己用积木做好一个模型。

玩法：①将参加人员分成若干组，每组 4~6 人为宜；②小组讨论三分钟，根据自己平时的特点分成两队，分别为“指导者”和“操作者”；③请每组的“操作者”暂时先到教室外面等候；④这时培训师拿出自己做好的模型，让每组剩下的“指导者”观看（不许拆开），并记录下模型的样式；⑤15 分钟后，将模型收起，请“操作者”进入教室，每组的“指导者”将刚刚看到的模型描述给“操作者”，由“操作者”搭建一个与模型一模一样的造型；⑥教师展示标准模型，用时少且出错率低者为胜；⑦让“指导者”和“操作者”分别将自己的感受用彩笔写在白纸上。

游戏说明：①身为指导者的你，体会到了什么？②身为操作者的你，体会到了什么？③操作者没有完全按照你的指导去做的时候，作为指导者的你有什么感觉？④感觉到你没能完全领会指导者意图的时候，作为操作者的你有什么感觉？⑤当竞争对手已经做完，欢呼雀跃的时候，你们有什么感受？⑥看到最后的作品与标准模型不一样的时候，你们有什么感受？⑦效率给予的压力大，还是安全性给予的压力大？⑧指导者和操作者感受到的压力有什么不一样？

5. 坐地起身

玩法：①首先要大家四个人一组，围成一圈，背对背地坐在地上（坐的意思是屁股贴地，正常来说一个坐在地上的人，无法手不着物地站起来的）；②人手“桥”手，然后要他们一同站起来。很容易吧？那么再试试人多一点，如六至七个人，应该还不是太难。最后再试试十四五人一同站起来，那难度就会较大了。

游戏说明：这是一个让大家明白合作的重要性的游戏。这个游戏其实可以带出很多理论，如大组和小组用力方向的不同、如何合作才可成功等，非常适合团队课程。

（二）个人潜能拓展训练

1. 表现自己

训练项目形式：每人有五分钟的时间，在距离 50 米的有一定噪声干扰、人流量大的环境中，让学生做任何能够引起陌生人注意的事情，如唱歌、跳舞、问好、大声喊出自己想说的话等，能够吸引大量陌生人的关注则算成功。

注意事项：指导教师注意安排场地，并给予必要的指导。

2. 平安着陆

训练项目形式：每人一枚鸡蛋，一个小气球，一个塑料袋，四根竹签，各两把塑料匙、叉，六条橡皮筋。将鸡蛋在 3 层楼高的地方落下地面，使鸡蛋保持完好。

训练方法：教师把上述所说材料发给学生，为了不使鸡蛋摔破，学生要用所给的材料来设计保护伞。然后让学生准备 25 分钟之后到指定的 3 层楼的地点把鸡蛋扔下来。

注意事项：指导教师注意安排场地，准备教具并清楚讲述规则。

四、训练的组织与要求

（一）训练组织

首先建立团队，明确团队目标、分工、制度，以团队为单位进行游戏训练。以团队为单位参加班级的团队形象展示，针对班级的团队建设情况进行班级讨论和交流。

（二）训练要求

在训练课程时间内，各团队按教师的要求采用电子幻灯片和其他形式展示团队建设成果，并讲解团队与个人潜能训练的体会和感受，参加班级的讨论交流，提交团队建设方案。成绩以讨论交流情况占 40%、团队展示和建设方案占 60%计算。

第二章
商务英语的应用能力训练

随着我国对外开放的深入，国际贸易交往越来越频繁，各国家之间的经济联系更为密切。我国一向秉着负责任的大国风采，在国际事务中肩负起更多的义务和责任。英语是国际贸易中交流和沟通的主要工具。在国际贸易谈判中，商务英语起着非常重要的作用。商务英语属于专业用途英语，其实用性体现在贸易过程中以英语口语为交流工具进行谈判与磋商。掌握并运用好商务英语是企业与个人提高自身能力、增强国际贸易实力的要求与保障。

第一节 商务英语基本的听力训练

一、训练的目的

赫尔德说过，耳朵是教授语言的第一位老师。科技的发展使我们步入了一个形象视觉和听觉的世界，经济的发展使社会交往能力愈显重要，听是交际的一个重要环节。商务英语听力训练的目的：

（1）指导学生养成正确的听力习惯和掌握提高听力的方法，使之有较强的听的能力。

（2）以英语为工具，获取专业所需要的信息，使学生具有从事国际贸易活动的基本交际能力，并为进一步提高英语水平打下较好的基础。

二、训练的内容

（一）商务英语听力技巧的种类

在现实生活中，我们根据所听信息的种类、信息的传播方式、听者的兴趣和目的把听力技巧分为泛听、精听、有选择地听三种。

（二）造成商务英语听力反应及理解困难的几个因素

（1）语言基础知识不熟造成理解困难。

（2）自身的语音素质不高造成理解障碍。

（3）语速的变化所引起的一系列问题。

（4）母语的干扰影响听力的反应速度。

（5）商务英语中听数字和人名的障碍。

（6）英、美发音的差异干扰学生的听力。

（三）商务英语听力理解能力的训练过程

1. 基础阶段

这个阶段应对新生进行集中强化英语学习训练，应着重进行听力素质培养，纠正不正确的读音习惯。

（1）语音。

正确的语音是听音辨音的基础，只有把英语语音学准读准，才能进行听音辨音。因此识别音素很重要。

语言信息的表达是通过元音和辅音字母有规律的组合来实现的，如果说阅读是凭借字母的组合形式去判断词义的话，那么听力则主要依声音去确定词的意思。正确掌握国际音标的读音及其规律对听力理解尤为重要。

如元音字母“a”在不同的组合中有多种发音：bake［beɪk］，bad［bæd］，bald［bɔːld］，radar［ˈreɪdɑː（r）］，data［ˈdeɪtə］。而一个辅音音素可以有多种辅音字母的组合，如/f/：leaf，laugh，philosophy 等。而元音的长、短，如 sheep/ship，辅音的清浊，如 back/bag 都对判断词义有直接影响。

注意训练学生对发音相同或相近的“混淆音”的辨别。

如：“hour”与“our”发音相同；另外在英语里有不少读音相近，但意思却截然不同的词汇，像 cure［kjue］（治愈）和 kill［kill］（杀死），menu（菜单）和 manure（肥料）等。而 thirty 与 dirty 实际上所差的就是一个音素。因此，我们从一开始就要注意区分和模仿正确的语音，在这个基础上才能达到交际的良好效果。

要有适应英国音、美国音及一些主要方言的能力：听力训练可以采取从一种音入手，再逐步过渡到另一种音的办法。为了更快地掌握听好英国音和美国音的能力，学习者可以主动归纳或对比两种英语在发音、语调上的差别，然后听典型英美音的录音或通过英语 App 及口语系统 FIF 平台反复辨听、模仿训练，从而达到掌握的目的，以便更好地渡过这一关。

（2）语调。

语调是一句话里声调（pitch）高低抑扬的配制和变化。英语有五种基本语调：升调（↗）、降调（↘）、升降调（∧）、降升调（∨）以及平调（→）。一句话除了词汇意义（lexical meaning）还有语调意义（intonation meaning）。同样的句子，语调不同，意思就会不同，请看例句：

例一：A：Jean，can you bring me the newspaper?

B：Sorry？（↗）

Jean 用升调说“Sorry”，其意思是“I didn't hear you. Could you say that again, please?”

例二：A：Jean，can you bring me the newspaper？

B：Sorry.（↘）

在例二对话中，Jean 用降调说“Sorry”，显然其意思是拒绝帮助或无能为力。

英语常用的语调主要有三种，分别是升调、降调和降升调。

升调一般表示“不确定”“话还没有说完”或者“礼貌”。经常用于下面几类句型中：

①一般疑问句。Is he coming tonight? Have you got the tickets?

②反问句。You are definitely coming? You like it?

③表示安慰或鼓励。Come with us.

④重复。When did you come?

说话时用降调，常常给人一种“完结”的印象。所以能使用降调的句子有以下几类：

①陈述句。You came on Tuesday. I'd like some tea.

②特殊疑问句。When did you come? What's the time?

③带命令口吻的祈使句。Put it over there! Go and find it!

④感叹句。What an awful film that was!

如果要表示出说话人改变主意，或话外有话之意，就可以用“降升调”。它主要出现在下面的句式中：

①含有对比的陈述句。You can come on Tuesday but not Monday. He doesn't want it but his brother may.

②含保留意见的陈述句。I know his face. I like the color of your dress.

③否认或矛盾。I can't do it. You can. She arrived on Monday. On Tuesday.

④警告。Be careful. Don't be late.

（3）连读。

连读时的音节一般不重读，只需顺其自然地一带而过，不可以加音，也不可以读得太重。如：not at all 这个短语。连读时听起来就像是一个单词。注意：连读只发生在句子中的同一个意群中。在两个意群之间即使有两个相邻的辅音和元音出现，也不可连读。如：Please take a look at it. 这个句子中 take a look at it 是同一个意群，那么 take 与 a 可连读，look 与 at 可连读，at 与 it 可连读。在"There is a book in it."一句中 book 与 in 往往不连读，因为 book 与 in 分别在两个不同的意群中。

①在同一个意群中，相邻的两个词，前者以辅音音素结尾，后者以元音音素开头，往往要拼在一起连读。如：

He is a student.（is 与 a 要连读）

That is a right answer.（That 与 is，is 与 a，right 与 answer 都可以连读）

I'll be back in half an hour.（back 和 in，half 和 an，an 与 hour 都可以连读）。

②在同一个意群中的两个单词，如果前面的单词以 r 或 re 结尾，后面的单词以元音音素开头，则 r 或 re 要发/r/音，并与其后的元音音素相拼。如 far away，a pair of glasses，there is 等。

连读是造成中国学生听力困难的重要原因之一，要努力掌握连读规则。

（4）不完全爆破。

爆破音有 6 个，即/p/，/b/，/t/，/d/，/k/和/g/。但在某些情况下，发爆破音时，气流不必冲破阻碍，而只是发音器官在口腔中形成阻碍，并稍做停顿（也就是说做好要发出这个爆破音的准备，但不要发出音来），这样的发音过程叫作"不完全爆破"。

不完全爆破可以发生在单词、短语或句子中。要多听多总结。

2. 巩固阶段

经过听力素质训练后，学生已了解并初步掌握了英语发音规则。在随后的英语学习中可从下面几方面着手。

（1）句型练习。做这项练习时，可以把句型、词汇及语法三项结合起来。注意每个单词的正确读音，同时增加词汇量（一般词汇与专业词汇），并把握国际贸易话题的常用句型，如国际电话用语：

Hello. May I speak to Mr. Brown?

Yes, this is he speaking.

Who's speaking, please?

I'm sorry, he is not in now.

Would you like to leave a message?

Mr. Brown is on another line now.

Hold the line a moment, please.

May I have ext. 5883?

I can't hear you.

Would you speak a little louder?

I'm sorry. I have the wrong number.

You are wanted on phone.

Will you ask him to call me back later?

I was cut off. Will you connect me again?

We'll call you back in a few minutes. Will you hang up and wait, please?

I want to place an overseas call to New York.

Could you tell me the time and charges after the call?

Sorry, I can't wait. Please cancel the call.

This is the Singapore operator. Would you connect me with Mr. Lee in the International Department?

This is the overseas operator in the United States. You have an overseas collect call from Mr. Smith in San Francisco. Will you accept the charges?

在学习时注意句型的归纳，整理由浅入深，循序渐进，观察关键句型反复出现的情景。再配合课本提供的音频跟读和重复练习。

（2）英语小故事。听小故事也是这一阶段听力训练的重要步骤。如《格林童话》（*Grimm's Fairy Tales*）、《伊索寓言》（*Aesop's Fables*）等。《新概念英语》第一、二册等也可采用。听故事旨在听懂大意，锻炼把前后内容连贯起来的能力，而不在于模仿语音、语调和熟记句型。听故事还可以扩大词汇量，把学到的英语书面符号同声音结合起来。注意时间由短到长，难度由浅至深，加大单位时间听力材料的数量，并争取在回答或重复时提高自己的准确度。

（3）中外录制的教科书课文。中外出版的一些商务英语教科书，《BBC 商务英语》《朗文商务致胜英语会话》《剑桥国际贸易英语》等教材内容丰富，课文有相当的长度和难度。如果学习时配合听课文录音，或先听后读或学了之后再听，都可以达到从声音入手反复熟悉课文的目的，既学了课文，又练了听力。

3. 提高阶段

（1）选听一些适合自己的英语 App 提供的不同体裁的报告音视频，扩大听的内容：为了扩大词汇量，并逐步适应不同口音和年龄的讲话，这一阶段应加大英语国家的历史、地理、文化、风土人情、传统习俗知识的输入，可选听一些英美历史、文化和政治经济方面的报告，以及访华学者就当今大家感兴趣的国际问题、青年问题等所做的半小时至一小时左右的报告，这样既能增长知识又可提高听力。

（2）开始收听广播。

①北京电台对外广播。该电台的英语涉及政治、经济、文化等各方面内容，语言比较规范，播音员语音、语调又非常标准，因此听英语广播是学习英语的极好途径。北京电台（Radio Beijing）收听方便，每日更新内容，多数是有关我国各方面发展的消息。由于学习者熟悉这些内容，这就降低了听力难度。在这一阶段，听的重点应是北京电台对外的新闻广播、国际形势分析及一些文化评论。听时要摸索新闻广播的一般规律，注意培养听新闻的一些基本技巧和方法。如果一开始感到困难，可以采取以下两个辅助办法，即在听广播之前阅读《北京周报》（*Beijing Review*）、《中国日报》（*China Daily*）或《新华电讯稿》（*Xin-Hua News Bulletin*）的有关文章。这样，在内容和词汇有一定准备的情况下，听英语广播就会容易得多。另外，可以把新闻和评论录制下来，反复精听，逐句推敲。这也是提高听力的一个好的方法。

②听美国之音（VOA）慢速广播（VOA Special English Program）或英国广播公司（BBC）英语广播（BBC English By Radio）。这两个节目速度较慢，在词汇选择上也有适当控制，因此非常适合用来训练听力。开始时可根据自己熟悉的英式发音或美式发音来选听 BBC 或 VOA，然后逐步向另一台过渡。在听这两个特殊节目毫无困难之后，就可转向正常速度的英美电台广播。电台广播和报刊的内容是紧密联系在一起的。因此，在进行这一训练的同时，应阅读一些英文报刊。

收听广播电台的一些前期准备，包括对广播电台的接受技巧、时间安排、频率、内容等一般知识性的了解。

常用的介绍性的句子片段。在广播电台节目中，每天都有大量的重复性句子，都是一些介绍有关节目内容、时间安排、联系方法之类的内容。

常用的国家名称和地区名称。在广播电台节目中，特别是在新闻广播节目当中，熟悉世界各地的国名、地名对于听懂广播节目有着举足轻重的作用。

常用的名词性的人物名称、官衔名称、单位组织名称和政府机构名称。

电台节目中的常用动词。学习掌握节目中的常用动词是必不可少的部分。

电台节目中常用的英语词组。电台节目中有大量的词组出现，熟记它们将有助于听力的提高。

节目中常用的国际政府机构名称和缩写名称。在电台节目中，一些政府机构名称和缩写名称给听力增加了一定的难度。

（3）视听结合，训练听懂电影，戏剧的能力。看外语电影可以纳入这一阶段的训练。《步入商界》是商务情节逼真的教学片，还可尝试听一些语言规范、内容健康的原版英美电影，如《冰海沉船》《百万英磅》《简・爱》《音乐之声》以及《看电影学英语》等。不能要求每句话，每个字都听懂，而应以是否正确把握住了故事情节和重要的细节为标准。

（四）听力训练的几个具体问题

1. 泛听和精听相结合

在听力训练中，既要能准确无误地听出某些重要的数据、年代、人名、地名及事实，又要兼顾把握大意的训练，这就必须把精听与泛听结合起来，交替练习，即把精听和泛听分成各处独立的练习，听时穿插安排，也可把一个故事或报告分成精泛段落，有些部分精听，其余泛听。在精听时，要首先熟悉听力材料中的生词，对有些难句可以反复听；而泛听则首先着眼于量大，只求掌握大意，不必了解每个细节，精听遍数不限，直到完全听懂为止，泛听的遍数由材料难度和自己的程度来决定，一般不要超过三遍，否则就失去了泛听的意义。泛听时，不宜中间打断，要一气呵成，精听则可在句子之间或困难之处停顿，反复重听。不泛不精，会养成似是而非、不求甚解的习惯，抓不住大意。所以这两种训练哪一种也不应偏废。

2. 听力训练应培养根据上下文猜字的能力

在听力训练过程中，往往会碰到听不清或听不懂的情况，原因很多，有时是由于说话人发音不清楚或录音效果不好，有时是因为出现了生词或内容陌生，这就要靠抓字音及从上下文猜字的能力来解决问题。比如：我们初次听《雪绒花》（*Edelweiss*）这首歌时，可能会对其中两处的歌词产生疑问，一个难点是“You look happy to meet me”。有人会认为是“You look happy to me，to me ”。但若仔细多听，就会发现 meet me 连读时［t］音部分失去爆破，并不和 me 相连。另一个难点是“Blossom of snow，may you bloom and grow”这句歌词中，blossom 一字由于节拍关系，唱得很快，［l］音听不清楚，再加上和后面的 of 连读，给听者造成很大困难，这时需要运用猜字的能力，从上下文进行分析，这是一首关于白色花的歌曲，后面的动词中又有 bloom（开放）这个词，只有 blossom（花朵）这个词才比较合适，况且只有 blossom 这个词包含［s］和［m］这两个从音频上可以辨认的声音，这样问题就迎刃而解。所以，碰到类似情况时，首先要记住能听清楚的词句，然后根据上下文的内容和语法关系来进行推测，如果可能的话，还可以根据字音查一下字典，这一能力的培养是听力训练中非常关键的一个环节，对独立工作，摆脱困难至关重要。

其实，在听力材料中有很多因素可以帮助我们进行推测，如下面明显的信号词可有助理解上、下文之间的逻辑关系，从而大致推测将要听到的内容：

顺序	first，next，then，lastly
对比	on one hand...；on the other hand...；in comparison with...；differ from...
举例	for example，for instance
否定	neither... nor...
补充说明	by the way，besides
并列	both... and...，not only... but also

条件　　　if, in case
目的　　　in order that
原因　　　because, since, due to, thanks to, for... reason
让步　　　although, in spite of that
后果　　　therefore, so that, as a result, in the result
转折　　　but, yet, however, nevertheless
发表意见　in my opinion, I think that
猜测　　　I guess...

3. 做听力笔记

做听力笔记不是听写，只需根据听的意图记下关键词。所谓关键词就是负载着听力材料主要内容的词。关键词大多为名词、动词、形容词，其中尤以名词为多。名词较长时可以使用缩写。很多缩写方式都已经规范化，可查阅有关的缩写词典。缩写的原则是，越熟悉的词，越可以进行简化，对于不太熟悉的词，应尽量少用简化，以免最后看不懂。在做听力笔记时，还应注意，要通过笔记使自己对听力课文的结构和逻辑联系也有所了解，如可在一段内容结束之后，画一道横线。另外，也可使用一些形象的符号、图形、箭头、线条等标识上下文之间的关系。

4. 听力速度的训练

一种方法是“循序渐进法”，即由慢速到快速逐步提高。慢速可在基础阶段运用，使学生逐渐适应有声信息的接受方式，树立起听的信心。但是，现实社会人们接触的语速是英语本族人讲英语的正常速度。为使大脑尽早适应这种语速，应以正常速度进行训练为主。在这种语速的环境下，耳朵会逐渐敏锐，从开始只能抓住只言片语到能接受一个完整句子，直至大脑完全适应了这种语速，接下来便是行使其记忆与判断的功能了。

在听力速度训练中要抓住速度这个主要矛盾，要练习完全用英语进行思维，把耳听、思考、理解和笔录完美地用英语统一起来。

5. 听力训练的时间安排

听力训练需要精力高度集中，故时间安排以每天精神状态最佳的时候为宜，而且时间不宜过长。听力是习惯成自然的技巧训练，所以应每天安排一段时间。课上课下合理安排。鼓励或组织学生课下收听适度的英语广播，收看英语学习视频或电视教学节目，以增加学生接触英语的机会。

三、训练的组织形式和要求

（一）语音的训练形式

正确的语音是听音辨音的基础，只有把英语语音学准读准，才能进行听音辨音。因此，可采用听录音跟读练习，在跟读过程中，只求读准语音。随堂设计 5 分钟的辨音练习，形式可多样化。比如：一位学生朗读，其余学生听辨有无错音。自制录音材料，让学生辨析相近音。为提高学生的反应速度，教师可对学生进行强化训练。帮助学生克服连读音、重弱音的问题。教师先讲解总结连读音的发音规律，重弱音的发音特点和类型，然后设计一些例句，让学生大量地练习与模仿。如连读音：Look at it, please. 重弱音：The dogs are in the street. Yes, we are. 这样反复地训练，由慢到快，才能逐步提高学生的反应速度。

通过对学生听觉的反复刺激，使学生的听觉对规范语音形成一种定势，从而提高了学生的辨音能力。

1. 专项训练

（1）为使学生快速牢固地掌握教材中的重点单词、词组或句子，可采用反复听写的办法，课上老师用英语读学生写、课下学生以小组为单位互读互写。这样，不但训练了学生的听力，还可使学生直观地掌握词汇。

（2）商务英语经常涉及数字，想听懂并迅速反应英语数字，首先要熟练掌握数字的基本表达方法，如 million，billion 等与汉语相对应的数字。数字在电话号码中的读法，在年份中的读法，在日期中的读法，在表示时刻时的读法，在分数、小数中的读法等都要精练多练，并通过视听相结合的办法进行反复地强化训练，逐步达到快速反应。

（3）做备忘录（memo）是商务人士必备的技能，该项训练要培养学生去“粗”取“精”的能力，获取有价值的信息，以达到交流的目的。在训练中可采取填空形式检查地点、时间及关键词句。问答形式可检查听力中的细节问题，也可检查学生是否听懂了大意。判断是非形式用以检查听懂程度。

2. 情景教学听力训练

借助不同话题如面试、产品介绍、顾客抱怨、谈判等场景请学生表演，训练学生的听力。学生听得津津有味，参与得也很积极，表演也很投入，兴趣大增。随后，让学生互相演练，效果极佳。这样，不但有效地训练了学生的听力，还提高了学生运用知识的能力。

3. 非听觉信息训练

虽然听力理解主要依靠听觉信息，但与听觉信息相关的文字、图表等视觉信息对听力理解也有很大的帮助。训练学生从可视画面或讲话者的表情等体态语以及周围环境来判断说话者希望表达的意图。

4. 听故事或听新闻财经、新闻播报

听故事、听新闻是学生的共性，听英语故事更是别有情趣，可以利用讲课前5~10分钟的时间请学生讲英语故事或将听到或读到的新闻进行播报，同时可要求学生做摘要，这样可调动学生的积极性，学生的听力也随之不断提高。

（二）训练要求

规定学习任务，确定完成目标，持之以恒。

第二节 商务英语基本的口语训练

一、训练的目的

能说出一口流利地道的英语，是每个英语学习者的愿望，通过商务英语口语训练希望达到如下目标：

（1）使学生掌握基本的英语语音、语调，掌握商务英语口语基本句型和惯用法；

（2）培养学生的英语表达能力，使其能基本胜任一般的外事接待、业务谈判和口译工作。

二、训练的内容

（一）英语口语语音语调模仿训练

之所以强调语音是因为发音正确的好处是能够使讲话者增强信心。英语的发音是有其内在的很强的规律的，正确发音能够帮助英语学习者记忆单词。发音正确可增强阅读能力。正确的发音能培养语感，对听力理解能力的提高大有益处。

语音训练就是要通过模仿正确的发音，来改变自己固有的发音习惯。正确地模仿是英语口语训练正确输入的重要保证。要踏踏实实地模仿每篇文章的语音、语调、连读、缩读、重音、节奏等。

1. 模仿的原则

模仿的原则包括：大声模仿，由慢速到快速，由夸张到自然；坚持长期模仿。

①大声模仿是指模仿时要大大方方、清清楚楚、一板一眼、口形要到位，不能扭扭捏捏。刚开始模仿时，速度要慢些，以便把音发准，等把音发准了以后，再加快速度，直到能用正常语速把句子轻松地说出来，脱口而出。大声模仿的目的是使口腔的肌肉充分活动起来，改变多年来形成的肌肉的习惯运动模式（汉语发音的运动模式），使嘴与大脑逐渐协调起来，建立起新的口腔肌肉的运动模式（英语发音的运动模式）。若在练习时总是小声在嗓子眼里轻声说，一旦需要大声说话时，就可能发不准音，出现错误。

②随时纠错的心理准备。有了这种意识，在模仿时就不会觉得单调。枯燥，才能主动。有意识、有目的地去模仿，这种模仿才是真正的模仿，才能达到模仿的目的，也就是要用心揣摩、体会。

③坚持长期模仿的恒心。一般来说，纯正优美的语音、语调不是短期模仿所能达到的，需持之以恒。

2. 模仿的标准

简单地说就是要由“像”向“是”转变。

“像”是指模仿者的语音、语调等都很接近所模仿的语言，“是”就是不仅在语音、语调等方面都很接近所模仿的声音，而且非常逼真，连嗓音也基本一样，简直可以以假乱真。

3. 模仿的具体方法

（1）模仿单词的语音。模仿时要一板一眼，口形要正确，口腔肌肉要充分调动起来，刚开始模仿时，速度不要过快，用慢速模仿，以便把音发准，等把音发准了以后，再加快速度，用正常语速反复多说几遍，直到不用想就能用正常语速把句子轻松地说出来（脱口而出），对于自己读不准或较生疏的单词要反复多听几遍，然后再反复模仿，一个单词一个单词地练，在那些常用词上下功夫，尽量模仿得像一些。

（2）模仿词组的读法。有了第一步的基础，这一步就容易多了。重点要放在熟练程度和流利程度上，要多练一下连读失去爆破、不完全爆破、同化等语音技巧。

（3）进行 30 分钟的语音、语调模仿的“精读”训练。段落及篇章模仿，重点在于提高流利程度。打开音频跟着模仿，“他”说你模仿，同步进行。目的是要提高口腔肌肉的反应速度，使肌肉和大脑更加协调。

模仿练习时要注意一个问题，就是害羞心理。害羞心理一方面源于性格，一般性格内向的人，讲话时易小声小气，这对学习英语语音语调很不利，要注意克服。另一方面源于自卑，总以为自己英语水平太差，不敢开口，尤其是当与口语水平比自己高的人对话时，更易出现这种情况。克服这种心理障碍，是学好口语的前提。

（二）训练英语听力理解能力

口语表述与听力理解能力相联系。根据自己的英语水平，选择一篇配有标准英音或美音朗读的音频或视频的文章来进行听力听写训练。文章文体不限，字数控制在100~300字，生单词最好不要超过10%。听力听写的步骤如下：一篇文章听3遍。第1遍，完整地把全文听一遍，尽量了解文章的主要意思。接着再听第2遍，每一句话暂停10~20秒，尽量听写下这句话，在规定的时间内没有写完也要强令自己继续往下听。第3遍，再完整地把全文听一遍，查缺补漏。最后，对照答案，将听力听写中的错误按照生词错误、语法错误、发音辨析不明而产生的错误进行归类，在下一步练习中，就能有的放矢地进行训练。

（三）英语口语句型背诵的训练

从事国际贸易活动的人士要参加技术交流、商务会谈、正式会议等，练好口语就很有必要了。当掌握了一篇文章的语音语调之后，要认真总结一下这篇文章的重点句型、生词和难词。每个句型或生词都请学生在字典或相关书籍中收集3个左右的正确地道的口语例句，并进行背诵，达到句型、生词和难词在各种场景中都能举一反三、轻松自如地说出来的境界。因为记在大脑里的句子只有说出来才可称得上会用。这样，这个训练步骤中，慢慢地从英语口语训练的输入开始走向输出。

三、训练的组织形式和要求

（一）训练地点

训练地点可以是教室、英语角及适当场合。

（二）商务英语口语训练的组织形式

1. 课上

（1）朗读。基础阶段让学生读指定的材料，如单词、词组、句子、对话、短文等，注意重音、连读、语音语调、不完全爆破等各种要求。可听音频或教师领读，学生跟读。

（2）回答问题。老师说英语句子或提问，让学生快速应答；根据学生读过的短文提出问题，要求回答。

（3）描述图片。学生在做口头描述时可使用学过的词汇、语法规则和表达方式。

（4）小品表演。与对话一样，给一个特定的情景，每个小组以小品表演的形式将口头表达与表演结合起来进行。这种形式轻松自然，气氛活跃。语言是人类交流思想的工具，但它不是唯一的工具。手势、动作及表情等都是交流思想的工具或辅助工具。在日常会话中，这几种思想交流的工具往往是同时使用的。说话时绘声绘色，可以大大增强语言的生动性和感染力。

（5）听译法：角色互换。三人一组，模拟翻译，一人讲汉语，一人讲英语扮演外国人，一人做翻译，练习一段时间后互换角色。这是一种非常好的翻译训练方法，也是很好的相互学习、取长补短的方法，可以大大提高反应速度和能力。

（6）辩论。组织学生模拟商务活动中经常遇到的主题如谈判、索赔等场景，要求学生归纳整理商务英语中常用句式如：询问他人观点、要求对方澄清及澄清时的用语等，以备临场使用。

2. 课下

（1）独自口语训练。在这种环境下学习者可以在任何时候、任何地方采取适当的语速和音调，随心所欲地说。

背诵谚语、习语和短文，最简单也是最有效的口语学习方法，特别适合基础阶段的学习。

（2）复述故事。复述是一种很好的英语口语自我训练形式。复述不同于背诵，关键是要用自己的话。复述有两种常见的方法。

●一是阅读后复述。阅读后复述就是在阅读完一段文章或一篇文章后，用自己的语言采用“自言自语”的方式来表达文中的内容。你可以在复述时使用文中的某些内容，但应尽量避免完全背诵；你也可以在复述时使用文中出现的关键词或部分句型，作为复述的线索，帮助自己较完整地复述所读材料。

●二是听音频或看影片后复述。这种方法既练听力，又练口语表达能力，同时还可以提高注意力的集中程度，改善听的效果，提高记忆力，克服听完就忘的毛病。

采用此种方法训练时，最好使用音频或影片中的原话来复述，这样可以较准确地矫正自己的语音和语调，体会地道的英语口语。在说的过程中，应尽量避免出现语法错误。刚开始练习时，因语言表达能力、技巧等方面的原因，往往复述接近于背诵，但在基础逐渐打牢后，就会慢慢放开，由“死”到“活”，在保证语言正确的前提下，复述可有越来越大的灵活性，如改变句子结构，转换表达方法，用自己在课堂上新学的词汇和句型来替换一些不常使用或难于理解的东西，对于自己读音掌握不准的词汇可以不用，等复述完后再通过查词典或听录音进行正音。长段可以缩短，甚至仅复述大意或作内容摘要。复述时要放开声音，大声表达。

复述的内容要有所选择。一般来说，所选资料的内容要具体生动，有明确的情节，生词量不要太大，可选那些知识性强的小短文。开始时可以练习复述小故事，有了基础后，复述的题材可扩展一些。

复述表面看速度慢，实际上对英语综合能力的培养很有帮助。如果时间较充足，可以在口头复述的基础上，再用笔头复述一下，这样做可以加深掌握语言的精确程度，提高书面表达能力。

（3）朗读英文绕口令。如果可能我们也可以大声且快速朗读英文绕口令，以加大强化训练的力度。这样来增强我们的口腔肌肉，迅速适应英文发音，使我们的口语相当流利清晰，而且还有自信。例如：

A tidy tiger tied a tie tighter to tidy her tiny tail.

A big black bug bit a big black bear. Where's the big black bear the big black bug bit?

（4）演讲。就某一主题发表看法或准备演讲，需要较高的英语水平和综合表达能力。这不仅需要有充实的演讲内容，还要了解表达观点的常用句式。如表达观点时则说：

In my opinion,…

I think/ believe/suppose/feel/consider...

I'd like to point that...

The point I'm making is...

学生可将商务英语中的常用句式如：询问他人观点、要求对方澄清意思及澄清时的用语等归纳整理，以备使用。

（5）口语作文和 3 分钟训练法。此法适用于强化训练，找好一个题目作一分钟的口语作文，同时将其录音，录完后自己听录音，找出不足和错误；就此题目再做两分钟的口语作文，继续录音，再听并找出不足与进步，继续做三分钟口语作文，同样的步骤继续进行，这是高级口语训练，效果不俗。

（6）聊天。

●做好谈话主题准备工作，包括了解话题、查找所涉及的单词、准备能套用的常用句型备用。

●随身携带一本英汉、汉英小词典。

●聊天过程中不要怕在对方面前查字典。不会讲的无关紧要的话可以用其他句子说清楚，关键的词则一定要查字典。

●聊完天后应对聊天中学到的单词、表达法、句型进行登记总结，并背下来。

●去英语角练习。

●听电影对白，模仿练习。

学生对感兴趣的电影的经典对白都非常有兴趣，分角色表演会收到很好的口语练习效果。

3. 训练要求

训练口语时要注意说的质量。说的能力是一种技巧，是在大量的口语练习中培养起来的。学习说英语，由说得不好到说得比较好，是一个发展过程。练习过程中，要注意精泛结合，有的练习里的错误不要纠正，不要过分注重准确性，以着重培养说话的流利程度为主；有的练习里的错误要纠正，以提高说话的质量。最好从一开始就注意说的质量，即保持说的正常速度，流利自然。

定期适量的刺激，能促成质的飞跃，能够将牵强的语言能力演变成自然语感，达到信手拈来的境界。

第三节 商务英语阅读能力训练

一、训练的目的

获得知识的各条途径中，阅读是一条主要途径。既要读得懂，又要读得快，就必须掌握有效的阅读方法。本节阅读能力的训练目的：

（1）了解并学会不同阅读要求的相关技巧。

（2）提高英语阅读能力。

二、训练的内容

阅读能力包括两个主要因素：阅读速度和理解率，因此评价学生阅读理解能力的标准应是其阅读的流畅程度和其理解的准确性。只有通过学习阅读技巧，才能达到提高阅读理解能力和提高阅读速度的目的。

（一）阅读速度的训练

在实际阅读中，应根据阅读目的和材料的难易变换读速。所谓快速阅读就是利用视觉运动的规律，通过一定的方法训练，在较短的时间里阅读大量的书报资料的一种科学的学习方法。快速阅读这一概念的内涵应由以下几个属性构成：阅读文字材料的快速性；阅读文字材料的无声性；阅读方法的科学性。下面我们了解一下快速阅读的常用方法。

1. 略读（skimming）

（1）略读的概念。

略读要求读者有选择地进行阅读，可跳过某些细节，以求抓住文章的大概，从而加快阅读速度。据统计，训练有素的略读者（skimmer）的阅读速度可以达到每分钟3 000~4 000个词。

要想达到此目的，关键是眼肌训练，即用特殊方法，使眼肌能灵活自如，达到视角、视幅、视停、视移等视觉最佳状态。训练方法有：

①手指法（目光随着手指左右、上下移动，头不要摇动）；

②图谱法（如目光沿着点、圆、抛物线等图形而快速移动）；

③词谱法，使用投影仪进行快速阅读的基本功训练。

当眼肌训练适应之后，可采用快速阅读初级方法，即跳读法。眼光从一个“字群”跳到另一个“字群”进行识读（字群是由多个单词组成的）这个过程眼球按“凝视—跳跃—凝视”的程序进行连续不断的运动，如：

The man in /the brown coat/was reading a book.

当跳读练习熟练之后，我们可进行扩大视力识读文字的单位面积的训练。先进行五个单词的练习，练习时主视区应放在中间，也就是主视中间的3个单词，两边单词用余视力扫视，如：

We/have a color/TV.

在练习五个单词达到熟练之后，就可加宽视区练习，一下看六七个单词，甚至达到九个单词，逐渐加宽视区范围，延长目光移视长度，这样就能缩短凝视时间，达到快速阅读的目的。

（2）略读可运用的技巧。

①要利用印刷细节，如书或文章的标题、副标题、小标题、斜体词、黑体词、脚注、标点符号等，对书和文章进行预测略读。预测略读要了解作者的思路、文章方式（模式），以便把握大意、有关的细节及其相互关系。

②以一般阅读速度（200~250wpm），阅读文章开头的一、二段，力求抓住文章大意、背景情况、作者的文章风格、口吻或语气等。

③阅读段落的主题句和结论句。抓住主题句就掌握了段落大意，然后略去细节不读，以求得略读速度。

④注意转折词和序列词。转折词如however，moreover，in addition等；序列词如firstly，secondly等。

⑤若无需要，不必阅读细节。

2. 寻读（scanning）

（1）寻读的概念。

寻读是一种从大量的资料中迅速查找某一项具体事实或某一项特定信息，如人物、事件、时间、地点、数字等，而对其他无关部分则略去不读的快速阅读方法。运用这种方法，读者就能在最短的时间内浏览尽可能多的印刷材料，找到所需要的信息。

（2）寻读与略读不同。

略读时，读者事先对材料一无所知，而寻读则是在读者对材料有所了解的情况下进行的。例如，寻读电话号码簿，读者不仅知道受话人的姓名，还知道电话号码簿是按姓的字母顺序排列的。这样，在寻找 Jackson 的电话时，就可以利用书页上方的标识词，再按姓的字母顺序快速翻到以 J 开头的书页，从而找到 Jackson 名下的电话所在页码。同样在字典中查找生词也属于寻读。

（3）寻读可运用的技巧。

①利用材料的编排形式。

资料多半是按字母顺序排列的，如词典、索引、邮政编码簿、电话号码簿以及其他参考资料簿等。电视节目是按日期和时间排列的，历史资料是按年代排列的，报纸上的体育版面是按比赛类别（足球、排球、网球）排列的，等等。不管资料来源怎样，它都是按照某种逻辑排列的。例如，要知道某事是何时发生的，要查日期；某事是谁做的，要查人名等。

②利用章节标题和说明。

寻读之后，首先看看文章标题或章节标题，确定文章是否包含自己所需要的材料，或者哪一部分包含哪些材料，这样可以直接翻到那个部分，进行寻找。

③抓提示词。

读者找到包含所需信息的章节，准备寻读。这时，要留心与那个具体信息有关的提示词。例如，在报纸体育运动版上寻找某田径运动员的某项运动成绩，他的国名是提示词。在百科全书上寻找纽约市的人名，翻到 New York City 那一章后，population, census, inhabitants 等词就是提示词，找到提示词，就可以采用一般阅读速度，获得所需要的信息。

要想熟练地掌握快速阅读技巧，平时要养成快速泛读的习惯。

3. 快读时应注意的问题

快读的关键还在于“无声”训练，既包括声音也包括肢体动作的无声。在阅读速度上，无声要比有声快，无声阅读只是运用眼和脑两大器官，省去了口的发音和耳朵的监听，因而它的速度要快，快速阅读的信息变换方式为：书面信息→眼睛扫描信息→大脑记忆中枢的信息。因此我们应用特殊的方法和手段消除读音和心音，特殊手段就是用自身单声调鼻音、单声调心声或外界背景音乐抵消并消除读音和心音，对特殊的不发音就不能阅读的人，还可用一套自创歌曲，边唱边读，最后达到无音阅读。

（二）阅读理解力的训练

1. 语义预测

预测是阅读过程的重要一环。阅读不是被动地接受和理解信息的过程，而是不断地预测→验证与修正→进一步预测的循环过程。阅读过程中，读者经常要借助逻辑、语法、文化等线索，对文章的主题、体裁、结构以及相关的词汇进行预测。

2. 推测生词意思

在阅读过程中猜测生词意思是扩大词汇量的有效方法之一。通常，我们通过上下文以及我们对词汇结构的一些知识来推断词性和词义。

（1）根据定义线索猜测词义。为了便于读者理解，许多议论文的作者在论述概念时常常就出现的生词、词组或术语做进一步的解释和说明。这种情况下，作者经常使用一些标志性的短语，如 which means，in other words，that is，be known as，or，refer to，namely，be called 等。

（2）利用同义词和反义词猜测词义。英语中有大量的同义词或近义词，有经验的作者会变换词汇和句式来摆脱平淡乏味的表述。因此，在陌生的单词附近，总会有相似的表达甚至重述的部分。

除同义词以外，反义词也能为我们提供语义线索。这里的反义词是通过转折的逻辑连接词实现的。在以 although，but，however，on the contrary，whereas，instead，rather than，on the other hand，in contrast 等连接词或短语连接的句子中，只要了解一个分句的意思，另外一个分句的意思就可以根据逻辑的转折推断出来。

（3）利用构词法猜测词义。在缺乏上下文的情况下，有关构词法方面的知识也可以提供推测词义的线索。作为单词基本组成部分的词根的前后可以添加不同的前缀或后缀。通常，前缀改变该词的词义，后缀改变该词的词性。

（4）利用上下文提供的线索来推测出词义，通过分析句子结构来理解词义。

3. 识别指代关系

识别文章中的指代关系是抓住作者思路的又一个有效手段。作为一种语篇连缀手段，指代关系的作用仅次于关联词。

（三）根据不同阅读目的和不同阅读材料调整阅读策略

阅读策略的选择与阅读的目的和材料的要求密切相关。对于一部哲学巨著，一目十行地阅读不可能帮助我们准确把握文章的要旨；而当我们浏览节目单时，却没有必要字字研读和品味。表 2-1 总结了以英语为母语的读者根据不同阅读目的、对不同的材料阅读时选择的方式、技巧和速度。

总之，阅读策略的选择要充分考虑到阅读的目的、阅读材料的难度、阅读时间以及自己的背景知识等。一味地追求速度或一味地追求理解的准确度都是片面的。

表 2-1 不同阅读方式介绍

方式	目的	材料	技巧	速度范围
寻读	查找具体信息	参考性资料，如：索引、词典、招聘广告等	步骤 1 了解组织结构（按字母顺序、时间顺序或概念排序） 步骤 2 辨认关键字词和概念以迅速查找目标信息	速度上限：每分钟 1 000 词左右（读速取决于材料的长度、结构和体裁）
略读	理解 50% 左右内容；了解文章结构和形式；或获取内容要点	报刊、书信、背景资料、报告、课本章节、说明文字等	步骤 1 较全面的阅读标题与副标题 步骤 2 阅读开篇段及主要段落的起始句 步骤 3 阅读结尾及总结段	每分钟 800~1 300 词（速度比一般性阅读快一倍）
一般性阅读	较全面地理解文字内容；供娱乐和消遣	任何非技术性资料	步骤 1 阅读中积极思考 步骤 2 辨别内容要点和重要细节	每分钟 400~650 词（读速取决于阅读的材料、目的及对材料的熟悉程度）
分析性阅读	分析推论文章内容：评论文章论证的逻辑性；领略作者的写作技巧	文学作品、较复杂的短文、技术报告及说明书等	步骤 1 阅读中积极思考 步骤 2 辨别内容要点和支撑论点 步骤 3 辨别并推论作者暗含的观点 步骤 4 适当笔记：对重要文字进行勾画或作旁注	每分钟 150~400 词（读速取决于阅读材料的复杂程度）
研读	学习、综合、记忆有用的知识	课本、用以准备测试的学习材料、用以解决问题的文字资料等	步骤 1 阅读中积极思考 步骤 2 辨别内容要点和支撑论据 步骤 3 做笔记或进行图表概括 步骤 4 定期复习	读速下限为每分钟 100~300 词（读速取决于学习材料的数量和类型）

（四）计时阅读（timed reading）

课余要养成计时阅读的习惯。计时阅读每次进行 5~10 分钟即可，不宜太长。因为计时快速阅读，精力高度集中，时间一长，容易疲劳、精力分散，反而乏味。阅读时先记下“起读时间”（starting time），阅读完毕，记下“止读时间”（finishing time），即可计算出本次阅读的速度。随手记下，长期坚持，必定会收到明显效果。

三、训练的组织形式与要求

（一）训练组织形式

（1）课堂教学：精讲语言难点和结构分析，通过教师与学生、学生与学生之间的交互式训练，强化语言知识和提高交际技能。

（2）课堂检测：培养快速阅读能力。

（3）课外自习：结合泛读教材和辅助材料，鼓励学生自觉主动地独立解决语言难点。

（4）课外泛读：扩大知识面，增强对文章的领悟。

（二）训练要求

对照教学大纲，重点检测学生阅读四个方面的能力。

（1）对文章大意的了解。

（2）对细节和重要事实的理解，尤其是对含重点信息的长句、难句的理解。

（3）对原文材料隐含义的理解、推理。

（4）对原文做出合理的判断（如作者态度等）。

三级阅读速度为每分钟 70~80 词，准确率达 70%；简单的语言材料可要求学生阅读速度每分钟达 90~110 词；四级阅读速度（中等语言难度，生词不超过 3%）为每分钟 80~90 词，准确率为 70%（简单的材料的阅读速度可提至每分钟 120 词）。

第三章 国际商务礼仪的训练

“礼，时为大。”（《礼记》）受时代特性和内容的影响，礼仪往往带有时代的烙印。礼仪文化不仅是一个时代的产物，也是一个时代的写照。不同时代的礼节规范、仪式要求，甚至个人的穿着打扮等规范，均是社会制度、社会文明程度的外在体现。

随着改革开放的步伐加大，中国经济的迅猛发展，对外交流活动日益增多和频繁，礼仪和沟通技巧在对外交往中的作用愈显突出。中国是文明古国，礼仪之邦，世界文明的发源地之一，中华民族的传统礼仪是我们最为丰富和宝贵的文化遗产。遵循礼仪、弘扬文化是大学生提高人生修养的重要内容；而商务沟通的效果直接决定了商务活动的成败。

国际商务礼仪，是指在对外商务交往工作中，对外宾表示尊重、友好、礼貌的各种礼节、仪式及其惯用形式。它是在长期的国际交往中逐渐形成的一定的惯例。

我们在国际商务活动中应遵循下列原则：

维护形象；不卑不亢；求同存异；入乡随俗；信守约定；热情有度；不必过谦；不宜先为；尊重隐私；女士优先；爱护环境；以右为尊；互利互惠。

第一节 国际商务仪态礼仪训练

一、训练的目的

（1）了解仪态礼仪在国际商务中的重要性。

（2）使学生具有商务人员仪态礼仪必备的基本素质、能力和技巧。

二、训练的内容

在人际交往中，特定的姿势和举止，可以反映人与人之间的微妙关系。这种关系经常无法用口语来表达。因此，掌握和处理好这些细节，对于正确、恰当地实施礼仪规范是大有裨益的。

（一）仪态礼仪的规范

仪态的表现方式是多种多样的。人的头部、脸、躯干、腕、手指及腿、脚等十几个主要部位，几乎都可以表达态度。在社会交往中，仪态充当着极为重要并且极为有效的交际工具，优雅而得体的举止将有助于树立良好的交际形象，能够获得他人的好感。在此主要介绍体姿、表情、手势、眼神、人际距离等仪态礼仪规范。

一个人的姿态，包括日常生活的全部，基本体姿可分为站姿、走姿、坐姿、卧姿和蹲姿五大类，通常呈现在公众面前的是站、坐、走、蹲四类。

1. 站姿——挺直如松的立姿

所谓“站有站相”，是指站姿要正直。

基本要点：挺直、均衡、灵活。

正确站姿的基本要求是：从正面看，其身形应当正直，头、颈、身躯和双腿应与地面垂直，两肩相平，两臂和手在身体两侧自然下垂；从侧面看，其下颌应微收，眼平视前方，胸部稍挺，小腹收拢，整个形体显得庄重、平稳。两脚间的距离以不超过一脚为宜。按这些要素构成的站姿，能从整体上形成一种优雅挺拔、精神饱满的体态。同时，男士站立时，要体现刚毅洒脱，双脚可微微张开，但不能超过肩宽；女士站立时，应优美，双脚应成“V”形，膝和脚后跟应靠紧，身体重心应尽量提高。当然，在站立时为避免呆板之嫌，可作灵活变动，如男士在必要时可单手或双手背于身后，站立时间较长较累时，可以以一腿支撑，另一脚稍稍弯曲。常见的几种站姿如图 3-1 所示。

在站立时，应当避免如下站姿：东倒西歪、耸肩或靠在墙上或椅子上，这给人一种无精打采，懒洋洋的形象；身体抖动或晃动，会给人以漫不经心或没教养的感觉；双腿交叉站立，会给人以不严肃的感觉。尤其是手，不宜做叉腰状（含有冒犯之意）、交叉抱在胸前（有消极之嫌）、插入衣袋或裤袋（显得拘谨小气）、玩弄小物品（如打火机、香烟盒、衣带等）。上述姿势都有失仪表的庄重，破坏自己的形象。

（a）侧放式站姿　　（b）前腹式站姿　　（c）后背式站姿

图 3-1　常见的几种站姿

2. 坐姿

坐姿和站姿一样，都属于静态造型。坐姿文雅端庄是展现自己气质与风范的重要形式。

正确坐姿的基本要点是：入座时，应轻、缓、紧，即入座时落座声音轻，动作要协调、柔和，神态从容自如，腰部、腿部肌肉要稍有紧张感，一般应从椅子左边入座（起身时也应从椅子左边站立），如要挪动椅子的位置，应当先把椅子移至欲就座处，然后坐下去。女士入座时尤其要优雅、文静、柔美，如穿裙子则应将裙子后片向前拢一下，以显得端庄文雅。

落座后，注意人体重心垂直向下，挺胸收腹，保持上身的正直，头部平正，双肩平正放松，眼睛平视，两手自然放于双膝上或椅子扶手上，通常只坐满椅子的2/3。至于双膝，可采取并拢或微微分开的姿势，双脚可并齐靠拢，也可斜放或微微张开。在可能时，也可交叠双腿。女士特别要注意的是：入座后双脚必须靠拢，脚跟应靠紧，穿裙子时，侧坐比正坐姿势要优美，但在答礼时必须正坐。

在社交场合，应当避免的坐姿有：随意地把头向后仰靠，因为这是很懒散的样子；猛起猛坐，弄得椅子乱响；上体不直，左右晃动；两腿分得很开，伸得很远或摇晃两腿及脚尖，这样会让人觉得不雅观和没教养。还要注意不要用脚勾住椅腿，这会显得小气，欠大方。特别要指出的是，作为女士，为了让自己姿势优美，可参照以下实例，以使自己具有优美的坐姿。

坐姿要根据椅面的高低及有无扶手与靠背，注意两手、两腿、两脚的正确摆法。起立时，右脚向后收半步，而后站起。离开时，再向前走一步，自然转身退出房间。

无论哪一种坐姿，都要自然放松，面带微笑。但切忌下列几种坐姿：二郎腿坐姿、搁腿坐姿、分腿坐姿、“O”形腿坐姿。坐姿中还要特别忌讳前俯后仰，或抖动腿脚，这是缺乏教养和傲慢的表现。正确的坐姿如图 3-2 所示。

3. 正确的步姿

正确的步姿属于动态美，它历来为世人所重视。所谓“行如风”，就是用风行于水上的那种轻快自然来形容轻松自如的优美步态。对涉外商务人员来说，步姿还要从容稳健。

具体要求是：头正、两眼向前平视、挺胸收腹，上身正直不动，两肩相平不摇，两臂摆动自然，前后摆动幅度以不超过 45°，约 30° 为宜[①]；两腿直而不僵，步幅适中均匀，以稳健有力为准。

(a) (b) (c)

两手摆法

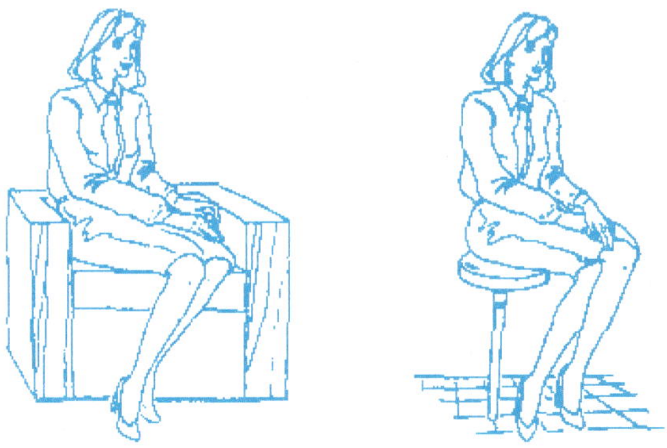

(a) (b)

坐姿

图 3-2 正确的坐姿

① 李嘉珊. 国际商务礼仪［M］. 北京：电子工业出版社，2018（3）：61-62.

女职员在行走时，上半身的姿态同于男性；目光宜温和、平静；两手前后摆动幅度宜小于男性；脚尖略外开，呈“柳叶步”，步伐以碎步、飘逸、轻盈为佳。两脚落地一线。走路正常的人，脚尖应是正对前方。

在行走时，应当避免如下走姿：不论男女职员，都不能将两手插入衣袋、裤袋，不能躬腰弯背、腆肚后仰、东摇西晃、左顾右盼、无精打采、抢先拖后或边走边大声说笑。

此外，还要注意步位与步度，步位是指两脚下落到地面的位置。男子行走，两脚跟交替前进在一线上，两脚尖稍外展。女子两脚却要踏在一条直线上，称“一字步”，以显优美。步度是指跨步时两脚间的距离，标准的步度是本人一脚之长：步度大小跟服饰和鞋也确一定关系，例如女士穿裙装（特别是穿旗袍、西服裙）和穿高跟鞋时，步度宜小些。

在办公室我们还应注意下面的姿态。

4. 蹲姿

办公室礼仪要求男女职员在办公室捡掉在地上的东西时，要注意蹲姿。正确的蹲姿是：

（1）交叉式蹲姿，即下蹲时，右脚在前、右小腿垂直于地面，全脚着地；左脚在后，左腿与右腿交叉重叠，左膝由后面伸向右侧，左脚跟抬起，脚掌着地，两腿前后靠紧，全力支撑身体；臀部向下，上身稍向前倾。

（2）高低式蹲姿。即下蹲时，左脚在前，右脚稍后，两腿靠紧不重叠向下蹲，左脚踏实，左小腿基本垂直于地面，右脚跟抬起，前脚掌着地，右膝低于左膝，右膝内侧靠在左小腿内侧上，臀部向下。

以上两种蹲姿，男士可选用第二种，两腿间可有适当距离；女士无论采用哪种蹲姿，都要将腿靠紧，臀部向下。切记不要弯腰撅臀。

5. 持文件姿

办公室礼仪要求在携带文件时，以左手支撑，放在胸部左侧，再以右手抓扶文件。不要双臂交叉将文件合抱在胸前，更不要将文件挟在腋下。

6. 表情仪态

人的表情是通过眼睛、眉毛、嘴巴、面部肌肉以及它们的综合运动来表现的。

有人说：“严肃使人拘谨，愤怒使人气恼，佯笑给人虚伪的印象，冷笑给人以奸诈之疑，至于捧腹大笑又有失身份，唯有微笑恰到好处。”

微笑动作要求：不露牙齿、嘴角两端略提起。

7. 手势仪态

手势不仅能够传达一个人想要表达的信息，在许多情况下，它还会自然流露出这个人的心情和想法。

手的动作要求：与人谈话时，手势不宜过多，动作不宜过大，更不能手舞足蹈。长辈与上司可能会通过抚摸他人的头部、轻拍他人肩膀以示关心、喜爱和鼓励，但不分场合地对对方拍打、抚摸很容易引起对方不快。同时，勾肩或搭背也是不自重的手势仪态。

用手指指点点也是失礼的行为。谈到自己时手的动作为：应将手掌按在胸口上，以显得斯文；谈到别人、引路或指示时，切忌用手指指点，一般应用掌心向上、四指并拢、拇指自然伸展的手形来表示。在社交活动中，如果不是为了传达信息，手应保持静止，给人以稳重之感。“静止的双手是权威的表示”，这句话是有一定道理的。

在与外宾的交往中，由于各国独特的风俗，尤其不可乱用手势。

8. 眼神仪态

一个良好的交际形象，目光应是坦然、和善、热情和乐观的。与人交往的时候，冷漠、狡黠、傲慢、贪婪的目光，都是不健康的，也是不会被他人所接受的，只能使别人在内心深处产生抵触情绪；左顾右盼、挤眉弄眼、用白眼或斜眼看人，也都是不礼貌的。

在与人交谈时，需要与对方进行目光对视，通常来说，需要以和善的眼神注视对方双眼，对视进行眼神上的交流，不仅是向对方展现出对话题的兴趣，也表达了尊重。需要注意，对视的时间不宜过短和过长，过短会让人觉得不被尊重，过长则会使对方认为被挑衅了，应控制在 1/3 左右，且最好不要超过 2/3。

作为主人招待客人，眼神应热情而愉快，表示欢迎；在长辈或上司面前，目光应略微向下，以示谦恭；对待孩子应体现宽厚与慈爱；对待朋友应体现热情、坦荡。在与人交往中，如果是同性，为了表示对对方的尊重和对话题的关注，应该不时互视双方。但是，长时间面无表情地盯着对方，会带有挑衅意味，所以应避免；如果对方是异性，长时间的注视更是不礼貌的。另外，与人见面时，不要上下反复打量别人。

三、训练的组织形式和要求

（一）国际商务礼仪训练的组织形式

（1）礼仪训练在了解礼仪知识点的同时，最好观看相应礼仪的视频，按动作规范要求请学生练习。

（2）学生最好分组练习，以便相互学习与指正。

（3）指导教师应巡视，及时指导。

（4）经过一定时间的练习，请学生汇报训练情况。

（5）教师就训练效果做总结。

（二）国际商务礼仪训练的要求

（1）训练时应认真观看视频的示范动作，按要点模仿。

（2）训练时要克服羞怯心理，勇于展现自己优雅的行为风范。

第二节　国际商务职业见面礼仪训练

一、训练的目的

（1）了解见面礼仪在国际商务中的重要性。

（2）培养学生了解其他国家的商务礼仪及习俗的习惯，以达到国际商务交往的目的。

二、训练的内容

（一）见面礼仪

1. 自我介绍

自我介绍的基本程序是：先向对方点头致意，得到回应后再向对方介绍自己的姓名、身份和单位，同时递上事先准备好的名片。自我介绍时，表情要自然、亲切，要注视对方，举止庄重、大方，态度镇定而充满信心，表现出渴望认识对方的热情。

自我介绍总的原则是清晰、自信、简明扼要，宁短勿长。介绍时长一般以半分钟为宜，情况特殊也不宜超过 3 分钟。根据不同对象和不同需要，理应有一定的差别，但通常情况下，自我介绍都需要包含最基本的三个要素：本人姓名、所在单位和部门、担任职务和从事的具体工作。

递送名片的先后没有太严格的讲究，一般来讲，遵循尊者具有优先知情权的原则，地位低的人先向地位高的人递名片，男性先向女性递名片。出于公务和商务活动的需要，女性也可主动向男性递名片。当对方不止一人时，应先将名片递给职务较高或年龄较大的人，如分不清职务高低和年龄大小时，则可依照座次递名片，应给对方在场的人每人一张，以免厚此薄彼。如果自己这一方人较多，则让地位较高者先向对方递送名片。

递送名片时，应面带微笑，正视对方，将名片的正面朝着对方，恭敬地用双手的拇指和食指分别捏住名片上端的两角送到对方胸前。如果是坐着，应起身或欠身递送，递送时可以说一些“我叫×××，这是我的名片，请笑纳！”或“请多关照”之类的客气话。如同外宾交换名片，可先留意对方是用单手还是双手递名片，随后再跟着模仿。因为欧美人、阿拉伯人和印度人惯于用一只手与人交换名片；日本人则喜欢用右手送自己的名片，左手接对方的名片。

接受他人名片时，应起身或欠身，面带微笑，恭敬地用双手的拇指和食指捏住名片的下方两角，并轻声说“谢谢！”“能得到您的名片十分荣幸！”如对方地位较高或有一定知名度，则可道一句“久仰大名！”之类的赞美之辞。

接过名片后，应十分珍惜，并当着对方的面，用30秒钟以上的时间，仔细把对方的名片看一遍。随后当着对方的面郑重其事地将他的名片放入自己携带的名片盒或名片夹或是上衣胸前的口袋之中，千万不要随意乱放，以防污损。如果接过他人名片后一眼不看，或漫不经心地随手向口袋或手袋里一塞，是失敬的表现。倘若一次同许多人交换名片又都是初交，那么最好依照座次来交换，并记好对方的姓名，以防搞错。在公共场合如欲索取他人名片，可以婉转地说：“以后怎样向您请教?”“以后怎样同您保持联系?”如自己无意送人名片时，可婉转地说：“对不起，名片未带。”

2. 握手

握手的正确方法：在介绍之后，互致问候的同时，双方各自伸出右手，彼此之间保持一步左右的距离，手掌略向前下方伸直，拇指与手掌分开，其余四指自然并拢并前伸，握手时两人伸出的掌心都不约而同地向着左方，然后用手掌和五指与对方相握。伸手的动作要重、大方，态度要亲切、自然。右手与人相握时，左手应当空着，并贴着大腿外侧自然下垂，以示用心专一。

除老、弱、残疾者外，一般要站着握手，不能坐着握手。

握手时间的长短可因人、因地、因情而异。初次见面时握手时间以1~3秒为宜。在多人相聚的场合，不宜只与某一人长时间握手，以免引起他人误会。握手力量要适度。但男性与女性握手时，男方只需轻轻握一下女方的四指即可。为了表示尊敬，握手时上身略微前倾，头略低一些，面带笑容，注视对方的眼睛，边握手边开口致意，如说：“您好！”“见到您很高兴！”“欢迎您！”“辛苦啦！”，等等。握手时可以上下微摇以示热情，但不宜左右晃动或僵硬不动。

对尊敬的长者握手可取双握式，即右手紧握对方右手时，再用左手加握对方的手背和前臂。当自己的手不干净时，应亮出手掌向对方示意声明，并表示歉意。

握手的先后顺序：一般遵循“尊者决定”的原则。握手的基本礼节是：在平辈的朋友中，相见时先出手为敬；在长辈与晚辈之间、上级与下级之间，应是前者先伸手，后者先问候，待前者伸手后，后者才能伸手相握；在男士与女士之间，女方伸手后，男方才能伸手相握，如女方无握手之意，男方可点头或鞠躬致意；倘若男方已是祖辈年龄，则男方先伸手也是适宜的；在主宾之间，主人应先伸手，客人再伸手相握，但客人辞行时，应是客人先伸手表示辞行，主人才能握手告别。如要同许多人握手，应当先同性后异性，先长辈后晚辈，先职位高者后职位低者，先已婚者后未婚者，即所谓上级优先、长辈优先、主人优先、女士优先；在接待外宾时，主人有向客人先伸手的义务，无论对方是男是女，主人都应先伸手以示欢迎。在社交和商务场合，当别人不按先后顺序的惯例而已经伸出手时，都应毫不迟疑地立即回握。拒绝他人的握手是不礼貌的。因此，最有礼貌的顺序应该是：先上级、后下级，先长辈、后晚辈，先主人、后客人。

3. 坐车

（1）陪车。

客人抵达后，整个行程主人都应陪车。主人在陪车时，应注意请外宾从右侧门上车，坐在后排座的右侧；主人从左侧门上车。注意不要从外宾座前穿过。如是二排座，译员应坐在司机旁边；如是三排座，译员应坐在主人前面的加座上。如果外宾先上车，坐到了主人座的左侧座位上时，则不要再请外宾移动位置。

轿车的类型不同，其座次的尊卑自然也不尽一致，这是不言而喻的。若乘坐双排座轿车，不论它是美制，即驾驶座居左，还是英制，即驾驶座居右，由专职司机开车时，座次的尊卑都应当是：后排上，前排下，右为尊，左为卑。具体而言，除驾驶座外，车上其余的四个座位的顺序，由尊而卑依次应为：后排右座、后排左座、后排中座、前排副驾驶座，如图 3-3（a）所示。应当特别说明一点，按照国际惯例，在乘坐由专职司机驾驶的轿车时，通常不应当让女士在副驾驶座上就座。

由专职司机驾驶三排七人座轿车时，车上其余六个座位（加上中间一排折叠椅的两个座位）的顺序，由尊而卑依次应为：后排右座、后排左座、后排中座、中排右座、中排左座、副驾驶座，如图 3-3（b）所示。

由专职司机驾驶三排九人座轿车时，车上其余八个座位的顺序，由尊而卑依次应为：中排右座、中排中座、中排左座、后排右座、后排中座、后排左座、前排右座（假定驾驶座居左）、前排中座，如图 3-3（c）所示。

由主人亲自驾驶双排座轿车时，车上其余的四个座位的顺序，由尊而卑依次应为：副驾驶座、后排右座、后排左座、后排中座，如图 3-3（d）所示。

由主人亲自驾驶三排七人座轿车时，车上座位的顺序，由尊而卑依次应为：副驾驶座、后排右座、后排左座、后排中座、中排右座、中排左座，如图 3-3（e）所示。

由专职司机驾驶的双排座轿车与三排座轿车上的座次排列（驾驶员居前排左座）

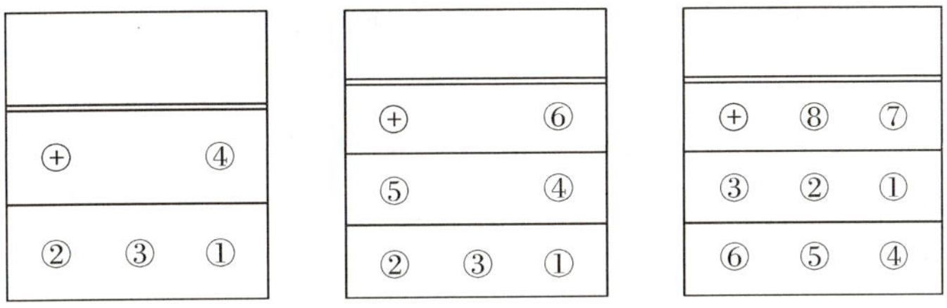

（a）双排五人座　（b）三排七人座　（d）三排九人座

由主人亲自驾驶的双排座轿车与三排座轿车上的座次排列（驾驶员居前排左座）

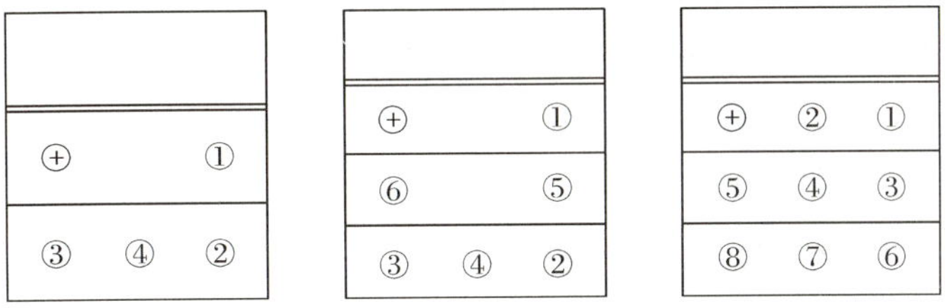

（d）双排五人座　（e）三排七人座　（f）三排九人座

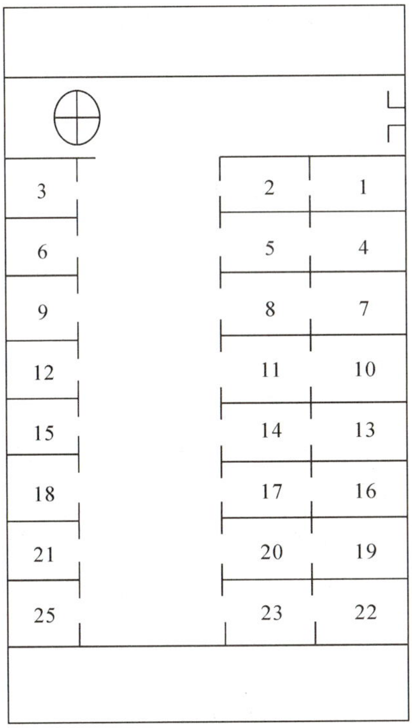

（g）多排座大中型轿车上的座次排列（驾驶员居前排左座）

图 3-3　各类型轿车的座次排列

由主人亲自驾驶的三排九人座轿车上的座次，由尊而卑依次应为：前排右座（假定驾驶座居左）、前排中座、中排右座、中排中座、中排左座、后排右座、后排中座、后排左座，如图 3-3（f）所示。

在乘坐吉普车或大中型轿车时，由谁开车的问题就不甚重要了。在吉普车车上，副驾驶座总是上座。至于其后排座位，则讲究右高左低。

在大中型轿车上，通常合“礼”的座次排列应当是由前而后，由右而左。其位次的排列，可由尊而卑依次为：第一排右侧右座，第一排右侧左座，第一排左侧座；第二排右侧右座，第二排右侧左座，第二排左侧座；第三排右侧右座，第三排右侧左座，第三排左侧座；第四排右侧右座……，如图 3-3（g）所示。

对于这种礼仪上的座次尊卑，商界人士应当了如指掌。当然，更为重要的是需要在基本原则的基础上灵活运用。

要看客人本人的意愿如何，不是在某些重大的礼仪性场合抛头露面的话，对于轿车上座次的尊卑，不宜过分地墨守成规。从总体上说，只要乘车者自己的表现合乎礼仪，就完全“达标”了。

雨天乘车，雨具一定要放在妥当的地方。雨伞的尖部应向下，以免因刹车戳伤别人。穿雨衣上车前要迅速脱去雨衣以免把旁人的衣服弄湿。

应当说明的一点是，若宾主不乘坐同一辆轿车，依照礼仪规范，主人的车应行驶在前，这么做是为了开道和带路。若宾主双方的车辆皆非一辆，依旧应当是主人的车辆在前，客人的车辆居后。它们各自的先后顺序，亦应由尊而卑地由前往后排列，只不过主方应派一辆车殿后，以防止客方的车辆掉队。

（2）上、下车的礼仪及车上的礼仪。

仅仅了解座次的尊卑是不够的，还应当注意如下问题：

在正式的情况下，与他人一起乘坐轿车时，上下车的先后顺序，有着一定的礼数。

如果当时环境允许，应当请女士、长者、上司或嘉宾首先上车，最后下车。

若您一同与女士、长者、上司或嘉宾在双排座轿车的后排上就座的话，应请后者首先从右侧后门上车，在后排右座就座。随后，应从车后绕到左侧后门登车，落座于后排左座。到达目的地后，若无专人负责开启车门，则应首先从左侧后门下车，从车后绕行至右侧后门，协助女士、长辈、上司或嘉宾下车，即为之开启车门。

乘坐有折叠椅的三排座轿车时，循例应当由在中间一排加座上就座者最后登车，最先下车。

乘坐九座三排座轿车时，应当由低位者，即男士、晚辈、下级、主人先上车，而请高位者，即女士、晚辈、上司、客人后上车。下车时，其顺序则正好相反。唯有坐于前排者可优先下车，拉开车门。

由主人亲自开车时，出于对乘客的尊重与照顾，可以由主人最后一个上车，最后下车。商务人员自己在上下车时，动作应当“温柔”一点。上下车时，不要大步跨越，连蹦带跳，像是“跨栏”一样。穿短裙的女士，上车时，应首先背对车门，坐下之后，再慢慢地将并拢的双腿一齐收入，然后再转向正前方。下车时，应首先转向车门，先将并拢的双腿移出车门，双脚着地后，再缓缓地移出身。

除此之外，商务人员如果身为低位，则在上下车时，还需主动地为高位者开关车门。具体来讲，当高位者准备登车时，低位者应当先行一步，以右手或左右两只手同时并用，为高位者拉开车门。拉开车门时，应尽量将其全部拉开，即形成90°的夹角。在下车之时，低位者也可以用先下车去帮助开门的方法，去示敬于人。其操作的方法，与上车时基本相同。

商务人员还应当注意自己在车上的谈吐与举止。在轿车行驶过程中，大家可以与同车人略做交谈。在轿车内不宜与司机过多地交谈，不宜谈论隐私性内容，不宜在轿车内吸烟。不要在轿车内整理衣饰、描眉画眼，以及脱鞋、抖袜子，对着车内后视镜补妆的做法，是让人很反感的。带东西多的话，请勿乱抛乱放。不要在轿车内与异性打打闹闹，表现得过分亲昵。不要在车内吃东西、喝饮料、吐痰，也不能打开车窗，抛洒废物、吐痰，这样是有悖于社会公德的。

4. 上下楼、乘电梯的规则与礼节

上下楼时，头要正，背要直，腿要微挺，膝要弯曲，臀部要收，脚步要轻，速度要快。同时上下楼要尽量靠自己前进方向的右边走，不擅自突然改变行走轨迹，为他人迎面走来或是赶时间留出空间。应长者、妇女在前，下楼时则相反；电梯进门左侧是上席，进电梯应由晚辈、主人先进，出来时，应让长辈和来客先出。在电梯里，不大声同他人（包括熟人和朋友）讲话；避免长时间地盯视他人；可以看看头上方的楼层指示灯，而不要平视他人。

5. 送客礼仪

当客人要走时，应婉言相留，这是情谊流连的自然显示，并非俗套与多余。当客人起身告辞时，主人和在场的人应起身道别。主人送客，一般应送到门外或楼下，待客人伸出手来握别时，方可以手相握，切不可在送客时先“起身”或先“出手”，免得有厌客之嫌。迎客应主人走在前面，送客应客人走在前面。目送客人远去时，可挥手致意，并道以“欢迎再来！”。对于远客或年纪大的客人，如有需要（如路不熟、走路不方便等）送行，则应送到车站或码头，待客人上车、上船并等车船开动消失在视线以外再返回；送客至机场，应待客人通过安全检查处之后再返回。和上司一起送客时要比上司稍后一步。

6. 电话礼仪

为了正确地使用电话，树立良好的“电话形象”，无论是发话人还是受话人，都应遵循电话应对的原则——正确、简洁、恭敬，同时做到最基本的打电话礼仪：选好时间、事先通报、内容简洁、文明礼貌、兼顾举止。

（1）选好时间。

白天宜在早晨8点以后，节假日应在9点以后，晚间则应在22点以前，以免受话人不在或打扰受话人及家人的休息。如无特殊情况，不宜在中午休息时和一日三餐的常规时间打电话，以免影响别人休息和用餐。给单位打电话时，应避开刚上班或快下班这两个时间段，还要顾及接电话一方所在的场合。给国外的客户打电话，要特别注意其所在地与国内的时差和生活习惯。工作以外的时间，因公务打往私人住宅的电话，首先要考虑对方是否方便。

（2）事先通报。

电话接通后，先通报自己的姓名、身份，如“您好，我是××公司销售部的小王”。必要时，还要询问一下对方现在接听电话是否方便，在对方方便的情况下再开始交谈。

（3）内容简洁。

在正常的情况下，通话时间要尽可能短。特别是打重要电话或国际长途时，最好事先做好充分准备，把要找的人名、要谈些什么内容归纳分类写在边条纸上，这样就不容易出现丢三落四的情况了。同时，还要拟好一个简短的通话要点，随时牢记5w1h技巧，所谓5w1h是指：① when（何时）；② who（何人）；③ where（何地）；④ what（何事）；⑤ why（为什么）；⑥ how（如何进行）。在工作中这些资料都是十分重要的。

（4）文明礼貌。

拿起电话筒时，请中断任何交谈，电话语言都要用“您好”“请”“谢谢”等礼貌语言；在通话中，应礼貌地呼应对方，适度地使用附和语，不时地“嗯”“哦”一两声，或说“是”“好”之类的话语，让对方感到你是在认真倾听，不要默不作声，不要轻易打断对方的谈话。如发觉电话内容不宜为外人所知或有急事需要处理时，可委婉地告诉对方：“我身边有客人。”交谈过程中，要学会耐心地接听电话，切忌在电话应对中表现出不耐烦的口吻。临近通话结束，受话人应主动向发话人说一声“麻烦您了”，或道一声“再见”或“谢谢”。挂电话的声音不要太响，以免让人感到粗鲁无礼。同事们正在聊天，电话铃突然响起的时候，聊天的声音应该放低，作为企业电话，最忌讳一边说笑、吃东西，一边接电话。为了控制和运用好语气、语调，下面两点可以为我们提供帮助：

① 打电话时要向电话微笑。

② 电话的基本功能是传送你的自然声调，但由于现在最好的电话也不能将你的原音传达给对方，因此你在电话中谈话，就不能按照平时说话的习惯来，你要有一种特殊的适合打电话的节奏和速度，你的音调要随谈话的内容有所调节。打电话时要注意礼貌，听电话时也应如此。

总之，我们将商务交往接打电话的礼仪，规范为二点：一是话语简洁；二是语调殷切。

（5）电话用语。

接电话，宜在铃声响过两声后马上接听，做到“响铃不过三”。拿起听筒后，应先说一句礼貌语，如：

“Good morning（afternoon），this is… speaking.”

“Hello，can I help you?”“Speaking，please.”

若不是自己的电话，不能把听筒一丢，就大叫“某某电话”，如果找的人不在，则要重新拿起电话，可说：

“He is in a conference. Can I get him to call you back?”

“Could you ring again in 30 minutes，please?”

“If you would like to hold the line for just a moment，I'll make some inquires to see if I can get him.”

不要说：“He is out.”或“I'm not sure where he is.”

“Can I take a message?”询问对方是否需要转告，并记下对方的电话号码和姓名，不能让对方久等，或一挂了之。接到别人打错的电话时，应以礼相待，不可恶语伤人。如果打来的电话不是找你的，一般不应冒失地询问对方的姓名，因为这也是不礼貌的。

在正式的商务交往中，接电话的起始语是指接电话时拿起话筒所讲的第一句话，常见的起始语有如下三种形式：

①以问候语加上单位、部门的名称以及个人的姓名最为正式，例如，“Good morning. China Travel Service. This is Wang Li speaking.”

②以问候语加上单位、部门的名称，或是问候语加上部门名称。它适用于一般场合，例如，“您好！××公司人事部。请讲。”或者“您好！人事部。请讲。”后一种形式，主要适用于由总机接转的电话。

③以问候语直接加上本人姓名。它仅适用于普通的人际交往。例如，“您好！常力。请讲。”

需要注意的是，在商务交往中，不允许接电话时以“喂，喂”或者“你找谁呀?”作为“见面礼”。

7. 手机使用

商务礼仪规定：在正式场合，手机使用者不可有意识地将自己的手机示于人。随身携带手机的人，应当将手机置放在不易为人觉察的适当之处，可以把它放在西装上衣内侧的胸袋里，或是放入公文包内。

商务礼仪规定，商务人员在商务交往中，尤其是在庄严而隆重的场合，例如会晤、谈判、举行会议、参加仪式、出席宴会或舞会、观看文艺或体育表演等，不允许当众使用手机，以防干扰或影响他人，或破坏当时的气氛。如果需要通话，也要暂时告退，去找一处无人的场所。

三、训练的组织形式和要求

（一）训练的组织形式

（1）学生最好分组，小组成员分角色练习。

（2）经过一定时间的练习，组织学生展示训练成果。

（3）教师就训练效果做总结。

（二）国际商务礼仪训练的要求

训练时应认真模仿，示范训练结束后，教师随机抽选同学展示，各小组进行交互式对抗演练并评分。

第三节 中西餐饮食礼仪训练

一、训练的目的

（1）俗话说民以食为天，在国际商务活动中饮食礼仪同样重要。

（2）使学生掌握基本的中西餐饮食礼仪，具有商务人员必备的基本素质、能力、技巧。

二、训练的内容

（一）中餐礼仪

1. 选择适合自己的座位

选择位次需要注意的基本原则是“面门为尊”和“以右为尊”，“面门为尊”是指一般面对入口的位次是留给尊者的，背对入口的位次留给卑者。“以右为尊”是指除位于中间的位次以外，一般靠右的位次对应身份尊者。同时，如果没有任何方位的座次是面对入口的，则入口靠右的位次为尊者位。

此外，在餐厅中，服务员过来拉开椅子，最先引导的座位是上席，最先就座的是身份高者或长辈，一般人不要坐上席或提前就座。如果男女两人去餐厅用餐，男士应请女士坐在自己的右边或对面。如果只有一个靠墙的位置，应请女士坐在里位。千万不可让她坐在过道旁。若两位男士陪伴一位女士进餐，女士应坐在男士们中间。若两位同性进餐，靠墙的座位应留给其中的长者。入座后坐姿要端正，不要用手托腮或将双臂肘放在桌上，也不要半躺半坐，身体与餐桌的距离要适度。就餐前可随便与同席客人交谈，眼睛不要盯着桌上的菜肴。不可玩弄桌上的酒杯、盘碗、刀叉等餐具。入座或离座，应从座椅左侧走为宜。

2. 进餐时的举止要文明礼貌

用餐文明具体说来应当是：上菜后，待主人“请”后，再动手夹菜。取菜要适量，不要贪食。主人奉菜不要拒绝，要表示谢意和赞许。夹菜时，应从上到下有顺序地夹，筷子不要在菜碟中乱搅。吃东西时应小口地吃，咀嚼时要闭嘴，不要发出声音，不要一边嚼食一边说话，更不宜猜拳行令。口里有小骨头时，可以用餐巾掩口，用筷子取出，放置盘上。虽然吃中餐不太需要拘泥于礼节，但仍以举止优雅为重。吃中餐时，由口中取出的骨头或残渣等还是放在小盘上，较为妥当。当然，如果备有专放骨头的器皿时，就该利用该器具。喝汤时，要使用汤匙舀着喝，汤匙应由碗边向外舀出。第一次舀汤宜少，先试温度、浅尝。喝汤不要啜，更不要喝半勺又倒回半勺去。右手使用汤匙时，筷子须整齐、轻放在桌子上。按中国人的礼俗，左手拿匙，右手拿筷，为失礼。若汤菜太热，可稍待凉后再吃，切勿用嘴吹。若直接从大汤碗里舀汤喝，要注意汤匙伸入汤中时不要乱搅动。就餐的整个过程中，要注意谦让，也不要边吃边抽烟。如男士因不慎碰翻了餐具或把酒水溅到邻座身上，应立即表示歉意，用餐巾协助揩擦。如溅到女士身上，应主动送上餐巾纸或手帕并同时致歉，但不要亲自动手擦。餐后不要在众人面前打饱嗝、剔牙或呕吐。不要随便离座告退，应在主人示意结束后方可离席。就餐时如果有些礼节性的常识自己不懂，最好的方法就是模仿，看别人是怎么做的，跟着做就可以了。

中式餐具摆台如图 3-4 所示。

3. 正确使用餐具

进餐时，我们使用的餐具可分为两类：一类为中餐餐具，另一类为西餐餐具。对于西餐餐具我们另外做介绍，这里只介绍使用筷子的礼貌要求。

要轻拿轻放：筷子通常应摆放在碗的旁边，不能搁在碗上；需要用汤勺时，应先放下筷子，再拿起汤勺；用筷子夹菜时，不要“举筷不定”；离席时，筷子不可插在碗里，而应当轻放餐碟边或筷架上。

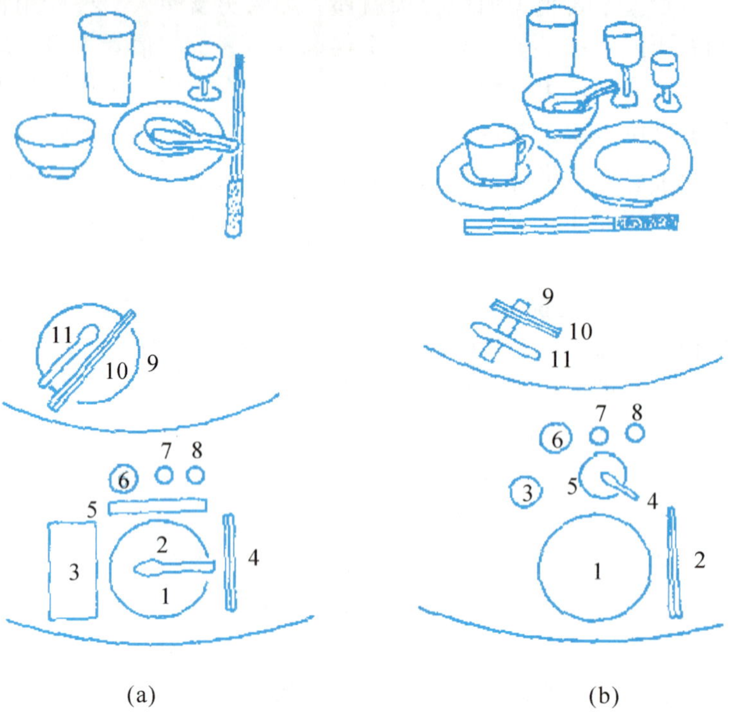

(a)1——垫盘（搁碟）；2——汤匙；
3——菜单；4——筷子；
5——名片（姓名）；6——餐巾；
7——甜酒杯（饮料怀）；8——白酒杯；
9——搁盘；10——公筷；11——公勺；

(b)1——垫盘；2——筷子；
3——餐巾（啤酒）；4——汤匙；
5——菜碟；6——白葡萄酒杯；
7——白葡萄酒杯；8——白酒杯；
9——搁架；10——公筷；11——公勺；

图 3-4　中式餐具摆台

4. 中餐奉茶礼仪

中国有着独特的茶文化，品茶奉茶在我们的饮食文化中具有举足轻重的地位。奉茶之道的基本原则是“客到茶来”和“酒满茶半”。“客到茶来”是指奉茶要迅速，客人一到，就需要把茶备好，“酒满茶半”是指茶不要太满，以八分满为宜，水温不宜太烫，以免客人不小心烫伤。此外，在奉茶时，我们还要注意同时有两位以上的访客时，端出的茶色要均匀，并要配合茶盘端出，左手捧着茶盘底部，右手扶着茶盘的边缘，如果有点心，则茶杯应当摆到点心右边。上茶时，应当向在座的人说声“对不起”，再以右手端茶，从客人的右方奉上，面带微笑，眼睛注视对方并说：“这是您的茶，请慢用!”

5. 中餐宴会饮酒礼仪

在正式宴会中主人皆有敬酒之举。会饮酒的人应当回敬一杯。敬酒时，上身挺直，双腿站稳，以双手举起酒杯，注意不要举得比别人高，以示对对方的尊敬，待对方饮酒时，再跟着饮。敬酒的态度要热情大方。如果不会饮酒，可以礼貌地谢绝斟酒，在主人或服务员为其斟酒时，应用手指轻敲酒杯边缘以示谢绝，千万不可将酒杯倒置，否则是失礼的举动。但不要什么都一概拒绝，至少要喝上一点汽水、果汁或其他饮料，使举座尽欢。

（二）西餐礼仪

西餐因场合不同一般分为正式宴会和便宴。西餐餐桌布置示意图如图 3-5 所示。

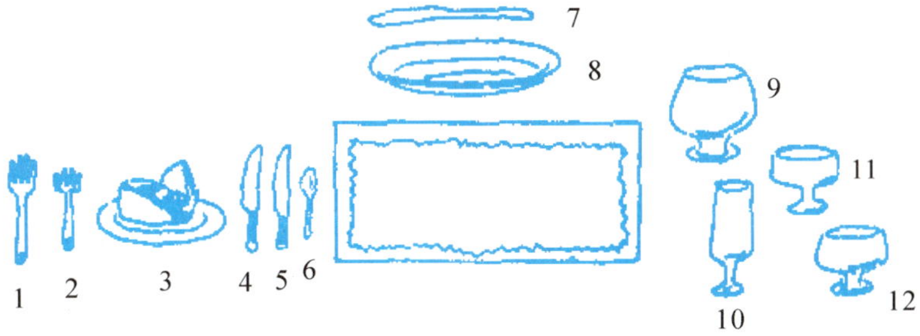

1——肉叉；2——布丁叉；3——餐盘；4——布丁刀；
5——肉刀；6——汤匙；7——黄油刀；8——面包盘；
9——水杯；10——雪利酒杯；11——红葡萄酒杯；12——香槟酒杯；

（a）　　　　（b）

（c）

图 3-5　西餐餐桌布置示意图

1. 正式宴会的礼仪

（1）饭店的预约。

在西方，去饭店吃饭一般都要事先预约，在预约时，有几点要特别注意说，首先要说明人数和时间，其次要表明是否要吸烟区或视野良好的座位。如果是生日或其他特别的日子，可以告知宴会的目的和预算。在预定时间到达，是基本的礼貌。再昂贵的休闲服，也不能随意穿着上餐厅，吃饭时穿着得体是常识。去高档的餐厅，男士要穿整洁；女士要穿套装和有跟的鞋子。如果指定穿正式的服装的话，男士必须打领带，进入餐厅时，男士应先开门，请女士进入。应请女士走在前面。入座、餐点端来时，都应让女士优先。特别是团体活动，更别忘了让女士们走在前面。

（2）入座有讲究。

最得体的入座方式是从左侧入座。当椅子被拉开后，身体在几乎要碰到桌子的距离站直，领位者会把椅子推进来，腿弯碰到后面的椅子时，就可以坐下来了。用餐时，上臂和背部要靠到椅背，腹部和桌子要保持约一个拳头的距离。最好避免两脚交叉的坐姿。

（3）点酒的学问。

在高级餐厅里，会有精于品酒的调酒师拿酒单来。对酒不太了解的人，最好告诉他自己挑选的菜色、预算、喜爱的酒类口味，主调酒师帮忙挑选。主菜若是肉类应搭配红酒，鱼类则搭配白色酒。上菜之前，不妨来杯香槟、雪利酒或吉尔酒等较淡的酒。

（4）上菜的次序。

正式的全套西餐的上菜顺序是：①前菜和汤；②鱼；③水果；④肉类；⑤乳酪；⑥甜点和咖啡；⑦水果，还有餐前酒和餐酒。这些菜没有必要全部都点，点太多却吃不完反而失礼。稍有水准的餐厅都欢迎只点前菜的客人。前菜、主菜（鱼或肉择其一）加甜点是最恰当的组合。点菜并不是由前菜开始点，而是先选一样最想吃的主菜，再配上适合主菜的汤。

（5）如何使用餐巾。

点完菜后，在前菜送来前的这段时间把餐巾打开，往内折三分之一，让三分之二平铺在腿上，盖住膝盖以上的双腿部分。最好不要把餐巾塞入领口。同时，也需要注意西餐中的餐巾主要起到装饰和挡污的作用，如无必要，最好不要用来擦嘴和面部。

（6）刀与叉的使用方式。

英美人的饮食习惯不一样。吃肉菜时，英国人左手拿叉，叉尖朝下，把肉扎起来，送入口中，如果是烧烂的蔬菜，就用餐刀把菜拨到餐叉上，送入口中。美国人用同样的方法切肉，然后右手放下餐刀，换用餐叉，叉尖朝上，插到肉的下面，不用餐刀，把肉铲起来，送入口中，吃烧烂的蔬菜也是这样铲起来吃。刀叉的正确使用方法如图3-6所示。

刀叉并用时两个步骤的正确方法

刀叉并用时四个步骤的正确方法

图 3-6　刀叉的正确使用方法

在宴会中，每吃一道菜用一副刀叉，对摆在面前的刀叉，从外侧依次向内取用。用餐时，如果是谈话，可以拿着刀叉，无须放下，但若需做手势时，就应放下刀叉，千万不可手执刀叉在空中挥舞摇晃。应当注意，不管任何时候，都不可将刀叉的一端放在盘上，另一端放在桌上。

西餐中，刀叉在餐盘上的摆放能够传递信息。用餐中，摆成为八字形，如果在用餐中途暂时休息片刻，可将刀叉分置盘中，刀头与叉尖相对成“一”字形或“八”字形，刀叉朝向自己，表示还要继续吃；将刀叉呈十字形摆放在餐盘上，表示客人在等待第二份菜品。用餐结束后，将刀叉并排竖着摆放在餐盘上，意思是用餐结束，服务员在看到客人摆放出这个样子的时候就可以过来将客人吃完的餐具清理干净；也可将叉子的下面向上，刀子的刀刃侧向内与叉子并拢，平行放置于餐盘上，表示对这次的菜肴十分满意；或是将刀插进叉子的缝隙中，两者呈八字形放在餐盘上，以此表达对菜品不满意，出现这种情况时服务员要询问清楚客人不满意的原因以改进菜品。

2. 西餐饮酒的礼仪

（1）一般的服务员会按顺序倒酒，这时，不要动手去拿酒杯，而应把酒杯放在桌上由侍者来倒。如果你不想让服务员给你倒酒，那么就用指尖碰一下酒杯的边缘，以示不想要了。

（2）为避免手的温度使酒温增高，正确的握杯姿势是用三根手指轻握杯脚，即用大拇指、中指和食指握住杯脚，小指放在杯子的底部固定。

（3）喝酒时绝对不能吸着喝，应该倾斜酒杯，就像是将酒放在舌头上似的喝。你可以轻轻摇动酒杯让酒与空气接触以增加酒味的醇香，但不要猛烈摇晃杯子。

（4）非敬酒时一饮而尽，或是边喝酒边透过酒杯看人、拿着酒杯边说话边喝酒、将口红印在酒杯沿上等，都是失礼的行为。不要用手指擦杯沿上的口红印，用面巾纸擦较好。

3. 享用自助餐的礼仪

所谓享用自助餐的礼仪，在此主要是指在以就餐者的身份享用自助餐时，所需要具体遵循的礼仪规范。一般来讲，在自助餐礼仪之中，享用自助餐的礼仪对绝大多数人而言，往往显得更为重要。通常，它主要涉及下述八点。

第一，要排队取菜。

第二，要循序取菜。

第三，要量力而行。

第四，要多次取菜。

第五，要避免外带。

第六，要送回餐具。

第七，要照顾他人。

第八，要积极交际。

融入陌生的交际圈，大体上有三种方法。其一，请求主人或圈内之人引见。其二，寻找机会，借机加入。其三，毛遂自荐，自己介绍自己加入。

4. 喝咖啡的礼仪

在正规的西餐席上，喝咖啡是压轴戏。喝咖啡可以安排在用过甜点之后，也可以在离开餐桌后改在咖啡厅进行。咖啡通常有两种：一种为美式咖啡，即不加任何配料，采用滴滤的方式直接制作一杯咖啡，或是在浓缩咖啡中加入大量的水，制成一杯清新淡雅的咖啡。另一种为意式咖啡，是指使用意式浓缩咖啡机或是摩卡壶，制作出来的一份意式浓缩咖啡，可直接饮用，也可加入牛奶，加入牛奶较多是意式拿铁，加入牛奶较少并伴有奶泡的则为意式卡布奇诺。还有一种加威士忌酒的，叫爱尔兰咖啡。在餐桌上，比较讲究喝美式咖啡。它既是一种身份的象征，又可解油腻。

喝咖啡时，如需加糖，应用专门的方糖夹去取，不可伸手去拿；咖啡匙是用来搅拌咖啡的，不要用它去取方糖，更不要把小匙放在杯中或用它舀咖啡喝。餐桌上讲究上热咖啡，如嫌其太热，可待它自然冷却，用嘴去吹凉咖啡是不文雅的。上咖啡只用右手即可。喝咖啡时，用右手拿杯把，左手端小碟。喝咖啡是一种文化，唯有讲究礼节，方能体味出它的高雅。

做客喝咖啡，有时也会遇上一些特殊情况。例如，坐在远离桌子的沙发中，不便使用双手端着咖啡饮用，这时可用左手将咖啡碟置于齐胸的位置，用右手端着咖啡杯饮用。饮毕，应立即将咖啡杯置于咖啡碟中，不要让二者分家。

添加咖啡时，不要把咖啡杯从咖啡碟中拿起来。

有时喝咖啡时可以吃一些点心。但不要一手端着咖啡杯，一手拿着点心，吃一口、喝一口地交替进行。喝咖啡时应当放下点心，吃点心时则应当放下咖啡杯。

在咖啡屋里，举止要文明，不要盯视他人。交谈的声音越轻越好。

三、训练的组织形式和要求

（一）国际商务礼仪训练的组织形式

（1）在了解礼仪知识点的同时，最好观看相应礼仪的视频，按动作规范要求请学生练习。

（2）让学生分组练习，以便相互学习与指正。

（3）指导教师应巡视，及时指导。

（4）经过一定时间的练习，请学生汇报训练情况。

（5）教师就训练效果做总结。

（二）国际商务礼仪训练的要求

（1）训练时应认真观看视频的示范动作，按要点模仿。

（2）训练时要克服羞怯心理，勇于展现自己优雅的行为风范。

第四章
人际沟通能力训练

商务沟通是双方求取共识，集结共同利益，心与心互动的过程。在商务交往中商务人士的素质、沟通能力和技巧，以及对各地商人特点的准确把握和了解，对商务沟通的成败有着至关重要的作用。

第一节 人际沟通能力训练概述

一个人的成功，20%靠专业知识，40%靠人际关系，另外40%需要观察力的帮助，因此为了提升我们个人的竞争力，获得成功，就必须不断地运用有效的沟通方式和技巧，随时有效地与“人”接触沟通，只有这样，才有可能使你事业成功。

一、训练的目的

（1）灌输商务沟通的重要意义。
（2）了解并学会沟通的方式和技巧。

二、训练的内容

不论在日常生活中还是工作场所，良好的沟通都是人际关系的第一步，有了良好的沟通才有机会和他人建立起互动的关系。

（一）沟通的六个步骤

倾听—— 你的身体告诉对方：“我在听您说”；

核对——“您的意见是……”句式核对你的理解；

接纳——用眼睛看、用耳朵听、用头脑想；

拒绝——用坦诚加礼貌的语音说“不”；

表达——用准确具体的语言表达你内心的意思；

体态语言——用身体语言比有声语言说得更有把握，更能传达你的真实意思。

有效沟通，既要着眼于发送者，又要着眼于接受者。对发送者来说，必须清楚地认识到沟通的目的、所使用符号的意义、传递路线及接受者可能做出的反应。对接受者来说，则必须学会如何听，要不但能懂得信息的内容，而且能听出发送者在信息传递中同时表达出来的感情和情绪。

（二）沟通的技巧

沟通的种类如图 4-1 所示。

- 沟通
  - 言语沟通
    - 口头沟通
    - 书面沟通
  - 非言语沟通（个人的声音品质、面部表情、手势、身体动作、对距离和事件的态度等）

图 4-1　沟通的种类

在商务活动中，最直接的方式就是“谈话”。谈话也是要讲技巧的，下面就来介绍谈话的技巧：①三思而后“言”。②失言时立刻致歉。③和别人沟通，不要和别人比赛。④选对说话的时机。⑤对事不对人。⑥了解别人的感觉。⑦聆听他人的回馈。

（三）克服沟通障碍的方法

1. 运用反馈

很多沟通问题是由于误解或不准确造成的，解决这一问题的最好办法就是注重反馈，即让接受者用自己的话复述信息，如果传递者听到的复述恰如本意，则可增强理解与精确性。

2. 简化语言

语言是出现沟通障碍的重要因素，简化语言并注意使用与听众一致的语言方式，对沟通有帮助。

3. 积极倾听

积极的倾听是对信息进行积极主动的搜寻，而单纯的听则是被动的。

（1）积极倾听的要求。

①专注。

②移情。移情就是把你自己置身于说话者的位置上，去理解说话者想要表达的含义。

③接受。积极倾听表现为接受，即客观地倾听内容而不做判断。积极的倾听者就是接受他人所言，而把自己的判断推迟到说话的人说完以后。

④完整性。听者要千方百计地从沟通中获得说话者所要表达的完整信息。达到这一目标的两种技术是：在倾听内容的同时倾听情感，通过提问来确保理解的正确性。

（2）有效的积极倾听的方法。

①使用目光接触。目光接触可以使人集中精力，避免分心，鼓励说话人。集中目光看对方，如果是公事，目光限制于前额到双眼，使人感觉你很诚恳认真；如果是社交，就看双眼到嘴三角区；如果是关系非常亲密的朋友，就看双眼到胸。

②展现赞许性的点头和恰当的面部表情。

③避免分心的手势、举动与体态。

④善于提问。善于提问的好处：可以真正弄清对方的意思，表明你在认真聆听，让对方跟着你的思路走，让对方感到受重视，也可弄清对方对你的话理解到什么程度。

⑤复述。听话人复述可以检查自己是否认真倾听，检验自己理解的准确性；说话人复述可以检验对方是否理解了你的话。

⑥避免中间打断说话者。

⑦不要多说。大多数人乐于畅谈自己的想法而不是聆听他人所说，很多人之所以倾听仅仅是因为这是能让别人听自己说话的必要付出。

4. 抑制情绪

在情绪中，很容易冲动而失去理性；无理性时的沟通是争执，于事无补。

5. 注意非语言提示，特别是“人际空间”

（1）45 厘米以内为亲密的距离，适用于有血缘关系的人、同性好友、恋人、夫妻等。此距离不仅可有亲密谈话，而且可有身体接触。这样的距离最适合于交流重要信息。

（2）45~120 厘米为个人距离，在个人区内谈话多半带有情感，适用于好朋友。

（3）120~360 厘米为社交距离，适用于面试、商务洽谈等，这是公事公办的距离。

（4）360 厘米以外为公众距离，是我们目光及听力所及之处，适用于公众演讲等。

在商务交往中应根据具体情况正确把握距离范围。

三、训练的组织形式与要求

（一）实训地点

实训地点可以是教室或商务模拟实验室。

（二）组织形式

组织形式为案例分析。

案例 4.1

一个美国人到某阿拉伯国家去和阿拉伯同行谈生意。商谈进展得很顺利，双方对此感到满意。

会谈休息时，两个人站着闲聊。那位阿拉伯经理认为：既然双方已彼此认识，两个人应该站得更近一些，以表现出双方关系的亲密度。因此，他向那位美国经理靠近了一些。那位美国经理对此感到惊讶，但他转念一想：这或许是那位阿拉伯经理无意中的行为。因此，他丝毫没有表现出他对那位阿拉伯人行动的理解，而是稍稍退后了一点以保持距离。对那位美国同行悄然后退，阿拉伯经理同样感到吃惊，他认为那位美国经理并没有理解他的好意。于是他决定向前移动一步，以表示他的诚意。然而他这新的一步使那位美国经理感到不安（他甚至感到有点不高兴）；然而，由于这是他的首次拜访，他不希望因此区区小事而破坏了这次很好的谈话，使双方尴尬。他再次悄悄地向后退去。这一行为多次重复，直到那位美国经理的背碰到了墙——他已无法再后退了。两位经理对这一情形都非常沮丧，但他们俩谁也弄不明白为什么对方会对两个人间的距离采取相反的做法。

资料来源：李晓璇. 国际商务综合实训教程［M］. 2 版. 重庆：重庆大学出版社，2012.

问题：

1. 你能对此做出解释吗?

2. 现在一些企业中很多员工尽量不和其经理接触，作为经理你能找到解决此问题的办法吗?

案例 4.2

IRC 公司于 1872 年创立于美国肯塔基州梅菲尔德；现在它已经成为世界上最大的压缩机制造商。IRC 在中国的销售成果喜人。IRC 的业务在中国成功的关键何在? IRC 中国公司总经理拉瑞·陈说道：关键在于和顾客始终保持沟通。

IRC 是一家外国公司，其所有产品均在境外制造。顾客所需要的，是 IRC 公司能够提供技术上的支持以及设备配件上的供应。所有机器均在中国国内安装；大多数用户为中国人。“如果顾客直接面对的是外国人，同时他们手里拿着的是英文说明书，很难想象他们能够很好地使用机器。”

拉瑞接着说道：“对于工业设备的理解比对日常必需品（的理解）要难得多；中国境内的 IRC 用户数以千计。为了更加方便地与 IRC 用户进行沟通，IRC 分别在北京、上海和广州成立了办事处；每个办事处负责几个省的业务及技术支持。此外，每个 TSD 人员都有自己所应负责的范围。这样，TSD 能够保证和顾客有着稳定的关系。”

及时性是衡量 TSD 与顾客沟通效果的一项重要参数。如果机器出了问题，而用户又无法得到 TSD 的及时帮助，那么用户的工厂就得关门。其结果是：TSD 会因此而受到严重的投诉；他们亦将因此而失去未来顾客的生意。因此，在 TSD 办公室里，电话、传真机、电脑等，必须每周 7 天、每天 24 小时地开着。除此之外，每日不管是白天还是黑夜，总有一位工程师或是秘书接听热线电话。拉瑞认为："漏听顾客的一则信息就等于从他那里漏做一单生意。"

今天的IRC已建起了一个功能强大的客户数据库。早在几年前，TSD就成立了一个"用户之家"；这个"用户之家"就像是一个俱乐部。TSD每年都为他们搞一些有趣的活动。TSD的成员将此作为一个和顾客面对面交谈接触的机会，可以从顾客那里得到不少反馈信息。与此同时，TSD与用户的关系也得到大大改善和加强。

在TSD办公室里，电话和传真机始终在忙着。拉瑞说："这是在和顾客们沟通。对用户们来讲，这表明他们可以随时得到IRC的全面性服务和技术支持；对IRC来讲，它表明我们有着稳定的市场；将来也有着大量潜在的业务可以拓展。"

资料来源：李晓璇. 国际商务综合实训教程［M］. 2版. 重庆：重庆大学出版社，2012.

问题：

1. 拉瑞说："与顾客始终保持沟通是企业成功的一个重要因素。"您是否同意他的这一看法？为什么？

2. 作为一名业内人士，您对IRC的产品及其售后服务是否感到满意？您为什么这样认为？

3. 从上述IRC的案例中您学到了什么？

（三）实训要求

分析时应对照所学知识点，重在总结，以在今后工作中注意。

第二节 演讲与口头表述能力训练

一、训练的目的

（1）使学生掌握一定的口头表达技巧。

（2）使学生具有一定的口头语言表达能力。

二、训练的内容

（一）演讲与口才的概念

演讲又叫讲演、演说。演讲是一种直接的带有艺术性的社会实践活动，即在特定的时空环境中，演讲者凭借有声语言和相应的体态语言，郑重地、系统地发表见解和主张，从而达到感召听众、说服听众的目的。

口才是口语交际中说话（口语表达）的才能。具体地说，口才是在交谈、演讲和辩论等口语交际活动中，表达者根据特定的交际目的和任务，切合特定的言语交际环境，准确、得体、生动地运用连贯、标准的有声语言，并辅之以适当的体态表情达意以取得圆满交际效果的口头表达能力。它是人们素养、能力和智慧的一种综合反映。

口语交际有以下三种要素：

第一，必须有言语活动的主体，这包括说话者和听话者。

第二，必须有具体的言语交际环境。

第三，交际的工具主要是口语，辅之以体态语。

在这三种要素中，语言处于交际活动的核心，因为没有语言也就没有口语交际活动。从以上的分析可以看出，口语交际是具有特定目的的人（包括听、说双方），在特定的环境里，选择适当的话语内容和表达方式来进行思想交流和信息传递的一种言语活动。这种言语活动的主要表现形式是交谈、演讲和辩论。

（二）演讲能力的训练

1. 演讲的准备

（1）拟定讲题。

演讲要有四个目的：使人知、使人信、使人行、使人悦。

演讲有四个基本要求：贴切、简洁、引人、悦耳，题目要平仄相间。

（2）标题类型。

题要型（男子汉的风度）；象征型（扬起生命的风帆）；含蓄型（沉重的翅膀）；惊醒型（前进，东方的巨人）；设问型（人才在哪里?）；抒情型（党啊，亲爱的妈妈）。

（3）写好讲稿。不管写什么内容、对象，所有的演讲稿一定有事、理、情，即要有事实、有道理、有感情。

（4）熟记讲稿。

（5）自我讲练。

2. 轻松开场的步骤训练

训练内容包括身体语言（6 个步骤）和推介开场模式示范（7 个步骤）。

（1）身体语言。

上台要情绪饱满，充满自信，深呼吸；步伐要稳健自然，目光环视全场；感谢介绍者；（如果有介绍者）直立台前，调整姿势，清除视觉干扰；停顿片刻，巡视台下听众；自然微笑。

（2）推介开场模式示范。

问候听众；集中听众注意力；自我介绍；阐明讲话目的；简述讲话提纲，使听众大致了解讲话内容；向听众分发事先准备好的材料，指引听众做好准备；做好准备，开始讲话。

开场起调一定不要太高，要稍低。

匠心独运的开场白，以其新颖、奇趣、敏慧之美，才能给听众留下深刻印象，才能立即控制场上的气氛，瞬间集中听众注意力。下面是常用的开场形式：

①奇论妙语，石破天惊。用别人意想不到的见解引出话题，带来“此言一出，举座皆惊”的艺术效果，会立即震撼听众，使他们急不可耐地听下去，这样就能达到吸引听众的目的。

②自嘲开路，幽默搭桥。自嘲就是“自我开炮”，用在开场白里，目的是用诙谐的语言巧妙地自我介绍，这样会使听众倍感亲切，无形中缩短了与听众间的距离。

③即景生题，巧妙过渡。上台后不妨以眼前人、事、景为话题，引申开来，把听众不知不觉地引入演讲之中。可以谈会场布置，谈当时天气，谈此时心情，谈某个与会者形象……

即景生题不是故意绕圈子，离题万里。否则会冲淡主题，也使听众感到倦怠和不耐烦。演讲者必须心中有数，还应注意点染的内容必须与主题互相辉映，浑然一体。

④讲述故事，顺水推舟。选择故事要遵循这样几个原则：要短小；要有意味，发人深思；要与演讲内容有关。

⑤制造悬念，激发兴趣。利用人们的好奇在开场白中制造悬念，往往会收到奇效。

3. 态势语类型及训练

演讲中没有别的道具，除了面部表情之外，主要是依靠手势，可见手势在演讲中是十分重要的。

手势的运用没有什么固定模式，完全是由演讲者的性格和演讲的内容以及演讲者当时的情绪支配的。但是下面几个方面一般已约定俗成。

（1）手势挥动的高度。按演讲者的身体可分上、中、下三个部位。上位，是指从肩部以上，常在演讲者感情激动，或大声疾呼、发出号召、进行声讨，或强调内容、展示前景、指未来的时候运用；中位，即从腹部至肩部，常在演讲者心绪平稳、叙述事实、说明情况、阐述理由的时候运用；下位，即在腹部以下，这个部位的手势除指示方位、列举数目以外，多用于表达厌恶、鄙视、不快和不屑一顾的情感，或介绍、评说反面的事物。

（2）手指语言。“大拇指”动作一般表夸奖、很好，但有时表高傲的情绪；“十指交叉”一般表自信、敌对情绪、感兴趣；“抓指式”一般表控制全场之势；“背手”可给自己壮胆，镇静，也表自信，但对有的人是种狂妄表现；“手啄式”表示不礼貌的动作，本身就有一种挑衅、针对和强制性。以上都要看具体环境和当时的面部表情。

（3）手掌语言。“向上”表诚恳、谦虚；“向下”表提醒、命令；“紧握伸食指”

带有一种镇压性；“搓掌”表期待，快搓表增加可信度，慢搓表有疑虑；“手掌向前”表拒绝、回避；“手掌由内向外推”表安慰、把所有的问题概括起来；“劈掌”表果断、决心。

（4）手臂语言。“手臂交叉”表防御；“交叉握拳”表敌对；“交叉放掌”表有点紧张并在努力控制情绪；“一手握另一只手上臂，另外一只手下垂”表缺乏自信。

（5）眼睛语言。环视，眼睛由前向后有目的地扫一下，好处是使所有听你讲话的人都注意到了你，不觉得你在和他（个人）交流，能较全面地了解听众的心理反应。而且可根据你的环视随时调整说话的节奏、内容、语调，把握说话的主动权。

演讲使用的是虚视。就是似视非视，“实”看某一部分人，“非”看大家，演讲要做到“目中无人，心中有人”。

人的面部表情贵在四个字：自然、真挚。演讲的面部表情一般要带微笑。

4. 演讲中声音、语调与节奏的要求

（1）声音。演讲在这方面的要求是字正腔圆，悦耳动听。所谓字正腔圆，是就读音和音质而言的。字正，是演讲语言的基本要求，它要求咬字准确，吐字清晰，读音响亮，送音有力，使听众易懂。所谓腔圆，就是要求演讲的声音清亮圆滑，婉转甜美，流利自然，富有音乐美。

（2）语调。这方面的要求是起伏有致，灵活多变。一般来说，升调传达着激昂的情绪，如兴奋、愤怒、谴责、疑问；降调则表达灰暗的情绪，如悔恨、伤心、失望和郁闷等。

（3）节奏。演讲时抑扬顿挫、轻重缓急的声音，构成了语言的节奏。所以节奏不是速度。演讲中节奏的因素包括：结构的疏与密、起与伏，情感的浓与淡、激与缓，速度的快与慢、行与止。

5. 演讲中的六种照应技巧

演讲中的六种照应技巧有：扣题照应；首尾照应；层层照应；随机照应；细节照应；对比照应。

总之，运用照应技巧，能体现出演讲的结构布局之妙，使演讲灵活，全篇浑然，大开大合，时起时伏，前呼后应，形散神聚，能极大地增强演讲的艺术表现力。

6. 演讲的结尾

①引用诗文名句结束。②向听众致谢。③在微笑中说再见。

7. 应对意外

一般来说，演讲时可能遇到下面的情况：

（1）结巴。停顿一下，笑一笑，把这个句子再说一次，再继续说下去。

（2）技术故障，如话筒出了问题等。等待人员修理，或者冷静发言。

（3）事实错误，可在合适的地方停下来改正错误，不要急躁，以免出现更多错误。

8. 演讲与朗诵的区别

（1）演讲与朗诵的范畴不同，演讲属精神实用艺术，侧重于宣传鼓动。朗诵属表演艺术，侧重于欣赏。

（2）演讲的选题有很强的现实性、时代性。朗诵的材料有很大的超越性。

（3）演讲讲究激情，其语言有特殊性。有生活化的舞台语言，有舞台化的生活语言，演讲一定要有激情点（高潮）。朗诵追求意境，其语言属舞台表演语言。

（三）口头表达能力的训练方法

（1）深吸一口气。数数，看能数多少。

（2）跑 20 米左右，然后朗读一段课文，尽量避免喘气声。

（3）按字正腔圆的要求读下列成语：英雄好汉、兵强马壮、争先恐后、光明磊落、深谋远虑、果实累累、五彩缤纷、心明眼亮、海市蜃楼、优柔寡断、源远流长、山清水秀等。

（4）读绕口令，如：八百标兵奔北坡，炮兵并排北坡炮；炮兵怕把标兵碰，标兵怕碰炮兵炮。

要求：首先做到发音准，然后练速度，最后达到既吐字清晰又符合速度要求。

（5）复述法。

选一段长短合适、有一定情节的文章。最好是小说或演讲词中叙述性强的一段，然后请朗诵较好的同学进行朗读，最好能用录音机把它录下来，然后听一遍复述一遍，反复多次地进行。直到能完全把这个作品复述出来。复述的时候，你可把第一次复述的内容录下来，然后对比原文，看你能复述下多少，重复进行，看需要多少遍自己才能把全部的内容复述下来。这种练习绝不单单在于背诵，而在于锻炼语言的连贯性。如果能面对众人复述就更好了，它还可以锻炼你的胆量，克服紧张心理。

这要求我们在第一次复述时，只要能把基本情节复述出来就可以，在记住原话的时候，可以用自己的话把意思复述出来；第二次复述时就要求不仅仅是复述情节，而且要求能复述一定的人物语言或描写语言；第三次复述时，就应基本准确地复述出人物的语言和基本的描写语言，逐次提高要求。在进行这种练习之前，最好能根据自己的实际情况和所选文章的情况，制定一个具体的要求。比如选了一段共有 10 句话的文章，那么第一次复述时就要把基本情节复述出来，并能把几个关键的句子复述出来；第二次就应该能复述出 5~7 个句子；第三次就应能复述 8~10 个句子。当然，速度进展得越快，就说明你的语言连贯性和记忆力越强。

开始练习时，最好选择句子较短、内容活泼的材料。随着训练的深入，可以逐渐选一些句子较长，情节较少的材料，进行练习。这样由易到难，循序渐进，效果会更好。

（6）模仿法。

练口才也可以利用模仿法，向这方面有专长的人模仿。

①模仿专人。在生活中找一位口语表达能力强的人，请他讲几段最精彩的话，录下来，供你进行模仿。你也可以把你喜欢的，又适合你模仿的播音员、演员的声音录下来，然后进行模仿。

②专题模仿。几个好朋友在一起，请一个人先讲一段小故事、小笑话，然后大家轮流模仿，看谁模仿得最像。为了激发积极性，也可以采用打分的形式，大家一起来评分，表扬模仿最成功的一位。这个方法简单易行，且有娱乐性。课上、课间、课后都可以进行。只要有三四个人就能进行。所要注意的是，每个人讲的小故事、小笑话，一定要新鲜有趣，大家才爱听爱学。而且在讲以前一定要进行一些准备，一定要讲得准确、生动、形象。

③随时模仿。我们每天都听广播，看电视、电影，因此你可以随时模仿播音员、演播员、演员，注意他的声音、语调，他的神态、动作，边听边模仿，边看边模仿。

这里要求要尽量模仿得像，要从模仿对象的语气、语速、表情、动作等多方面进行模仿，并在模仿中有创造，力争在模仿中超越对方。

在进行这种练习时，一要注意选择适合自己的对象进行模仿。要选择那些对自己身心有好处的语言动作进行模仿。

（7）描述法。

描述法训练的主要目的就在于训练同学们的语言组织能力和语言的条理性。

描述法是以一幅画或一个景物作为描述的对象。第一步，对要描述的对象进行观察。第二步，描述。描述时一定要抓住景物的特点，要有顺序地进行描述。

描述法的要求是：抓住特点进行描述。语言要清楚、明白，要有一定的文采。

（8）角色扮演法。

①选一篇有情节、有人物的小说或戏剧为材料。

②对选定的材料进行分析，特别要分析人物的语言特点。

③根据作品中人物的多少，找同学，分别扮演不同的人物角色。比比看，谁最能准确地扮演自己的角色。

④也可一个人扮演多种角色，以此培养自己的语言适应力。

这种训练法“演”的成分很重，它有别于对朗诵的要求。它不仅要求声音洪亮，充满感情，停顿得当；还要求能绘声绘色、惟妙惟肖地把人物的性格表现出来，而且要配有一定的动作和表情。

（9）讲故事法。

讲故事，可以训练人的多种能力。因为故事里面既有独白，又有人物对话，还有描述性的语言、叙述性的语言，所以讲故事可以训练人的多种口语能力。

①分析故事中的人物。

②掌握故事的语言特点。故事的语言不同于其他文学形式的语言，其最大的特点

是口语性强、个性化强。

③反复练讲。

另外，边练讲，还要边注意设计自己的表情、动作。看看你讲故事时的表情、动作是不是与你所讲的内容一致。

其要求是：

①发音要准确、清楚。平舌音、翘舌音、四声都要清楚。最好能用普通话讲。

②不要照本宣读。讲故事是不允许手里拿着故事书照着念的，那样就成了念故事了。讲故事要用自己的语言去讲，那样才能生动形象。

（四）口语化的三个途径

（1）书面语中的单音节词在口语里都要变成双音节词。比如，书面语“此时”，口语表述时就要用“这个时候”。

（2）文言词变白话词。书面语“良久”，口语就只能说“很久”。演讲稿：“教育历来被视为一片未加污染的绿洲”口语表达就有两个地方要变动一下，“教育历来被人认为是一片没有受到污染的绿洲”。

（3）书面语停顿靠标点，口语靠情感的处理、靠语气的变化，口语的停顿靠词与词（组）之间、句子与句子之间间歇的时间来表现，而且，远远多于书面语停顿的次数。

（五）口语表达技巧

1. 重音运用

重音可分为三种：语法重音、逻辑重音、感情重音。重音不一定重，有时放轻也起了强调的作用。重音的表现方法：一是加大音量，二是拖长音节，三是一字一顿，四是夸大调值。

2. 停连掌握技巧

（1）语法停顿。语法停顿又叫自然停顿，一个词中间是不能停顿的。从语法上说，中心语与附加语之间往往有一个小小的停顿，书面语用标点符号表示的地方要停顿，停的时间长短不一样。停顿时间的长短依次是：句号（包括问号、感叹号）>分号>冒号>逗号>顿号。从结构上，是段落>层次>句子。

（2）逻辑停顿。逻辑停顿是根据要强调的内容停顿，逻辑停顿是表达感情的需要。

（3）感情停顿。感情停顿又叫心理停顿，是表示一种微妙和复杂的心理感受而作的停顿。

（4）特殊停顿。特殊停顿是为加强某种特殊效果或应付某种需要所做的停顿。停顿的表现力：第一，可以变含糊为清晰；第二，变平淡为突出；第三，变平直为起伏；第四，变松散为整齐。有些排比句通过停顿变得很美，节奏很好。要声断，气不断，情不断。要重复强调的是停顿而不是中断。

（5）连接的表现力。连接就是在书面上标有停顿的地方赶快连起来，不换气、不偷气，一气呵成，连接的作用有：渲染气氛，增强气势，表达激情，推进内容。

表现停连的技巧有三：一是气息要调解。比较大的停顿要换气，小的停顿要偷气（不明显的换气），其他的地方要就气（一气呵成）。二是接头要扣“环”。即两个内容相关联的句子，第一句的节尾压低，第二句的起音也要低，这样两个句子中的音位差就小，给人环环相扣的感觉。三是层次要“抱团”。句子的末尾音节不要往下滑，每层的意思要有鲜明的起始感、整体感。

3. 节奏变化技巧

节奏与语速有关系，但不是一回事，语速只表示说话的快慢，节奏包括起伏、强弱。

（1）慢节奏。叙述一件事情，描写一处景物，表现一次行动的迟缓节奏宜慢；表现平稳、沉郁、失望、悲哀的情绪节奏宜慢。

（2）快节奏。表现情绪紧张、热烈、欢快、兴奋、慌乱、惊恐、愤怒、反抗、驳斥、申辩时节奏宜快。

（3）节奏美的体现方式：押韵；对应（包括运用对比句和对偶句）；排比句；复沓（反复使用形式和意义相近的词、句、段）；层递（一层递一层）；联珠和回环（联珠即把第一个句子末尾的词做第二个句子开头的词，回环即一个词反复运用）。

4. 语气的控制技巧

语气包含五层含义：一是“式”，指语法形式；二是“调”，指语音的调；三是“理”，指逻辑的推理；四是“采”，指修辞的文采；五是“色”，指发声的气色。由这五个方面综合包括在一个“情”字中，要恰到好处地表达感情必须要在这五个方面下功夫。

（1）语气的感情色彩，是指语句内在的具体感情的积极运动的显露，它表现在声音气息的变化上。一般来说，表达“爱”气徐声柔，表达“憎恨”气足生硬，表达“急”气短声促，表达“喜”气满声高，表达“怒”气粗声重，表达“悲”气沉声缓，表达“惧”气提声滞，表达“疑”气细声黏。

（2）语调的基本类型一般分四类：平直调、上扬调、曲折调、下降调。

平直调：多用于陈述、说明的语句。表述庄重、严肃、回忆、思索的情形，表现平静、闲适、忍耐、犹豫等感情或心理。

下降调：多用于感叹及有些陈述句，常表示祈求、命令、祝愿、感叹等方面内容，表现坚决、自信、肯定、夸奖、悲痛、沉重等情绪。

上扬调：多用于疑问句、反问句，或某些感叹句、陈述句。适用于提问、称呼、鼓动、号召、训令等场合，表达激昂、亢奋、惊异、愤怒等情绪。

曲折调：多用于语意双关、言外之意、幽默含蓄、意外惊奇、有意夸张等地方，表示惊讶、怀疑、嘲讽、轻蔑等情绪。

在实际应用中四个语调不是孤立的，语调变化不以句子为单位体现，而表现在语流中千差万别的变化。

5. 语速的控制

一般发言的语速为 200 字/每分钟，最快不能超过 280 字/分钟。每次发言（座谈会、讨论会）最好不超过 2 分 10 秒，否则，会大大削弱被吸收的信息。

三、训练的组织形式与要求

（一）实训地点

实训地点为教室。

（二）组织形式

1. 运用人际交往进行口头表述训练

人际交往中的口头表述，应包括语言沟通和非语言沟通。即目光接触、面部表情、身体运动和姿势、人际距离、接触等对表达信息都起作用。可以商务活动中见面、处理顾客抱怨等话题训练。在人际交往中要遵循一定的谈话规则，即要懂礼貌，语言美不仅指不说脏话，还包括遵守一定的谈话规则。

2. 运用即时阐述观点，进行口头表述训练

通过讲述分析结果、调查情况，要求作一定的分析和推论。

尽量让每个学生都充分地讲述，并且指出其优点和不足，这是对学生进行口头表述训练的好方法。

3. 运用新产品推介，进行口头表述训练

新产品推介包括事先的准备和现场的表达两个阶段，是口头表述训练的有效途径和方法之一。

这种练习应将注意力集中在观点上，而不是背诵词句。要观察听众的反应，根据反应选择详述、略述、重复、删减等方式处理原来准备的讲稿。同时还伴有样品展示、图示、投影或多媒体软件、放映录像等。

4. 运用答辩与辩论，进行口头表述训练

5. 聆听并学习名人的演讲词

（三）实训要求

训练时要求：体态大方，声音响亮、清晰，观点明确，具有说服力。

第五章 经济新闻的敏感性训练和跨文化交流与协调能力训练

当今世界正在经历百年未有之大变局。新冠肺炎疫情全球大流行使这个大变局加速变化，经济全球化遭遇逆流，保护主义、单边主义上升，世界经济低迷，国际贸易和投资大幅萎缩，给人类生产生活带来前所未有的挑战和考验。同时，我们也要看到，近年来，新一轮科技革命和产业变革孕育兴起，带动了数字技术强势崛起，促进了产业深度融合，引领了服务经济蓬勃发展。世界各国之间经济唇齿相依，企业经营商机无限，只要善于发现和捕捉有价值的信息，通过对获取信息的再加工、组合和分析，就能创造商业机会。然而，社会文化观念对个人的商业行为和企业行为都产生着巨大影响，文化背景和文化交流能力可能成为个人和企业竞争的优势，同时也可能会成为劣势，跨越文化障碍进行交流和沟通，是从事国际商务活动的基础，协调不同文化背景下的经营行为是跨国经营成功的基本条件之一。

第一节 经济新闻的敏感性训练和创造性思维的训练

一、训练的目的

（1）新闻敏感是在平常的学习中养成，并通过实践培养、积累起来的。

（2）使学生学会在纷繁复杂的社会现象和新闻中及时发现、捕捉有价值的新闻，做出准确判断，从而获得商业机会。

（3）培养创造性思维的核心是启发学生积极思维，引导他们主动获取知识，培养其分析问题和解决问题的能力。

(4)培养学生创造性思维的能力，开发学生的潜能，激发学生的创新精神，提高他们的创新能力和综合素质。

二、训练的方法

(一)时事新闻导入

2022年2月24日，俄罗斯对乌克兰采取特别军事行动，俄乌双方爆发军事冲突，2月26日欧美国家发表联合申明，禁止俄罗斯几家主要银行使用国际资金清算系统(SWIFT)，开启对俄罗斯能源、金融、经济等方面的全面制裁。作为大宗商品国际市场上至关重要的生产大国，俄乌冲突持续时间长短、俄罗斯与欧美国家的关系、受制裁程度等，必将给全球能源市场、粮食市场带来持久、深刻、广泛的影响，同时还会带来国际贸易结算体系和汇率的变化。请同学们持续关注时事新闻，从国际贸易专业的角度，分析俄乌冲突对全球贸易的影响，结合中国实际，寻找企业发展商机。

(二)成功案例分析

案例5.1　“非典”——格兰仕光波炉中国市场的商机

2001年7月份，格兰仕首创的数码光波炉在美国研究中心问世。美国“9·11”事件发生后，由于光波炉的强大杀菌功能，在美国市场刮起了“光波风暴”。2002年格兰仕开始将光波炉推向国内市场，因其在保留食物营养和杀菌功能上都较传统微波炉突出，故主打“杀菌更彻底，营养更美味”的广告主题功能诉求。

2003年年初起，“非典”在国内迅速蔓延，“非典”给人们的工作和生活造成较大的影响，并由此促使人们的卫生和健康意识的提升。格兰仕抓住这一契机，在第一时间把光波炉送至广东省卫生检测中心进行检测，检测结果显示：经过实验，格兰仕数码光波炉对牛奶样品人工污染金黄色葡萄球菌和水样品人工污染大肠杆菌，加热3.5分钟的杀菌率达100%；对生猪肉、生鱼肉、生牛奶和自来水样品中的自然污染菌，加热3.5分钟和10分钟，杀菌率达100%；对猪肉和鱼肉样品人工污染沙门氏菌，加热10分钟杀菌率达100%。在“非典”的关键时期，谁都明白这份检测报告的分量和意义。在最短的时间内，格兰仕把这份报告排版印刷成宣传单页火速发送到各销售网点、各级经销商手中。有了这份权威检测报告，格兰仕就可以挺直腰杆宣传“消毒杀菌”功能了。正是及时发现危机给企业带来的机会，格兰仕从微波炉低端市场成功进入光波炉高端市场。

资料来源：李晓璇. 国际商务综合实训教程［M］. 2版. 重庆：重庆大学出版社，2012.

案例5.2

据说纽约市自由女神像重新修复后留下了堆积如山的垃圾，政府悬赏几万美元雇人打扫都无人揭榜，一个从事铜加工的犹太人却不要钱自愿清理现场。他把包括铜粉在内的各种金属分类，制成诸如自由女神之类的小旅游纪念品出售，甚至尘土也卖给了花店，结果赚了几百万美元。

为什么政府花钱都没人愿意做的事情，却有人能从中发现商机?

以上案例告诉我们，在外部世界，存在着大量的、复杂的信息，要求我们去鉴别、选择出有价值的信息。由于习惯的立场、经验和流行的观念等深深地影响着人们的认识和活动，因此通常获得的信息具有局限性，忽视了一些看似平常的信息，从而失去了创造商机的可能。

资料来源：李晓璇. 国际商务综合实训教程［M］. 2 版. 重庆：重庆大学出版社，2012.

（三）训练方法

培养学生对新闻的兴趣，养成良好的新闻习惯，训练学生的发散性思维，从而激发和培养学生的创新能力。

1. 开阔学生视野，掌握新闻最新动态

从入学开始就要鼓励学生坚持观看中央电视台新闻联播和各地新闻，经常浏览人民网、中国网、中国新闻网等知名门户网站，以增强学生良好的新闻意识。

2. 思考产生敏感

组织学生就重大突发新闻事件，和本专业最前沿动态问题进行分析讨论、记录讨论情况，并撰写分析报告，让学生养成勤于思考的习惯，对各类问题都要形成自己的看法和见解。

3. 多渠道培养敏感性

走出狭小的地域和学校，鼓励学生到其他本科院校聆听教授们的讲座，或聘请知名专家到校为学生办讲座。

三、训练的内容

“创新是引领发展的第一动力，创新发展注重的是解决发展动力问题，必须把创新摆在国家发展全局的核心位置，让创新贯穿党和国家一切工作。”①实施创新驱动发展战略决定着中华民族的前途命运，创新是社会进步的灵魂。响应国家创新发展战略，由教育部与政府、各高校共同主办的中国“互联网+”大学生创新创业大赛，已经举办了八届，各高校在人才培养方案中设置各具特色的创新创业课程，意在激发大学生的创造力，培养“大众创业、万众创新”的主力军。

① 习近平新时代中国特色社会主义思想学习纲要［EB/OL］.［2022-05-24］. http://theory.people.com.cn/n1/2019/0802/c40531-31271315.html.

（一）成功案例分析

案例 5.3　　泰国“D+O”公司

亚洲金融危机后，泰国经济低迷，许多需要投入巨额资金的项目一时无法全面铺开，这使当时众多设计师面临失业。既然失业，倒不如自己创业，几名泰国设计师聚在一起成立了“Design + Object”公司（以下简称 D+O），召集各个领域的设计师设计家居饰物，结果一炮打响。

由于“D+O”不仅继承了泰国的传统手工艺，而且吸收了国际流行资讯，因此其产品推出后不但引起了海外买家的注意，也获得了泰国政府的重视。自此，“D+O”不断扩大，旗下拥有家居用品商店 The Life Shop、美容用品品牌 Harm、香熏品牌 Than 等，核心设计师也从刚开始成立时的 9 名成员发展到目前的上百人，涵盖了建筑、时装、工程、室内设计等多个领域。

资料来源：李晓璇. 国际商务综合实训教程［M］. 2 版. 重庆：重庆大学出版社，2012.

案例 5.4　　思路新颖的耐克

20 世纪 70 年代初，在美国慢跑热逐渐兴起，数百万人开始穿运动鞋。当时美国运动鞋市场占统治地位的是阿迪达斯、彪马和鬼塚虎（TIGER），它们并没有意识到这一市场发展的趋势。而耐克发现并选定此为目标市场，迅速开发新式跑鞋，专门生产适应这一大众化运动趋势的运动鞋。1979 年，耐克终于以其新产品为切入口，打进“铁三角”，市场占有率达 33%。后来推动耐克成功的青少年消费者纷纷放弃了传统运动鞋，寻找新颖的、少一点商业气息的产品。此时，耐克面临失去消费群体的危机，于是耐克把销售重点对准了新一代未知的顾客。耐克更新了运动鞋的外观，又推出了一系列新款跑鞋、运动鞋和多种用途的训练鞋，耐克利用其敏锐的眼光去观察和选择市场，不断推陈出新，永远保持领先，因此保住了市场。

资料来源：李晓璇. 国际商务综合实训教程［M］. 2 版. 重庆：重庆大学出版社，2012.

以上案例给我们什么启示？

（二）创造性思维的训练方法

1. 创设问题情境，激活学生思维

提出问题、发现问题是一个重要的思维环节，引导和鼓励学生提出问题、发现问题是很有意义的，即使经过检验发现这个问题是错误的，但对学生思维的训练也是有益的。

2. 培养发散性思维

发散性思维是一种从不同途径、不同角度去探索多种可能性，探求答案的思维过程。它包括三个方面的内容：

（1）培养学生的思维速度，使其在短时间内表达较多的概念，枚举较多的解决问题方案，探索较多的可能性。

（2）培养学生随机应变，从不同的角度灵活考虑问题的能力。

（3）培养学生大胆突破常规，敢于创新的创造精神。

3. 养成独立思考的习惯

我们的学生从小学就开始依赖老师，习惯于按老师的要求行事，没有自己的观点，学生既缺少创造性思维的要求和压力，也缺少相应的训练，因此创造心理逐渐淡化，养成了依赖思维心理，所以要有意识地培养学生独立思考的习惯。

（1）大胆而合理地怀疑。

（2）增加其不盲从于大多数的抗压心理。独立思维往往会有别于众人，有异于常规，因而会产生无形的心理压力，培养不随波逐流的抗压心理是非常重要的。

（3）培养不断否定自己的健康心理。

4. 培养学生的想象力

“创造”一般是运用自己的知识和经验，通过有意识的想象产生出以前尚不存在的事物，因而想象是创造心理活动的起点和必经过程。事实上，大多数创造都是经过“想象—假设—实践”这样的三段式递进实现的。想象力的培养主要体现在两个方面：

（1）保持和发展好奇心。

（2）拓宽知识面。想象力是多种知识相互启发而生的。为此，要引导学生涉猎多领域的知识，努力形成合理的知识结构。

5. 创造性思维事例

“横看成岭侧成峰，远近高低各不同”，从古至今我们都能看到许多创造性思维的事例。

（1）北京奥运会火炬艺术和技术特色。2008 年，奥林匹克的圣火在高雅华丽的“中国纸卷”中熊熊燃烧。北京奥运会火炬的创意灵感来自“渊源共生，和谐共融”的“祥云”图案。祥云的文化概念在中国具有上千年的时间跨度，是具有代表性的中国文化符号。火炬造型的设计灵感来自中国传统的纸卷轴。纸是中国四大发明之一，通过丝绸之路传到西方。人类文明随着纸的出现得以传播。源于汉代的漆红色在火炬上的运用使之明显区别于往届奥运会火炬的设计，红银对比的色彩产生醒目的视觉效果，有利于各种形式的媒体传播。火炬上下比例均匀分割，祥云图案和立体浮雕式的工艺设计使整个火炬高雅华丽、内涵厚重。

（2）“瞎子背瘸子”。瞎子看不见，瘸子跑不动，房子着了火谁也跑不掉。但是瞎子背瘸子，二人都发挥了自己的优势，不仅可以跑还可以看，而且比常人“站得高看得远”。

（三）创造性思维的思考题

（1）请对黑板和汽车喇叭提出五个缺点。

（2）请设计一种新式太阳帽。要解决头顶出汗的问题。

（3）有一瓶瓶口塞着软木塞的葡萄酒，既不打碎瓶子，弄碎软木塞，也不准拔出软木塞，如何才能喝到葡萄酒。

（4）日常生活中，人们常常会丢失手机，请设计一种会主动提醒机主的新型手机。

（5）饮水机的普遍使用，使热水瓶被闲置在一旁，热水瓶还能有什么功能呢？请为这一在城市被淘汰的商品寻找新的使用功能。

（四）创造性思维的训练项目

1. 机票该降价吗

（1）将学生分成六组，分别代表不同的航空公司进行市场经营。

（2）市场经营的规则是：所有航空公司的利润率均维持在10%，如果有三家以下的公司采取降价策略，降价的公司由于薄利多销，利润率达14%，而没有采取降价策略的公司利润率则为7%，如果有三家或三家以上的公司同时降价，则所有公司的利润率都只有7%。

（3）每个小组派代表集中交代上述游戏规则。要求小组代表初步协商后，回到小组汇报情况。

（4）经过小组讨论，做出最后决策：降价或不降价。将决定写在纸条上交给主持人。

（5）主持人公布结果。

2. 外星人

（1）分组：8人一组。

（2）规则：整个小组共同创造一个外星人，这个外星人只有7只脚，3只手在地上，全体小组人员必须连接在一起，成为一个整体并能够行走数步。

（3）要求：根据规则创造外星人，看哪一组速度快而且有创新。

（4）游戏分享讨论。

3. 测试你的创新思维能力

5个海盗抢到100颗一样大小、价值连城的宝石。他们决定如此分配：

（1）抽签决定自己的号码（1，2，3，4，5）。

（2）由1号提出分配方案，然后大家5人进行表决，当且仅当超过半数的人同意时，则按照他的方案进行分配，否则将他扔进大海喂鲨鱼。

（3）1号死后，再由2号提出分配方案，然后4人进行表决，当且仅当超过半数的人同意时，按照他的方案进行分配，否则将他扔进大海喂鲨鱼。

（4）依次类推。

（5）问题：第一个海盗提出怎样的分配方案才能使自己的收益最大化？

（6）答案：1号分得17颗，2号分得33颗，3号分得50颗。

四、训练的组织形式与控制要求

（一）训练地点

（1）教室。如果有条件可以邀请企业经理介绍自己创业的经历。

（2）校外训练基地。组织学生参观工厂或生产基地。

（二）训练组织形式

（1）将学生按 3~5 人一组分组，要求以小组为单位收集有价值的新闻资料。

（2）训练指导教师帮助学生筛选所收集的与经济贸易相关的资料，让学生进行专题讨论，提出自己的见解。

（3）在讨论基础上，总结、回顾、分析，提交案例分析报告。

（三）训练要求

（1）教师根据班级学生具体情况，设置情景提出问题。

（2）学生独立收集信息，独立思考，选择有价值的信息。

（3）集体研讨，以小组或班级为单位，分析所收集的信息，鼓励学生发表与众不同的见解。

（4）发动学生精选出自己最赞赏的创意，予以评议。

（5）教师再次设置情景提问，使问题进一步深入。

（6）重复上述过程，直到经营方案具有一定的可行。

第二节 国际贸易政策的应用分析及训练

世界各国为了发展对外贸易，均制定了各自的对外贸易政策，它是政府运用经济、法律和行政手段，对对外贸易活动进行有组织的管理和调节，外贸政策随着国内外的经济基础和政治关系的变化而变化。外贸政策的实施主要采取关税、非关税壁垒的手段限制进口，为促进出口又采取出口信贷和出口退税等办法。

一、应用分析及训练的目的

（1）企业的对外经营活动受贸易政策的限制，必须了解目标市场国家的对外贸易政策。

（2）充分利用政府的鼓励措施，扩大企业的经营规模。

二、应用分析及训练的内容

（一）案例分析

案例 5.5　　新海电气应对欧盟技术壁垒

宁波新海电气股份有限公司，是一家专业从事研发、生产、销售各类打火机、点火枪、定时器及其他电气产品的外向型企业，公司产品以出口为主，产品 90%以上销往欧洲、美国、日本等 30 多个国家和地区，2003 年销售额达到 3 亿多元，自营出口 2 600 余万美元。公司技术力量雄厚，拥有世界先进的模具制造中心，打火机行业 ISO9994 质量检测中心，工程师 100 多名。同时该公司是国内首家突破欧盟"CR 法规"的打火机生产企业。

2001 年 9 月 12 日，新海公司董事长黄新华应欧盟打火机进口商协会主席的邀请，参加了在德国柏林举行的 ISO9994 TC/61 打火机国际标准修订会议。会议期间，黄新华得到了打火机检测标准 ISO9994 的提高以及欧盟即将出台"CR"法规的相关信息。

欧盟"CR 法规"要求价格在 2 欧元以下的打火机必须安装安全锁，名义上是以保护儿童安全为由，实质是为维护本地区生产商的利益。而欧盟决定实施的 ISO9994：2002 技术性标准，是一个难度很大的技术标准，特别是 65℃、4 小时烘箱测试和 1.5 米跌落，要求很高，其中 65℃比 1995 年版 ISO9994 的 55℃的要求提高了整整 10℃，对于中国打火机生产企业来说，大批量生产的产品很难 100%通过 ISO9994 标准的测试。因此，新的 ISO9994 标准以及 CR 法规一旦通过，就意味着中国打火机将被挤出欧洲市场。对新海而言，如果失去销售额占半壁江山的欧洲市场，必将对公司造成无法估量的损失。

由于几个发达国家已率先实施了打火机安全锁装置，所以欧盟 CR 法规的实施已是大势所趋，不可阻挡。至于 ISO9994 新标准，其实就是欧盟对国外打火机进口设置的技术性贸易壁垒，他们制定该标准，建立在对中国打火机行业的质量和技术水平进行充分研究，以及针对中国打火机的技术劣势基础之上。

针对欧盟的决定，新海公司一方面投入人力、物力积极研制 CR 装置并申请专利；另一方面积极配合中国政府部门对欧盟委员会进行游说，力争说服他们推迟或者取消

CR 法规。经过一番艰苦努力，公司终于成功研制出了拥有自主知识产权的五款符合 CR 法规要求的新产品。由于以新海为代表的国内少数打火机生产企业的积极游说、争取，欧盟通用产品安全委员会同意推迟"CR 法规"的实施。

新海公司在应对欧盟"CR 法规"及 ISO9994 这一新标准的过程中，虽然经历了阵痛，增加了产品成本开支，但同时却提高了产品的档次、售价及竞争优势，而且也增强了企业进一步发展的后劲。

资料来源：李晓璇. 国际商务综合实训教程［M］. 2 版. 重庆：重庆大学出版社，2012.

案例 5.6　　中美轮胎特保案

中美贸易关系一直在摩擦和曲折中发展，美国是与中国发生贸易摩擦最多、最激烈的国家。美国公司对海外竞争对手提出的倾销指控中，20%以上涉及中国。以轮胎为例，2018 年 6 月 15 日，美国贸易代表办公室公布加征关税的中国商品清单，多种轮胎产品确认加征 25%关税。中美轮胎贸易摩擦可以追溯到 2009 年轮胎特保案，美国钢铁工人联合会向美国国际贸易委员会提出申请，对中国产乘用车轮胎发起特保调查。其在诉状中声称，从中国大量进口轮胎损害了当地轮胎工业的利益；若不对中国轮胎采取措施，到 2009 年年底还会有 3 000 名美国工人失去工作。美国国际贸易委员会于 2009 年 6 月 29 日提出建议，以中国轮胎扰乱美国市场为由，建议美国在现行 3.4%的进口关税基础上对中国输入美乘用车与轻型卡车轮胎连续三年分别加征 55%、45%和 35%的惩罚性关税。根据程序，2009 年 9 月 11 日，美国总统奥巴马签署声明：在随后的三年里，美国将对中国产乘用车和轻型卡车轮胎连续加征 35%、30%、25%的关税，新关税从 2009 年 9 月 26 日开始实施。这一裁决对于中国的轮胎制造业来说是致命的打击，意味着美国将中国轮胎从美国市场赶出来了。这一举动象征着美国贸易保护主义的闸门开启。

面对美国政府的这种做法，中国是如何应对的呢？

2009 年 9 月 13 日中华人民共和国商务部毅然做出决定，对美国部分进口汽车产品和肉鸡产品启动反倾销和反补贴立案审查程序。

2009 年 9 月 14 日中国政府正式就美国限制中国轮胎进口的特殊保障措施启动了世界贸易组织争端解决程序。

2010 年 12 月 13 日，世界贸易组织（WTO）驳回中国的申诉，仲裁小组表示美国在 2009 年 9 月对中国销美轮胎采取"过渡性质保护措施"征收惩罚性关税未违反 WTO 规定。

在轮胎特保案签署以后，中国各轮胎生产商迅速调整出口策略。一方面，将出口销售目标向南美、欧洲、澳洲、非洲、中东、东南亚以及东欧地区转移，并开拓国内市场，通过开拓新市场来规避风险；另一方面，努力开发创新项目，提高研发能力，调整产品的生产结构。

资料来源：李晓璇. 国际商务综合实训教程［M］. 2 版. 重庆：重庆大学出版社，2012.

（二）训练项目

（1）2015 年 6 月 1 日，中国南车、北车完成合并，新成立的中国中车年销售额超越加拿大庞巴迪、德国西门子和法国阿尔斯通等欧美行业巨头，位居世界第一。中车产品出口到全球 101 个国家和地区，2015 年起，印度尼西亚高铁订单签订、中国老挝铁路正式奠基、中国—泰国铁路正式启动，中国“高铁出海”硕果累累。请分析高铁产品出口和合作项目带来的经济效应。

（2）2019 年年底新冠肺炎疫情的暴发，对国际贸易造成较大冲击，传统出口企业无法办理线下业务，很多外向型生产企业停工停产，国际物流运力下降，集装箱船运费大涨，已签订的进出口合同无法按期履行，为了维护企业声誉和市场，有些企业亏本坚持履约。但一些新兴产业如医疗健康、无人配送等，却在疫情中展现出成长潜力。举例说明，最先复工复产的中国企业，是如何抓住发展机会的？

（3）2022 年 2 月 24 日，俄罗斯对乌克兰采取特别军事行动，同年 2 月 26 日，美欧发表声明，宣布禁止俄罗斯几家主要银行使用 SWIFT 国际结算系统。从此，欧美国家开启对俄罗斯能源、金融、经济等方面的全面制裁。美欧对俄罗斯发起 SWIFT 制裁，切断俄罗斯部分银行与全球银行系统间的联系，势必会对国际跨境贸易和资金流动形成阻碍。在 SWIFT 制裁下，与俄罗斯开展国际贸易将面临支付、结算的问题与风险。请从国际贸易专业的角度关注事态对全球贸易和国际金融的影响。

（4）俄罗斯的经济命脉是能源，2011—2020 年原油和天然气收入占俄罗斯政府平均年度总收入的 43%。根据《BP 世界能源统计年鉴 2021》，俄罗斯石油储量约占世界储量的 6.2%，居世界第六位；原油和凝析油产量名列世界第二。俄罗斯天然气储量约占世界储量的 19.9%，居世界第一位；产量名列世界第二。俄罗斯煤炭约占全球可采储量的 17.2%，居世界第二位，同时是世界第六大产煤国，第三大煤炭出口国。

欧洲一次能源消费结构中，石油、天然气占比高达 59%，本土油气对外依存度高达 90%以上，其中，约 40%的天然气和约 30%的原油依赖俄罗斯。2022 年欧美制裁俄罗斯，俄罗斯宣布能源结算使用卢布，否则终止合同。关注并思考欧盟国家如何摆脱对俄罗斯能源的依赖。

（5）中国的汽车工业的发展历程与汽车整车和零部件进口息息相关，当年整车进口关税曾高达 200%~300%，中国政府入世时承诺，汽车进口关税逐年下降，2006 年零部件的关税仅为 10%；而整车的关税最终降至 25%，零部件与整车之间的关税始终保持着至少 15 个百分点的税率差。

在进口关税逐年下降的过程中，中国汽车工业从弱小到逐渐强大，中国乃至世界汽车市场供给发生了巨大变化，请通过典型案例，分析对外贸易政策对一国国内经济的作用。

（6）瑞士在精密仪器和药品的生产和出口多年来一直表现出色，为什么？贵州地理和自然资源条件与瑞士极为相似，而瑞士是经济发达的“山地之国”。2013 年 7 月 18 日，国家主席习近平会见瑞士联邦主席毛雷尔时，就曾表示贵州地处中国西部，地理和自然条件同瑞士相似，希望瑞士和贵州在生态文明建设和山地经济方面加强交流合作，实现更好、更快的发展。请分析如何利用合作契机，在服务地方经济中找到立足点。

三、训练的组织形式与要求

（一）训练的组织形式

（1）将学生按 3~5 人一组分组，要求以小组为单位收集资料。

（2）训练指导教师帮助学生筛选所收集的资料，让学生进行专题讨论，提出自己的见解。

（3）在讨论的基础上，分析、总结与国际贸易有关的案例，提交案例分析报告。

（二）训练要求

（1）在新闻敏感性训练的基础上，结合专业方向理论知识，进一步拓展思维训练。

（2）分别以国际贸易理论和国际贸易政策为线索，安排学生搜集资料。

（3）教师筛选学生搜集的相关资料，有针对性地提出问题，组织讨论，鼓励学生发表与众不同的独特见解。

（4）经过充分讨论，最后由教师进行总结。

（5）以小组为单位，就讨论的内容提交分析报告。

第三节 跨文化交流与协调能力训练

一个民族的文明进步，一个国家的发展壮大，需要一代又一代的文化积淀、薪火相传与发展创新。国家强盛，则文化兴盛。没有文化的弘扬和繁荣，就没有中华民族伟大复兴的中国梦的实现。习近平同志指出：“我们要坚持道路自信、理论自信、制度自信，最根本的还有一个文化自信。”文化因素在国际商务活动中具有重要影响，每个国家都有其独特的文化，许多国家由于地理条件、民族、风俗、宗教等的不同存在各种亚文化，融于个人与企业的各项日常生活和商业活动中，同时个人和企业的商业活动又是文化的一部分，其成效优劣与文化意识的判断密切相关。

人们进行跨文化交流存在一定的障碍，这些障碍包括语言、观念、信仰、习惯等各方面，因而要进行成功的跨文化交流和国际商务活动就需要具备跨文化意识。跨文化意识就是在不同社会文化环境中进行交流时，要建立起文化差异的概念，了解和尊重异文化的特征，理解对方的价值观念和行为特点，建立相互信任和合作的气氛。要成功地进行跨文化商务活动，首先要克服民族中心论，具有对异文化环境的适应能力。

在不同社会文化环境下，人们的价值观、态度、行为会不同，我们在从事国际商务活动的过程中必须对此有充分的心理准备，本着文化没有优劣、只有差异的观念，了解各文化间的差异性、相互尊重对方的文化，在相互沟通和尊重的基础上求同存异，促成交易。

成功的国际商务活动的最基本点，是对另一种文化的敏感和了解，要客观看待和尊重另一种文化的存在。一个文化底蕴深的民族，往往会对别的国家和地区的文化缺乏敏感性，或多或少有一些误解、偏见甚至是歧视，跨文化的冲突时有发生。商务活动中的跨国界冲突是文化差异的具体表现之一，判定其中谁好谁坏的标准不一，不能以某一文化价值观念作为评判的准则和衡量的标准，在某个特定的文化环境中有效的办法在另一个文化环境里可能没有效果。因此，协调跨文化的冲突是国际商务活动中的一项重要的业务环节外的工作。

一、训练的目的

（1）使学生具有一定的社会文化意识，对从事国际商务活动中所面对的特定商业文化具有一定的敏感度，对不同国家和地区的社会文化和商业文化进行认知、判断和对比，对自己可能无意识采用的自我参照准则有明确的认识。

（2）使学生能够对不同的社会文化客观评价，对从事国际商务活动中所面对的特定社会文化环境，特别是商业习惯具有明确的认识和判断。通过对不同国家和地区的社会文化和商业文化的比较，学生能够掌握不同文化背景的人在国际性商务交往中的行为特点，提高自身对不同文化环境的适应能力。

（3）使学生明确跨文化冲突出现的原因和具体表现，把握国际商务活动中跨文化冲突出现后需要采取的态度和协调跨文化冲突的基本方法。

二、训练的内容与方法

（一）文化认知训练

训练开始之前，请学生先回答问题：

（1）你所理解的“文化”是什么含义？文化的构成要素有哪些？

（2）什么是社会文化？它包含哪些要素？

由学生到网站或图书馆查阅有关社会文化的综述性资料，将查阅的资料进行系统性的整理，最后在全班介绍自己或小组团队对社会文化的认识和看法，社会文化的要素组成及其共性与个性。

（二）文化识别训练

训练开始之前，请学生先回答问题：

（1）你认为中西文化最大的差异在哪里？

（2）谈谈中西方在语言方面的区别，以及在语言背后的思想观念和思维习惯差异。

由学生分别到网站或图书馆查阅有关社会文化与个人、社会文化差异及其表现相关的内容，进行系统性的整理，在全班就社会文化的特征、文化差异的表现形式、社会文化对个人和企业的商业活动的影响进行表述。对不同的小组团队所得出的结论进行讨论，最后达成基本一致的观点。

（三）文化判断训练

训练开始之前，请学生先回答以下问题：

（1）列举日常生活中经常碰到的涉外交往和文化交流。

（2）根据自己在涉外交往中遇到的问题和困惑，谈谈理解外国文化的重要性。

由学生对世界范围内某一具体地域的社会文化特征进行资料查询，将收集到的资料系统整理并在班级的资料汇报会上进行介绍，其中要突出该地社会文化中的典型文化代表人物、语言、故事传说、艺术作品、传统生活习俗、饮食习惯与偏好、服饰等，说明其对这一地域的社会文化的看法和接受程度。

（四）自我参照准则判断训练

训练开始之前，请学生先回答问题：

（1）比较中国人和西方人在世界观、人生观和价值观方面的异同。

（2）不同文化背景下的人们是如何形成偏见和成见的？

教师和学生一起对大家所熟悉的国内各地的风俗习惯和社会观念进行交流，说明各自的看法；针对第三项训练学生对外国各地的社会文化状况的判断和看法，总结出自我参照准则的基本内涵。要求学生在进一步的交流中避免进行价值观、审美观、宗教信仰等的判断，只陈述具体状况，并进行两种交流态度下不同效果的比较。注意在交流过程中对各国的社会文化状况进行比较，讨论时教师要允许争论以加深学生对比较结果的印象。

（五）国际商业文化分析训练

组织学生收集不同国家和地区社会文化中影响商业习惯的重要因素，包括当地的价值观、礼仪和交往方式、图案和颜色、人的性格和语言等。调查因商业习惯的差异和变动所反映的企业经营结构模式，包括企业规模、企业所有制、企业权力结构、企业面对的各种公众。交流当地做生意的方式，包括谈判的接触层次、交流方式、谈判重点、商业礼节和道德标准等。在课堂讨论时间进行交流，比较其中的差异和共同点，总结出中国人与该国家或地区进行国际商务活动交往需要注意的关键点。

（六）商业文化敏感性训练

敏感性训练也称“T 小组训练法”，是美国心理学家创建的一种改善人际关系和消除文化障碍的方法。敏感性训练可以使受训者学会如何进行有效的交流，细心地倾听以了解自己和别人的情感，从而加强人们的自我认知能力和对不同文化环境的适应能力，并促使来自不同文化背景的人之间进行有效的沟通和理解。

商业文化敏感性训练的一般方法是，把学生按不同的民族、生长地域等文化或亚文化特征混合分为 10~15 人的小组，分别在不同的训练室或环境良好的户外场所，创造轻松无负担的氛围，使学生在没有任何任务和压力的环境下相互坦诚地交谈，内容只局限于他们之间受训当时所做的游戏、表演和所发生的事情。让学生寻找和发现原来自己没有注意到的文化差异，打破心中的观念障碍，加强不同社会文化间的合作意识，减少相互的文化偏见，促使相互间的观念宽容、方式了解、行为判断，增加相互的信任感以助于活动目标的达成，并将此方法推及跨越国界的商务交往活动，提高学生对不同文化的分析判断和适应能力。

（七）跨文化交流模拟训练

在训练开始之前，首先要求学生以团队为单位对各成员测试以下问题，形成基本一致的看法：

（1）如何理解交流，交流有哪些层次、方式，交流与文化有哪些关系？

（2）你以前听说过“跨文化交流”吗？你对此有什么看法？

（3）什么是同文化交流？什么是跨文化交流？试比较同文化交流与跨文化交流的异同。

（4）跨文化交流者之间互相理解的基本点是什么？

（5）举出不同道德观、审美观、规范制度影响跨文化交流的实例。

（6）为什么说物质环境和条件会影响到跨文化交流？

（7）跨文化人际交流中，有哪些技巧？你在交流前会做哪些准备？

（8）美国人、德国人、瑞典人、南非人、日本人、俄罗斯人……的哪些交际习惯容易使中国人产生误解？

（9）中国人的哪些交际习惯容易使外国人产生误解？

（10）在寻求商业伙伴的过程中，哪些要素是最重要的？

在以上问题基本解决以后，各团队根据前一节的抽签结果扮演其调查的国家或地区的商务人员，与其他团队进行模拟商务交往活动，在班级交流会上表演，使各团队对世界各地的交流习惯和方式有较为生动的了解。

（八）国际商务活动中的跨文化冲突情况分析

分析资料1：宝洁公司生产的佳美（Camay）香皂在日本做的广告并不奏效。这个广告表现了某个男人抱怨某个女性的外表；在另一个佳美香皂的广告中，一个日本丈夫在他妻子洗澡时出现在浴室里，前面广告中的直率和后面广告中这种对个人隐私的侵犯使日本消费者感到厌恶。修改后的广告中，丈夫不在场景中出现而是以一个男性的画外音讲述，广告获得了成功。

分析资料2：一家美国公司带着一份预先制定好的合同去日本就建立一家合资企业进行谈判。同未来的合作者第一次见面，美国人就把建议的合同副本放在了目瞪口呆的日本人面前。日本人认为美国人在第一次会面刚开始就拿出法律合同，这种行为是极其粗鲁和不恰当的，并得出结论：与这样的企业进行进一步的生意往来是不明智的。

分析资料3：沃尔·马特试图大规模进入墨西哥市场，但却发现其在美国颇有成效的做法在墨西哥却并不奏效。绝大多数的墨西哥人在不同的商店购买各种带有包装的商品，他们每天去三家或更多的商店、每天去某个商店两次。包装精良、已经经过处理的商品在自助店或超市购买，需要新鲜的商品则频繁地去小商店和露天市场买，面包、红肉和鸡有专门的商店出售。墨西哥人选择食品商店的最重要因素有：良好的质量、低廉的价格、个人的保障、环境清洁、顾客服务、产品种类，只有不到13%的墨西哥人会改变其购买食品的商店，他们倾向于以家庭为单位购物，并将之作为周末娱乐的一部分。墨西哥人认为事先包装好的商品是不新鲜的。由于交通费用和关税，在蒙特雷（Monterey）的沃尔·马特商店产品价格要比北面距其150英里的拉雷多（Laredo）商店的价格高出约12%~20%。在墨西哥城的沃尔·马特商店被控告敲诈消费者。

以上三个资料来源：李晓璇. 国际商务综合实训教程［M］. 2版. 重庆：重庆大学出版社，2012.

分析以上资料中的企业失败的原因，提出避免这些失败的做法。

（九）国际商务活动中的跨文化冲突的协调

通过学生以各种方式收集有关国际商务活动中产生的跨文化冲突的具体事例和资料，对国际商务活动中出现的跨文化冲突的具体表现进行分类，分析出现此类跨文化冲突的原因，以及避免出现此类跨文化冲突的方法。在课堂讨论时间进行交流，比较各团队分析结论的差异和共同点，总结出国际商务活动中如何避免产生跨文化冲突的方法与技巧。

三、训练的组织与要求

（1）前两项训练按照学生自愿组合的原则组建训练团队，团队人数由教师按班级实际人数和学生个性特征确定。明确团队的组成、结构、分工与职责，在确定团队考核制度的基础上，教师根据各团队在训练过程中的具体表现和训练效果，采取团队考核的方式，教师考核团队、团队之间和团队对个人进行监督考核。

（2）第三项训练在明确团队的组成、结构、分工与职责，确定团队考核制度的前提下，教师将世界各地根据团队数目进行划分，由各团队抽签确定需要进行资料查阅的地域，实行团队负责制，各团队负责人抽签确定具体国家和地区，通过交流和讨论，使全班学生了解全球范围内的各地社会文化状况。

（3）第四项训练由教师对学生按其生长地进行临时编组，生长在同一地方的学生编为一组，各组分别对其生长地的社会文化进行介绍，先比较国内各地的文化差异，再比较世界各地的文化差异。

（4）各团队和团队各成员自己对进行社会文化观念和风俗习惯的判断中是否出现以自我参照准则作为衡量标准进行自测，各团队之间和团队内部各成员之间相互检查是否出现以自我参照准则作为衡量标准进行互测，要求大家充分认识到涉外业务中以自我参照准则作为衡量标准的不利之处。

（5）第五项训练由各团队按抽签结果确定。需要进行资料查阅的地域，实行团队负责制，各团队负责抽签确定的具体国家和地区，通过交流和讨论，使全班学生了解全球范围内的各地商业文化状况及其特征，及中国人与该国家或地区进行国际商务活动交往需要注意的关键点。各团队均在交流结束后提交该国家或地区市场商业文化分析报告。

（6）第六项训练的分组要依据学生的民族、生长地等可以区分的文化或亚文化特征，将不同文化背景的学生混合在一起，以使学生在交流的过程中充分了解不同文化环境中基本交流活动和商业活动中的具体文化特征及表现，并能够由此推及其通过抽签查询到的其他国家和地区的商业活动中的具体文化特征。

（7）第七项训练由各团队根据抽签结果和第一项训练的资料设计模拟国际商务活动的场景、内容等，表演务必要客观反映所分析国家或地区的具体商业文化观念和习惯。交流表演结束后，各团队对其他团队的设计表演进行评价判断，对自己的设计表演进行总结。自己设计评价和总结表格并填写提交。

（8）各团队对此次交流讨论的内容进行资料整理并总结出结论，在教师规定的时间内提交资料、讨论报告和考核结果，教师根据各团队的相互评价和自身总结，结合分析活动和模拟表演的表现进行训练考核。

第二篇

开拓国际市场专业基本技能训练

第六章
国际市场调研、国际市场机会分析与风险判断

《孙子·谋攻篇》中云："知己知彼，百战不殆。"市场既是企业开展各种营销活动的条件，也是企业开展各种营销活动的对象。当今世界正经历百年未有之大变局，新冠肺炎疫情全球大流行使这个大变局加速演进，经济全球化遭遇逆流，保护主义、单边主义上升，世界经济低迷，国际贸易和投资大幅萎缩，国际经济、科技、文化、安全、政治等格局发生深刻调整，世界经济不稳定性、不确定性增强。习近平总书记指出："我们要站在历史正确的一边。"中国的发展离不开世界，世界的发展也离不开中国。改革开放以来，我国正是充分发挥自身比较优势，积极参与国际分工，深度融入世界经济体系，才成长为世界第二大经济体、货物贸易和制造业第一大国。在自身发展壮大的同时，我国也成为拉动世界经济增长的重要引擎，近年来对世界经济增长的贡献率保持在30%左右。与此同时，走出国门的企业也面临着国际环境复杂、市场竞争激烈、文化差异较大等严峻挑战。跨越国界的市场营销活动的成功依赖于企业对具有文化差异的异国市场环境的了解。全面的国际市场环境分析、充分的国际市场调研、准确的行业环境和竞争对手分析，可以使企业明确自己在国际市场上的优劣势，抓住国际市场机会、规避国际市场风险，制定出切实有效的跨国经营战略和实施策略，实现其跨国经营的目标。

第一节　国际市场环境分析与国际市场信息调查训练

对于大多数的企业来说，国际市场环境分析与国际市场信息调查具有一定的难度，要深入了解陌生的异国市场，首先要对其进行市场环境的分析，在明确市场环境的基

本状况以后，充分利用各种信息渠道了解目标市场的具体情况，评价国际市场环境和条件。与面对国内市场所做的市场调查不同，直接策划和组织人员到目标市场国家去做系统的国际市场信息调查成本很高、实施难度大，大部分的国际市场信息主要通过间接渠道获得。

一、训练的目的

（1）要求学生能够掌握国际市场环境分析的要点和主要指标，培养学生搜集国际市场环境数据和资料并对其进行整理和分析的能力。

（2）要求学生在对国际市场环境进行分析的过程中了解国际市场产品及交易信息、国外企业信息查找、相关国际组织的信息资源的获得途径和方法。

（3）要求学生能够根据各种信息资源搜集具体产品在国际市场上的相关信息资料，对具体产品在国际市场上的行情和趋势进行分析和判断。

二、训练的内容与方法

（一）国际市场环境初步分析训练

教师根据学生团队的特点和数量将世界市场进行划分，各团队抽签后针对具体的国际目标市场查找相关的宏观环境资料（或沿用第五章的抽签结果），进行市场环境资料的整理，完成目标市场关于社会文化、政治法律、经济、金融、技术、自然资源等方面的宏观市场环境报告。

（1）国际文化环境的分析：分析具体的文化现象及其对企业进行跨国经营的各种影响，明确具体目标市场的文化环境。

（2）国际经济环境：查阅世界各主要市场人口状况、国内生产总值（GDP）与人均 GDP、生产指标、物价指数、工资指数、国际贸易统计、国际投资统计等各经济指标及对所需数据进行计算，将各经济指标应用于对特定目标市场的工商业发展、产业结构等经济环境的分析和判断。

（3）国际政治法律环境：搜集目标市场国家和地区的政治制度、政党体制等资料，分析在该国或地区的生产经营活动受这些因素的相关影响；关注目标市场各主要国家和地区的最新政治事件及变化趋势，初步分析出这些最新政治事件和变化趋势对企业从事跨国经营活动的影响；搜集关于这些国家和地区对于企业投资和生产经营方面的法律规定和政策制定，为后续训练准备资料。

（4）国际金融环境：查阅和收集当期汇率政策与状况、国际收支状况、银行利率等各项金融指数指标并用以判断目标市场经济状况，结合进出口实务内容为选定的具体产品选择交易条件和付款条件。

（5）国际技术环境：各团队根据各自的优势，寻找某一特定企业正在运作的创新技术生产系统，了解其在当前国内行业中的技术地位，和在国际环境中所具有的技术优势，分析企业技术在行业竞争中所起的作用和技术环境对企业经营产生的影响。

（6）国际自然环境：各团队根据抽签情况查阅目标市场的地理条件、自然环境状况及其变化规律，判断其对企业从事跨国投资与经营所产生的影响；根据具体的企业和产品判断当地的各种商业基础设施对企业从事跨国投资与经营活动的重要性程度，以及对跨国界交易的条件选择、运输方式选择、分销方式选择、中间商和服务商的选择等影响。

（7）消费者心理与购买行为：各团队根据抽签情况查找目标市场的产品消费量、消费变动率等资料，分析消费偏好、消费方式、消费结构和购买习惯等消费者购买行为主要特征；选择一个以上在当地市场上的进出口产品或跨国经营的产品，分析消费者的具体心理和购买行为特征，判断企业产品在目标市场上可以采取的营销措施。

（二）国际市场产品行情分析训练

各团队成员根据各自对进出口产品和市场的了解、熟悉，主要选择我国目前进出口量较大的产品、学生家庭所在地或学校所在地大宗的进出口产品，针对具体产品目前在国际市场上的生产和交易状况查找相关的资料，进行产品在国际市场的质量、价格、类别、产销量、主要需求国状况、其他主要生产国状况、交易统计状况、预期产销量和价格变动等行情的资料分析整理，判断所分析的具体产品在国际市场上的竞争力，完成该进出口产品的国际市场行情分析报告。

（三）国际目标市场分析训练

各团队根据前两项训练所选择的目标市场和具体产品，搜集目标市场上贸易量较大的进出口商品的生产、使用和消费、进口量或出口量、交易状况、消费者行为特征、竞争状况等市场环境资料，经分析整理后完成已选择的具体进出口商品在国际目标市场上的分析报告，针对第二项训练内容中的具体商品，寻找目标市场有希望进行合作的交易伙伴。

（四）合作伙伴调查训练

对于远隔重洋的合作伙伴、交易对手，企业往往难以通过直接接触了解其经营状况和资信状况，为了降低跨国交易的风险，要重视对国外的合作伙伴的资信、经营情况的调查。

1. 调查内容

资信调查的内容主要包括：①在工商部门注册的企业名称、资本金、企业法人情况、经营活动有无超越本身范围和企业经营情况；②在税务部门登记的企业有无漏税、拖欠税款情况；③通过海关了解企业进出口情况；④通过法院等司法部门了解企业与其他企业有无经济纠纷，是否有违规信息，法人是否有会影响到企业未来发展的个人违法纪录；⑤与股份制银行合作，了解企业的支付情况。

2. 调查途径

一般可以通过银行、本国驻外经商机构、外国工商团体或专业咨询机构等途径来调查合作伙伴的资信情况。①银行调查是最常见的一种方法，在我国一般是委托中国银行，由中国银行根据具体要求，通过国外的分支机构或其他往来银行在当地进行调查。②通过本国驻外经商机构调查是委托我驻外经商机构就地进行合作伙伴的资信调查。③一些外国的工商团体或专业咨询机构也开展对外服务的咨讯调查工作。④外国出版的行业名录、厂商年鉴等刊物对了解合作伙伴的资信情况也有一定的参考价值。

各团队针对第三项训练所发现的合作伙伴，对其分别进行相关内容的信息搜集，资料整理分析和判断，撰写简要的资信调查报告，选择并确定团队模拟交易的合作伙伴。

三、训练的组织形式与要求

（1）本节四个训练项目均依照团队抽签结果和自己对具体产品的选择进行，训练内容上要有连续性，几个项目资料的搜集可同时和交叉进行，但提交的分析报告和课堂汇报应该分专题进行，以训练学生对相关资料的组织和利用能力，及对不同专题的报告在资料利用方面的方法和技巧。

（2）世界各主要市场划分和抽签明确团队的分析对象以后，各团队的主要分析市场就在以后的训练中基本固定下来，以利于资料收集和团队对某一具体市场的充分了解。同时，各团队因为分析世界不同地区的市场，相互之间可以学习借鉴并进行协作。这种方式有利于学生体会团队内部和团队之间进行协作给个人和集体所带来的益处。

（3）本节训练项目的内容和方法是学生毕业设计、创业设计项目的基础资料，同时也为进出口实务、商务英语函电、外贸英语洽谈、外贸业务单证等内容的训练提供素材，训练研究对象的连续性可以使学生对某一具体的目标市场和具体的进出口产品种类具有较为深入的了解，有利于学生就业时的选择并创造就业个人优势。

第二节 跨国经营战略分析训练

第四次经济普查数据显示，以中小微为主的民营企业 2019 年成为我国第一大外贸经营主体，2021 年其进出口值占比达到 48.6%，对外贸增长的贡献度超过 58.2%，中国企业综合实力和竞争力显著增强，这与企业制定事宜的竞争战略息息相关。企业在环境分析的基础上制定适宜的竞争战略，对于企业明确发展方向和目标，充分利用企业资源、提高经营效率、增强竞争力至关重要。对于个人而言，深入分析自身的条件与特长、优势与劣势，制定适合自己的职业生涯规划，对于明确自己将来的职业发展方向、抓住个人发展机遇、避开职业发展风险、实现人生的目标也是非常重要的。

一、训练的目的

（1）要求学生深入理解产业结构分析模型、竞争对手分析模型、SWOT 分析方法在企业跨国经营环境分析中的重要作用。

（2）要求学生能够系统掌握产业结构分析模型、竞争对手分析模型、SWOT 分析方法的步骤、内容和技巧，培养学生进行企业跨国经营的市场环境分析、产业环境分析、竞争对手分析和企业自身的优势与劣势、机遇与风险的评价分析能力，根据企业的具体条件选择国际竞争战略。

（3）根据个人的条件、特点和优势，确定自己的职业发展目标，明确目前在校期间对自己知识学习和能力养成的阶段性目标，并撰写书面的个人职业发展规划。

二、训练的内容

（一）产业环境分析训练

根据前一阶段训练中所选择的企业及产品，通过广泛搜集国际范围内的各种信息资料，按照迈克尔·波特的产业结构分析模型的要点，对企业的竞争力量和竞争环境进行分析，选择恰当的国际竞争战略，写出产业结构分析报告。产业结构分析模型如图 6-1 所示。

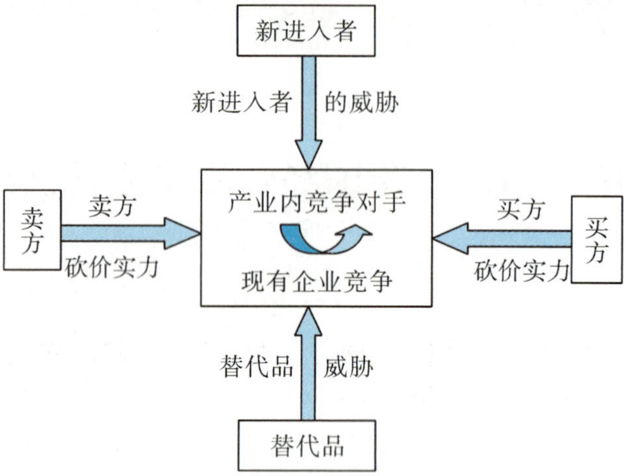

图 6-1　产业结构分析模型

（1）产业内现有企业之间的竞争强度分析：列出产业内现有的企业清单，比较其生产经营规模、业务范围种类、产品特征的一致性和差异性、产品定位的异同、分销渠道和方式的选择、已经和正在采用的竞争手段等，分析相互间的竞争强度和彼此可能产生的威胁，进行竞争力的顺序排列或竞争类型划分。对产业发展速度与行业竞争程度的关系进行分析。

（2）新进入企业的潜在进入威胁分析：根据行业进入的壁垒、客户偏好的变化趋势、行业发展趋势、技术和经济的发展趋势等判断可能进入行业参与竞争的新进入者，对这些可能的新进入者的条件优势和可能产生的威胁进行分析，列出威胁来自何处和威胁的严重程度，可能的话对各种威胁进行类别划分。

（3）供应商分析：根据经济技术和产业结构发展状况、供应商行业竞争和发展状况、供应商的规模实力和技术特征等情况，分析可能来自供应商的各种压力，对供应商进行顺序排列或类别划分，找出减少供应商威胁的途径和方法。

（4）买方分析：对客户的生产经营规模、技术特征和优势，对产品的要求和使用方式、客户的数量和购买量、客户一体化经营的程度等进行分析，对企业的购买者进行类别划分，判断来自他们的威胁种类和威胁程度，找出减少客户威胁的途径和方法。

（5）替代产品分析：针对已经确定的企业产品，寻找其在各种用途上的替代品，比较其性能、成本价格、品种数量、替代程度和这些替代品的生产加工技术的发展趋势等，分析来自这些替代品可能产生的威胁和威胁的程度，寻找降低替代品威胁的途径和方法。

（二）竞争对手分析方法训练

利用迈克尔·波特的竞争对手分析模型对行业内具体的竞争对手的未来目标、假设、现行战略、能力进行分析，了解竞争对手的行为和反应模式，有针对性地制定竞争战略。

搜集竞争对手有关的发展模式和发展策略，核心竞争力，注册资料及发展现状，历史变更情况及重大新闻，投资方情况，组织结构、管理层、内部运营机制调查情况。生产情况包括生产能力和生产设备，经营情况包括供应和销售等情况。具体要了解竞争对手的市场占有率状况、细分市场占有率等指标，明确竞争对手及研究企业在市场上所处的位置。竞争对手的财务状况，包括成本、利润率、主营业务成本率、资产负债率，销售人员工资、物流费用、广告费用、促销费用以及差旅费、办公费等营业费用率、管理费用率以及财务费用率等数据。了解竞争对手的产销量增长率、利润增长率指标，并比较分析二者的关系；分析竞争对手推出新产品的速度，判断其科研能力，分析其科研经费占销售收入的百分比，判断其对技术创新的重视程度，分析竞争对手所采用的分销渠道和对销售渠道的整合程度，判断其对市场销售的控制能力；全面地了解竞争对手领导人的个人素质，以及分析他的这种素质会给他所在的企业带来的变化和机会，以及竞争对手主要的领导人的变更情况，分析领导人的更换为企业的发展所带来的影响。竞争对手分析模型如图 6-2 所示。

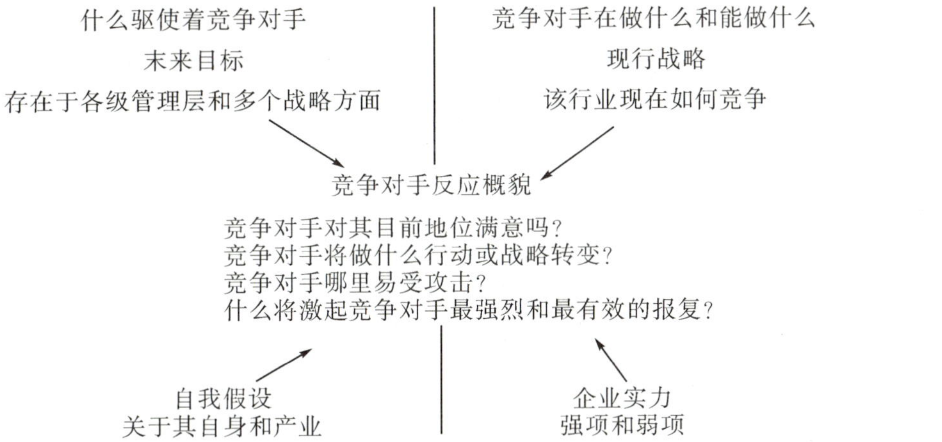

图 6-2　竞争对手分析模型

（1）对竞争对手的未来目标的分析是对其目标体系的分析判断，包括其生产目标、财务目标、对社会的责任、环境保护、技术领先等方面的目标。要注意到竞争对手的目标是分层次的，分析竞争对手的具体目标时，既要了解总公司的目标，还要了解各个事业单位的目标，甚至于各职能部门相应的目标。

（2）对现行战略进行分析，列出竞争对手目前正在做什么、将来能做什么的清单，列出竞争对手所采取的战略、短期和中长期的经营发展策略。

（3）对竞争实力进行分析，要找出团队所选择的企业与竞争对手的差距，判断竞争对手的相对竞争力，找出企业在市场竞争中的优势和劣势。

（4）分析竞争对手对自身和产业的假设，可以很清楚地看到竞争对手对自身的战略定位，以及它对行业未来发展前景的预测。竞争对手对自身和对产业的假设有的是正确的，有的是不正确的，通过掌握这些假设，可以从中找到发展的契机，以利于企业竞争战略的选择。

（三）SWOT 分析方法训练

（1）企业外部环境分析：分析企业外部的经济、社会、文化、人口及环境等因素，以及技术因素、竞争对手情况、行业特征及政策情况、顾客特征等外部信息。

（2）内部因素的研究：对企业自身管理、营销、财务、生产运作、研究与开发等内部因素进行评价与分析。

（3）建立 SWOT 分析模型（如图 6-3 所示）。

优势 内部因素 管理结构，财务状况 产品质量，市场份额 技术实力，人员潜力等	机会 外部因素 市场需求，技术变迁 政策倾斜，社会热点 竞争对手出现的失误等
威胁 外部因素 竞争对手的发难 行业政策的变化 突发事件的影响 市场变化等	弱点 内部因素 资金缺口 管理能力弱 人力资源短缺 技术老化 设备陈旧等

图 6-3　SWOT 分析模型

联系市场环境，以训练所选择的企业和相关资料为基础信息，为团队所选择的研究对象建立 SWOT 分析矩阵，在图中列出其优势、弱点、机会和威胁。

（4）撰写分析报告。报告中应包括研究对象的 SWOT 分析矩阵表，并对表中列出的要点加以适当的解释。应将外部的机会与内部优势进行匹配，在报告中尽可能地提出可发挥优势、弱化劣势、利用外部机会、减小外部威胁等可供选择的建设性意见。

（四）建立个人与团队的 SWOT 分析矩阵

个人与团队在很多方面都很相似。两者都有竞争者，也都应当对未来进行规划。

每个个人和团队都面对某些来自外部的机会与威胁，也都有一些内部优势与劣势，个人与团队都要树立目标，也都要进行资源配置。这些及其他相似性使个人与团队也同样可以像企业一样将 SWOT 分析模型用于对未来的规划。分析要点如表 6-1 所示。

表 6-1　个人与团队 SWOT 分析要点

优势	机会	威胁	劣势
内部因素	外部因素	外部因素	内部因素
管理结构与制度	外部对个人团队的要求	竞争对手的策略和手段	资源不足
特长优势	个人与团队的成长性	外部要求与政策的变化	管理制度水平
对外界的影响力	政策待遇的倾斜	突发事件影响	人员缺乏状况
个人与团队能力	突发性事件	判断标准不一致	实力增长缓慢
人员潜力等	竞争对手出现的失误等	衡量判断标准的改变等	人力资源短缺等

（1）在纸上建立一个 SWOT 分析矩阵。其中包括个人、团队所面对的主要外部机会和威胁及所具有的主要优势和劣势。将外部机会及内部优势进行匹配，在矩阵的适当方格中填上可使你发挥优势、弱化劣势、利用外部机会、减小外部威胁的供选择的行动方案，如图 6-4 所示。

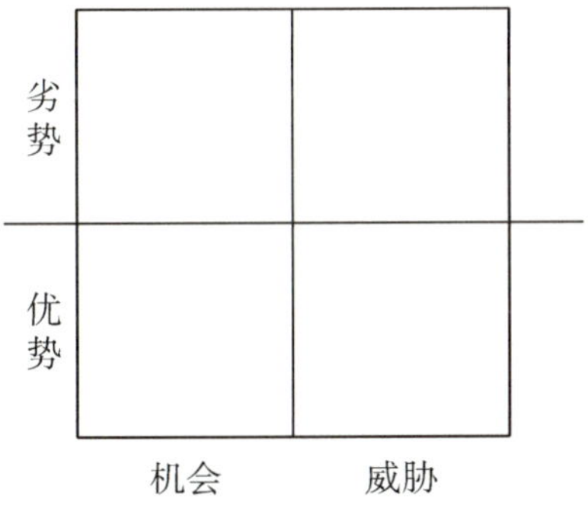

图 6-4　个人、团队的发展规划

（2）对分析要点进行评论总结：①同一个因素常常既可以是优势也可以是劣势。你也遇到过这类情况吗？如果确实如此，那么，你认为这究竟是什么原因？如何解决？②我们的劣势是由我们自己造成的吗？③在所列出或讨论过的内容中，你认为哪一项是最大优势？如何发挥到最好？④在所列出或讨论过的内容中，你认为哪一项是最大劣势？如何实现最大限度的弱化？⑤在所列出或讨论过的内容中，你认为哪一项是最大风险？如何避免风险发生？⑥在所列出或讨论过的内容中，你认为哪一项是最大机遇？如何把握机遇？

(3) 以团队为单位制定团队发展分期目标，个人制定个人职业生涯发展规划。①对团队和个人自身进行认真的、深度的 SWOT 分析；②对本专业的市场前景、就业状况有明确的认识；③提出切实可行的团队发展目标和个人职业发展目标；④就如何实现团队目标和个人职业发展目标明确具体的努力方向和保证措施；⑤该发展规划方案应与团队建设目的、个人的成长及就业实际紧密结合。

三、训练的组织形式与要求

(1) 各团队根据前一节的训练结果进行行业环境分析、竞争对手分析和研究企业的 SWOT 分析，分析过程中尽量列出图表、理清思路，以利于全面考察、判断准确，团队对国际竞争战略的确定要以企业和环境的分析材料作为依据。

(2) 各团队以“头脑风暴法”座谈会的形式开始训练，指导教师分别参加各团队的活动。团队的座谈会要指定主持人、记录员，对座谈会的想法和观点进行记录、整理，提炼出有价值的要点，建立 SWOT 分析矩阵，撰写并提交分析报告。

(3) 各团队及团队各成员完成并提交团队和个人 SWOT 分析报告，团队发展目标确定和个人职业发展规划要针对团队和个人的实际，具有可操作性和灵活性。

(4) 指导教师根据各团队提交的 SWOT 分析报告，以及“头脑风暴法”座谈会的记录资料综合评定团队成绩。其中 SWOT 分析报告占 50%，个人 SWOT 分析报告占 20%，团队座谈会记录占 30%。

第三节 市场调查方法与市场调查报告写作训练

深入了解市场是企业经营决策的前提之一，没有调查就没有发言权。只有深入实际调查研究，才能找出解决问题的新视角、新思路和新对策。学会市场调查的方法与技巧，进行市场调查计划、组织与实施，市场调查数据整理与分析，市场调查报告的写作是深入了解市场和分析市场的途径，对于企业管理人员进行正确的经营决策，对于企业员工准确理解和有效执行企业经营决策具有重要意义。

一、训练的目的

（1）使学生了解市场调查策划的内容和方法，培养学生进行市场调查策划的能力。

（2）使学生系统掌握市场调查方案拟定的步骤、内容和技能以及市场调查问卷的基本结构，问卷设计的步骤、方法和技巧。

（3）使学生系统掌握市场调查项目组织实施的内容、步骤、方法和要点，培养学生市场调查组织实施的能力。

（4）使学生系统掌握市场调查报告撰写的内容、方法和技巧，培养学生市场调查报告写作能力。

（5）使学生了解市场调查报告说明会的基本流程、组织形式及其准备工作的要点，掌握市场调查口头报告的内容、要点和基本技巧。

二、训练的内容

（一）市场调查策划及调查方案拟定训练

1. 选择调查项目

各团队自行选定较熟悉和感兴趣的一个企业或产品作为本次训练的调查分析对象，并尽可能地争取企业的支持，与企业达成合作意向，使本次训练成为一次实际操作训练。

2. 确定问题和调查目标

团队内部首先要回答如下问题：①为什么要进行调查？②本次调查要知道什么？③知道这些调查结果有什么用？④谁要知道调查的结果？⑤调查是向谁说明？⑥用什么方式说明较好？

其次，按照科学的程序进行分析：

①进行企业情况分析：了解进行市场调查的背景，找出企业生产经营活动中存在的问题。具体分析的内容有：企业内部情况、企业所在行业状况及市场环境分析。②确定调查主题。在确定问题时要注意与企业高层主管进行讨论，准确把握调查研究的方向，使调查主题符合企业发展需要、调查目标合理可行、切合实际，在充分掌握企业有关信息的基础上，根据其经营决策的要求将其相应转换为调研问题。

3. 制订调查方案

调查方案应包含如下内容：调查目标、调查内容、资料来源、调查方法、调查对象、抽样方法及样本大小、访问人员的安排和培训、访问质量的保证措施、数据处理及分析方法、调查日程安排及经费预算等内容。

调查方案的制订步骤及技巧：

（1）确定调查内容。把可能想到的调查内容列出详细清单；对调查项目进行分类和重要性分析，并把全部项目按照分类结果列成项目清单；最后按照类别、重要性程度及其资料获取的可能性程度对清单上的各项目排序，选出符合调查目标要求且有可能获取信息资料的项目，确定为调查内容。

（2）确定资料来源。一般来说，在市场调查初期阶段主要收集二手资料；为了获得专门信息则需要收集一手资料。

（3）确定调查对象和调查地点。调查对象要根据调查目标和内容进行选择，以保证调查资料的准确性和代表性。

（4）选择调查方法。询问法在具体操作过程中，可以采取图 6–5 所示的方法；观察法由学生设计观察方案后到现场进行调查，需要较长时间获取数据和信息，调查过程中应注意尽量不去干扰和影响调查对象的行为，以免数据失真；训练法要明确具体的训练条件，通过训练对比的方法观察分析影响研究对象的各因素之间的相关性及其变化过程，从中获取有关信息，以排除主观估计存在的偏差，保证数据资料的可靠准确。

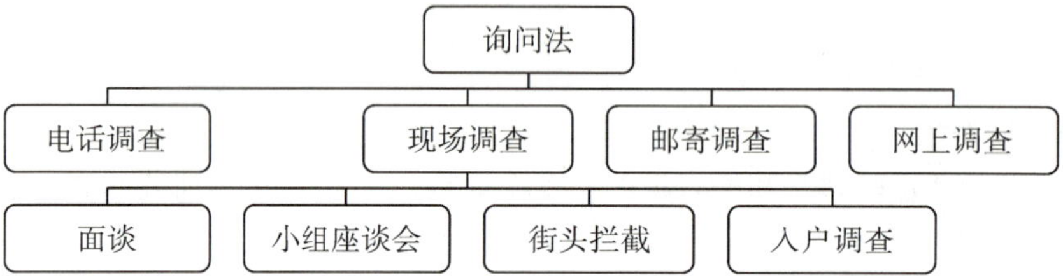

图 6–5　询问法分类

（5）设计抽样方案要解决三个问题，即抽样总体、样本大小和抽样方法。在抽样前要根据调查目标和要求，对被调查者的特征和属性做出进一步说明，明确界定总体范围；样本的大小要根据抽样误差的要求、调查费用的限制和被调查问题的基本性质等因素来确定；抽样过程中随机抽样或非随机抽样具体方法的选择则根据调查目的和要求做出，如图 6–6 所示。

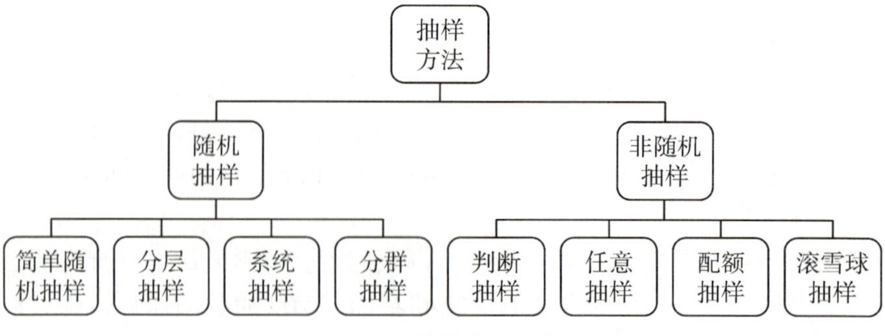

图 6–6　抽样方法分类

（6）对调查结果的分析方法做出说明，提出调查报告的形式与主要内容结构，根据调查目标规定有关指标的分析方法和表现形式。

（7）对市场调查进度及人员进行安排，注意信息的时效性、调查的难易程度和样本量的多少。从调查方案被委托方认可（签订调查协议）到提交调查报告花费的时间主要包括：问卷设计时间、问卷印制及调查所需设备购置等准备工作时间、抽样设计时间、调查员确定和培训时间、调查实施时间、调查资料复核和整理时间、调查资料分析时间、撰写调查报告时间。

（8）市场调查的费用包括：方案策划费、问卷设计费、问卷附表及卡片等印制费、被调查者礼品费、调查员劳务费、统计处理费、报告撰写制作费、电话费、交通费等其他费用。

4. 设计问卷

（1）问卷的基本结构。

一份完整的问卷通常包括以下几部分内容：①前言。具体内容一般包括调查员的自我介绍，调查员代表的组织或机构，调查目的和意义，以及对被调查者的合作表示感谢等。前言部分的文字要简洁明确，语气要谦虚诚恳，要能够激发被调查者的兴趣，促进其积极合作。②被调查者的基本情况。为了方便对调查资料进行分类和分析，应根据调查目的、资料分析的要求和被调查者的基本情况与类别确定。③调查的主题内容。调查的主题内容由一系列问题和相应的答案组成。④问卷的填写说明。问卷的填写说明包括填写调查表应注意的事项、填写方法、交回问卷的时间要求等。⑤作业证明记录。作业证明记录包括调查时间、调查地点、调查者姓名等，以登记调查访问工作的执行和完成情况。

（2）问卷设计的一般步骤。

在问卷设计过程中要注意：①把握调查目标和内容。在设计问卷的开始阶段要深入地研究本次调查的总体方案，充分把握调查的目标和内容，问卷的设计者应参与调查方案的制订。②分析样本特征，确定问卷类型。明确调查对象是企业还是个人、生产商还是经销商、现实消费者还是潜在消费者等，了解各类调查对象所处的社会阶层、社会环境、行为规范和观念习俗等社会特征，其需求动机和潜在欲望等心理特征，其理解力、文化程度和知识水平等学识特征等，针对其特征确定问卷的类型。③设计问句编制问卷初稿。A. 列出调查问题的清单，将调查的目标转化为调查内容和调查项目；B. 对列出的问题进行审核、筛选，审核的标准包括：问题是否必要，含义是否明确，是否需要细分；C. 确定问题的类型，以选择对应的提问方式和问句的形式；D. 确定提问的方式，根据问题的性质和受访者的特点确定；E. 根据提问的方式进一步确定问句的具体形式；F. 对问句的措辞、语气进行推敲；G. 确定问句排列的顺序，先易后难，先具体后抽象，先一般性问题后敏感性问题，先前提性问题后结论性问题等。④进行问卷的可行性测试，注意可行性测试的受访对象、询问方式等应当同正式实施的条件相同。⑤修改并完成正式的问卷。

（二）市场调查项目的组织实施训练

1. 准备工作

①设备购置和准备：包括纸、笔、赠品、文件夹等，准备身份证、学生证、联系证明、介绍信等。②印制问卷时注意问卷设计要美观、印刷要精美，要给被调查者以意义重大的印象，引起其重视并主动合作。③人员职责与培训：在整个调查活动中需要有各种职能的调查人员，应根据各自职能进行不同层次的培训。A. 督导员作为高一层次的调查人员，应熟悉调查的具体步骤，掌握各种调查知识，带领、管理和训练访问员；检查访问问卷是否有漏答、错误、作弊等现象；根据调查时间的安排，及时检查访问员进度，抽查问卷的真实性；编辑整理所有的情报资料；评价访问员的工作业绩，提出改进的意见，对于不能胜任的访问员，及时提出撤换的建议。B. 对访问员的训练分为基本训练和专门训练，通过集中讲授、个别指导、模拟训练、角色扮演等方法对访问的技巧与艺术给予指导，同时培养受训者处理各种情况的能力。基本训练主要是对访问员进行的例行常规的训练，主要包括访问前必须携带的物品，包括问卷、样本计划、身份证明或访问介绍信、纸、笔、赠品、文件夹等；如何按照样本计划选择被访问者，如何选择适当的访问时间、访问地点；如何得到被访问者愉快的合作，如何与陌生人开始交谈；如何处理访问中发生的特殊情况。专门训练是针对每个特定的调查项目对访问员进行训练。内容包括：该项调查项目的内容和调查目的；该项调查项目的问卷结构、问卷内容；该项调查项目的调查时间、调查步骤及注意事项。

在市场调查开始实施后，需要通过各种方式加强对访问员的监督管理。一方面检查他们访问的问卷是否合乎要求，访问是否真实可信；另一方面跟踪现场调查、检查访问员的工作态度和工作质量。

2. 实地访问

①抽取样本：按照抽样方案的要求选取符合条件的调查对象。②访问实施：访问员严格按照问卷的要求与顺序进行访问，督导员巡视访问现场并监控访问质量。③问卷复核：访问结束后，对调查问卷进行一定比例的复核，对访问工作进行检查，对问卷中不清楚或者不明确的地方进行再确认。④效果评价：复核结束后对访问的效果包括访问的合格率、访问的正确率等进行评价。

3. 数据处理

①编码，将问卷中的所有项目的回答赋以一定的数值，以便于使用计算机进行分析。②录入，按照前面编写好的录入程序进行数据录入工作。通常采用双录系统，即数据录入两遍，以保证数据录入的质量。③甄错，对问卷中存在的一些不符合逻辑或者错误的数据进行修正，以保证数据资料的完整性和一致性。

4. 数据资料分析整理

数据资料分析整理一般采用统计软件 SPSS for Win，借助于各种统计方法进行。①进行频数统计、清理数据，通过频率分布表了解调查结果。②进行交叉统计，将某一个变量与其他变量交叉分组，以观察所要调查的变量与其他变量之间的关系。③如有需要可以进行一些较复杂的统计分析，如均值检验、方差分析、因子与聚类分析等。

（三）市场调查报告写作训练

1. 市场调查报告的内容及结构形式

（1）导言，主要包括标题、前言和目录表。

①标题：标题应该醒目、具有吸引力，简明准确地表达调查报告的主要内容。标题应包括：该项调查的标题和主题。副标题，即该份调查报告提供的具体资料。接下来是准备调查报告的人员，接受报告的部门名称和地址。

②前言：前言是该项调查项目的简明介绍。这部分内容应包括：报告的可靠依据；调查的目的和范围；资料搜集的基本方法和要求，可以包括调查人员的简要看法；表示调查人员对该调查项目的态度，以及对有关方面的致谢。

③目录表：当调查报告内容较多时，应以目录的形式列出主要内容及页码，并编排在前言之后。目录的主要内容包括：研究的目的、调查的方法、调查的结果、调查结果的概括和结论、建议。

（2）报告主体。

①调查的详细目的：在报告主体的开头，调查人员首先应当简明扼要地指出该项调查活动的目的和范围，以便阅读者准确把握调查报告所叙述的内容。

②调查方法说明。

A. 资料来源，说明资料的来源，搜集资料所采用的方法及采用这些方法的原因。

B. 调查步骤，说明采用哪些调查方法，如果采用抽样调查方法，应当简明指出选择什么样本进行调查。同时，应说明采用的调查步骤，并且说明材料采用了哪些统计方法。

C. 访问员的选择和培训过程。提供选择访问员及其培训过程，并附上访问员名单及其资历说明，以及培训计划的提纲。

③调查结果的描述与说明。

在花费大量的时间和精力分析和解释资料后，应当使用严谨和有效的方法呈报调查结果。如果其中采用较多的是形象化的方式，如表格和图形，就必须清楚有效地加以分析，以便保证这些形象化的方式能够有效地说明问题。

④调查结果与结论的摘要。

准备概括性的摘要，以便读者能够尽快了解该项调查的结果。同时将所做结论同研究目的密切联系起来，这样阅读者可以现查阅研究目的，然后进一步思考与特定目的有关的结论。调查结果的结论要简短，一般不超过调查报告内容的 1/5。

（3）建议事项。

调查人员必须先对整个调查项目有深刻的认识，才能做出结论并且提出有价值的建议。建议应当以调查结果为基础，不受个人感情所支配，针对调查获得的结果提出可以采取哪些措施、方案或具体的行动步骤。

（4）附件。

附件是调查报告的附加部分，是对正文的补充或更为详细的专题性说明。附件主要包括问卷、样本的分布、图表、附录和其他没能包含在报告主体中的材料。

2. 撰写市场调查报告的要求

调查报告要符合调查报告的一般格式，应注意以下问题：

（1）调查报告必须真实、准确，要以实事求是的科学态度，准确而全面地总结和反映调查结果。

（2）调查报告应根据调查目的和调查报告的内容确定篇幅的长短。

（3）仔细核对全部数据和统计资料，务必使资料准确无误。

（4）调查报告所包括的项目应与调查宗旨有关，应剔除一切无关资料。

（5）调查报告应该用清楚、简洁的语言表达。

（6）充分利用统计图表、统计数据来说明和显示资料。

（7）调查报告版面应合理设计，便于阅读。

（四）市场调查报告说明会

1. 市场调查报告说明会的准备

市场调查报告会准备的步骤包括：①编写口头报告提纲。口头报告可在书面报告的基础上根据口语表达的特点进行修改，写出口头报告提纲。对内容熟、可以清晰表达的部分简略写，对内容不熟、不易清晰表达的部分详细写。提纲的字要写得小一些，尽量少占用篇幅，以免因频繁翻页而影响了汇报的效果。②明确内容的表达方式，要一一列清要演示的图表、图片及其内容。③对听众可能提出的问题，事先要有所准备。④认真演练口头报告。⑤事先检查报告会场地器材设备的工作状态，如所需的白板、投影仪、计算机等。

2. 市场调查口头报告应注意

进行市场调查口头报告时要注意：①按照书面报告的结构准备好详细的提纲，进行充分的练习。②汇报者要声音放松、语速适中、吐字清晰，另外要注意穿着大方得体、色彩搭配协调。在汇报前反复练习、充分准备。③尽量借助图表来增加效果，增强报告的感染力、节约汇报时间。④报告要言简意赅，通俗易懂，有趣味性和说服力。⑤与听众保持目光接触。汇报时尽量看着听众，必要时可以向听众发问，掌握汇报的主动权，引导听众的思路跟随报告内容的推进。⑥集中时间回答听众提出的问题。⑦在规定的时间内结束报告。

三、训练的组织形式与要求

（1）各团队在训练开始前向指导教师提交团队训练计划，包括：调查课题名称、选题背景、调查内容、人员分工安排、时间进度安排等。在对训练项目的可行性和科学性进行论证，经指导老师批准后方可实施。

（2）各团队可以单独计划和实施一个调查项目，如有需要也可以通过团队组合形成联合团队计划和实施调查项目，但团队之间须协调好工作职责、人员分工等，并按计划记录训练情况，包括项目进行的环节、时间、重要记事、任务及完成情况等。

（3）各团队按时向指导教师提交市场调查方案（含问卷），并就方案内容进行答辩和修改，方案定稿后进入市场调查项目组织实施阶段的训练。

（4）调查项目实施时，各调查项目安排督导员一名，其余成员有序分工，分头进行调查。指导教师对各团队项目实施状况和实施进度进行抽查，对实施过程中出现的问题给予及时的指正。

（5）数据处理及分析阶段可由指导教师或相关人员提供技术支持，以保证调查结果按规范要求完成。

（6）各团队根据训练项目的调查分析结果，撰写市场调查报告。

（7）各团队根据书面报告的内容准备口头报告及演示文稿，认真做好市场调查报告说明会的准备工作。各团队负责人共同协调、负责说明会的有关筹备、组织等事务，为说明会提供一切物资及人员准备。

（8）说明会的举行。

①地点：多媒体教室。

②所需设备：多媒体投影仪、音响设备。

③参加人员：企业嘉宾、领导、专家、教师及全班学生。

④流程：A. 准备阶段，主持人自我介绍，与会者各自介绍，简单沟通、调节气氛，介绍说明会目的。B. 主体阶段，各项目发言人依次进行报告解说，回答听众提问。C. 结束阶段，嘉宾点评和指导教师讲评，对全班所有报告总体上的优点和不足之处进行评讲，指出学生的努力方向。

⑤指导教师根据各团队的市场调查计划、实施及其完成情况（训练纪录）和说明会与答辩情况综合评定小组成绩。其中市场调查方案（含问卷）占 30%，市场调查项目组织实施情况占 30%，项目训练计划及其完成情况（训练纪录）占 20%，说明会与答辩情况占 20%。

第七章
国际目标市场选择、进入方式与产品策略决策能力训练

企业在进行跨越国界的交易和生产经营时，满足各个地区所有顾客的需求是不可能的。企业必须根据一定标准、按照一定的步骤将世界市场划分为特点各异的较小市场，对各个小市场深入调查、全面评价，从中选出企业在满足消费者需求方面具有相对优势的部分，有针对性地明确企业和产品在目标顾客心目中的地位，选择恰当的市场进入方式，在目标市场上有效满足顾客需求，才能实现企业的跨国经营目标。国际市场产品策略是国际市场营销组合的核心和基础。由于国际市场环境的复杂和多变，在国际市场产品决策过程中企业会面临诸多难题，因此除了要针对国际目标市场的顾客需求确定产品开发、产品组合、产品包装与品牌、产品服务策略以外，还要根据国际市场的划分及不同市场的需求差异与经济技术发展的差异，寻找与确定产品投入各国际目标市场的恰当时机和方式。

第一节 国际市场细分训练

合一电器（深圳）有限公司响应党中央实施“走出去”战略及“一带一路”倡议，瞄准国际细分市场，自主研发新产品，其针对日本市场定制的一款室内循环风扇，一经推出便打开了国际销路，成为颇受日本顾客喜爱的产品。国际市场细分的目的就是通过对国际市场消费者的类别划分，使得企业可以更好地把握各类顾客的基本特征，比竞争对手更有针对性地提供产品和服务，以赢得顾客。

一、训练的目的

（1）使学生明确国际市场细分对于企业经营决策的意义，掌握市场细分的基本程序、方法。

（2）使学生能够熟练运用市场细分标准和方法，掌握市场细分的技巧。

二、训练的内容与方法

国际市场范围广、顾客数量大、需求特征差异大，可供细分的标准又多种多样，要有效进行国际市场细分，必须由粗到细、从略到详，按步骤进行。

（一）明确国际市场细分的步骤

国际市场细分的步骤包括：①选定国际市场范围；②列举顾客的基本需求；③了解潜在顾客的各种需求；④去除潜在顾客的共同需求，以其特殊需求作为细分市场的标准；⑤根据潜在顾客的需求差异进行国际市场划分，为各划分后的子市场命名；⑥分析各子市场需求与购买行为特征和导致这些特征的原因；⑦评估各细分市场的大小及潜力，选择有利于企业国际化经营战略目标的细分市场。

（二）国际市场细分训练

（1）在进行国际市场细分前，要明确：①国际市场的具体范围和进行国际市场细分的目的；②对企业产品的客户进行初步分类，判断企业的直接客户是最终消费者、生产商、中间商还是非营利机构；③明确具体的产品种类，这种产品是现有产品还是新产品。

（2）进行国际市场环境和购买者调查。针对第六章训练的内容，对国际市场环境进行充分调查：①判断各国购买者对特定类别的产品的需求特点和满足状况；②了解各国购买者对该类产品的各种属性等级的不同评估与要求；③分析各国购买者对市场上现有同类产品的态度；④各国购买者对当地产品、价格、分销、促销等营销要素的敏感程度。

当企业对国外的顾客信息搜集存在一定难度时，可以通过委托当地的企业、市场调查机构、行业协会、大学或研究机构等来完成。

（三）确定国际市场细分的层次

对国际市场调查所得到的数据资料进行分类、整理，找出各国购买者在需求上的共性与区别。根据顾客的地理位置和环境，人口总量和结构特征，顾客类型和心理特征，购买习惯与间隔时间、购买方式等行为特征，购买产品的最终用途和使用方式，购买次数和单次购买量，购买决策的过程特征，对销售商的选择特点等划分标准，进行逐步的市场划分。

国际市场细分具有三个层次的含义，即国际市场细分、国际区域市场细分和目标国与地区市场细分，如图 7-1 所示。

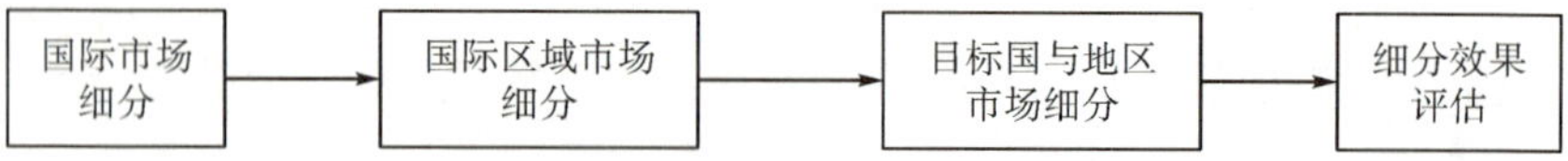

图 7-1　国际市场细分

国际市场细分是根据一定的划分标准将整个世界市场划分为若干个国家和地区、国际性区域的子市场，每一个子市场具有基本相同的营销环境和需求特征，企业选择某一组或某几个子市场作为目标市场。国际市场细分的标准主要有地理标准、经济标准、文化标准及其组合。

国际市场细分是针对已经划分为较大的国家市场或国际区域市场，针对不同国家和地区的市场环境和顾客需求的差异，选择合适的标准将市场划分为若干个国家和地区子市场。国际区域市场细分的标准通常有地理标准、经济标准、文化与亚文化标准及其组合。

目标国与地区市场细分同国内市场细分类似，企业针对某一国家或地区的市场在顾客需求方面存在的差异，进一步细分成若干个子市场。在目标国与地区市场细分中用于细分消费品市场的标准主要有地理环境、人口状况、消费者心理、购买行为特征等，用于细分工业品市场的标准主要有地理环境、用户性质与规模状况、用户需求特点和购买行为特征等。

（四）确定国际市场细分采用的方法

在进行国际市场细分的过程中，根据行业特征、市场特征、顾客特征、产品特征、和竞争状况，采用的细分方法有单指标细分法、双指标细分法、三维细分法和系统聚类细分法（又称最小距离细分法），如图 7-2 所示。

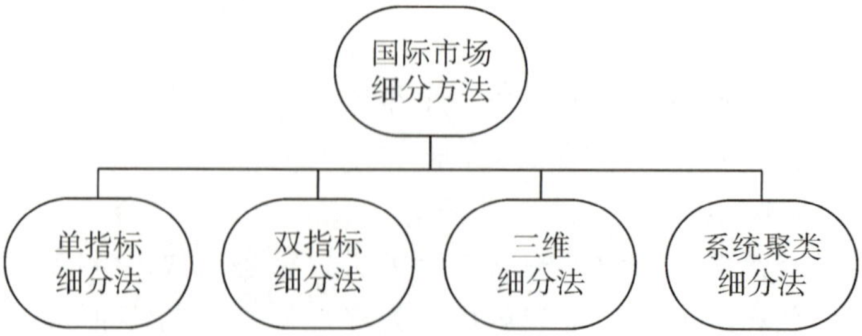

图 7-2　国际市场细分方法

（五）确认国际市场细分各层次所采用的标准

根据顾客类别和基本特征，结合国际市场细分的目的，列出可能的国际市场细分标准，并根据国际市场细分的目的选择恰当的细分标准。

（六）进行细分，描述细分市场

对已收集到的信息进行归类分析，筛选出有价值的信息并用确定的细分标准把顾客进行分类，明确各类顾客的具体特征及相互之间的差异性。

命名细分出的各子市场，对其进行市场产销量、市场增长率、行业内各竞争对手市场占有率等的详细描述，比较并有效区别各市场的差异性。

三、训练的组织与要求

（1）各团队以第六章训练所选择的产品进行分析研究，把国际市场按选择的细分标准进行划分；描述各子市场的具体情况和特点。

（2）以团队为单位进行训练，在训练中进行课堂讨论和交流，训练结束后各团队提交具体产品的市场细分报告和子市场情况描述。成绩考核包括课堂讨论交流和团队报告，其中课堂讨论交流占30%，团队市场细分和子市场描述占70%。

第二节 国际目标市场选择与国际市场定位训练

国际目标市场是企业拟进入的子市场，企业要以何种形象向目标市场的顾客提供产品，依赖于企业的优势资源和目标市场的需求特征之间的对接。根据《中国企业形象全球调查报告2021》，全球受访者对中国企业在责任、公平、可信、成功四个维度表现的整体认可度都超过了75%，其中对中国企业的成功维度评价最高，达82%，这说明中国企业充分利用自身现有和潜在优势，有效满足了目标市场顾客的独特需求，准确传递并逐渐塑造中国企业自身和产品在顾客心目中的良好形象，是企业实现其国际化经营目标的途径之一。

一、训练的目的

（1）使学生了解国际目标市场选择的模式和策略，掌握国际目标市场选择的程序和方法。

（2）使学生加深对国际市场定位的概念及其重要性的认识，了解国际市场定位的几种方式，培养学生结合企业实际情况选择具体国际市场定位方式的能力。

二、训练的内容

国际市场细分是企业选择国际目标市场的重要前提和基础。企业进行国际市场的有效细分以后，要从已经细分的若干子市场中选择出一个或几个子市场作为自己的国际目标市场。选择国际目标市场的总体标准是要能够充分利用企业资源有效满足子市场上购买者的需求。

（一）对各子市场进行筛选，提出目标市场选择的初步方案

根据上一节训练的内容，将已经细分的各子市场进行排列，对各子市场初步进行判断选择，以缩小正式选择的范围、降低进一步评估的成本。列出各子市场的需求特征和市场容量、市场增长率、各竞争对手的市场占有率、竞争对手的产品特征和顾客现有需求的满足状况等。

（1）分析对比各子市场的指标和特点。

（2）根据第六章第二节的训练内容，结合团队所选择企业的自身相对优势条件和竞争对手的具体状况，选定其中对于企业来说具有市场机会的若干子市场。

（3）对各子市场的数据指标进行进一步对比判断，将其中的一个或几个子市场的组合预定为企业的目标市场，形成目标市场选择方案。建议团队提出两个以上的目标市场选择方案进行比较以供最终目标市场抉择。

在选择国际目标市场的过程中要注意根据其可测量性、需求的足量性、可进入性、易反应性和具有稳定性等几个标准来衡量。

（二）国际目标市场的选择训练

（1）建立各子市场的消费者、用户特征剖析图，对子市场现有的、潜在的顾客的购买行为特征进行分析，以利于企业集中优势资源，针对目标顾客的购买特点设计经营方式和营销手段，有效占领目标市场。消费者特征剖析表如表 7-1 所示，工业品用户剖析表如表 7-2 所示。

表 7-1 消费者特征剖析表

行为特征	子市场			
	子市场 1	子市场 2	子市场 3	……
消费者年龄				
消费者性别				
消费者收入水平				
消费结构				
消费者的社会阶层				
消费者生活方式				
消费者受教育状况				
消费者职业				
……				

表 7-2 工业品用户剖析表

行为特征	子市场			
	子市场 1	子市场 2	子市场 3	……
用户行业特征				
用户规模及组织结构				
用户购买产品的用途				
用户对产品的使用方式				
企业产品或服务在用户生产经营价值链的具体环节与作用（重要程度）				
用户购买决策特征				
……				

（2）评估市场规模。

直接估计市场规模的方法是根据所获得的统计资料找出影响产品市场前景的各项因素，通过回归分析方法找出各项因素对产品市场前景影响的具体程度，再根据对各项影响因素的预测判断，推算出预定经营期内产品或服务在子市场的销售规模。具体见公式 7-1：

$$S_{ax}=f(y_{1x},\ y_{2x},\ \cdots,\ y_{nx}) \qquad \text{（公式 7-1）}$$

S_{ax} 是产品 a 在时间段 x 内某一具体国际目标市场的潜在销售量，y_{1x}，y_{2x}，…，y_{nx} 等是影响产品 a 在这一市场相同时间段内销售情况的各主要因素。

间接评估市场规模的方法是通过对目标市场国家的宏观经济指标进行分析，从中间接推算出市场规模，常用的指标包括国内生产总值、国民收入（NI）、物价指数

(PI)、产品进口量以及这些指标在最近几年的变动情况。

(3) 运用市场选择指数法选择或放弃子市场。

在分别确定各子市场销售潜量可能存在的影响因素以后，对各影响因素的现状及其具体影响程度赋予一定的权数，对各子市场的各影响因素进行评分，最后加权得出各子市场的市场选择指数，确定市场选择指数分值较高的子市场作为国际目标市场。具体计算见公式 7-2 和表 7-3：

$$V_k = \sum_{i=1}^{m} a_i X_{ik} \quad k = 1, 2, \cdots, n \qquad \text{(公式 7-2)}$$

V_k 是第 k 个子市场的市场选择指数；

a_i 是第 i 个影响因素的权数，且 $\sum_{i=1}^{m} a_i = 1$；

X_{ik} 是第 k 个子市场在第 i 个影响因素上的评分，且 $0 \leqslant X_{ik} \leqslant 100$。

表 7-3 计算各子市场市场选择指数

影响因素	权数	各子市场的评分			
		子市场 1	子市场 2	子市场 3	第 k 个子市场
子市场当前产销量	a_1	X_{11}	X_{12}	X_{13}	X_{1k}
子市场潜在需求量	a_2	X_{21}	X_{22}	X_{23}	X_{2k}
子市场人均 GDP	a_3	X_{31}	X_{32}	X_{33}	X_{3k}
竞争状况	a_4	X_{41}	X_{42}	X_{43}	X_{4k}
子市场当前经济周期状况	a_5	X_{51}	X_{52}	X_{53}	X_{5k}
第 i 个影响因素	a_i	X_{i1}	X_{i2}	X_{i3}	X_{ik}
合计		V_1	V_2	V_3	V_k

(4) 计算子市场的行业市场潜力。

对已经选择出的为数较少的国家或地区的子市场，进一步判断其市场潜力，以预测在特定时期该子市场的行业在未来较长时间内的行业最大销售量。子市场行业市场潜力评估模型主要根据其市场现实规模和市场增长率来判断，如图 7-3 所示。

在选择国际目标市场的过程中，将目标子市场的年增长率分为高、中、低三个类型，将子市场的现实市场规模分为大、中、小三个层次。对子市场的市场潜力进行评估时，将各子市场的市场年增长率和现实市场规模比较，将子市场按其市场年增长率高低和现实市场规模大小放在图形中的适当位置，通过比较判断出子市场是否为企业的国际目标市场的最佳选择。其中，位置 3 的子市场一般都是企业较为理想的国际目标市场，位置 7 的子市场一般企业都会予以淘汰，而位于 1、2、4、5、6、8、9 的子市场则要根据企业的国际化战略目标来具体确定，如果企业的国际化战略目标更多地依靠现实的市场规模，企业应该选择市场规模最大或接近于最大区域的子市场；如果企业的国际化战略更多地依靠子市场的增长潜力，企业应该选择市场增长率为最高或接近于最高区域的子市场。

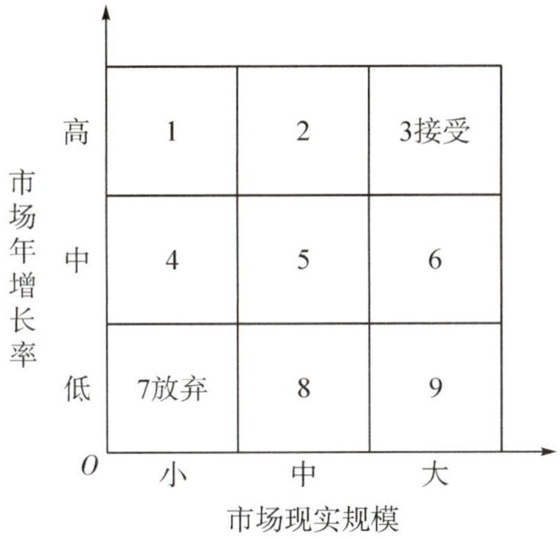

图 7-3　子市场行业市场潜力评估模型

（三）市场定位方式选择训练

（1）列出可供企业选择的市场定位的基本方式，如领先定位、避强定位、迎头定位、“高级俱乐部”定位等。

（2）分析所列各基本方式的特点，进行各种定位方式下企业资源和竞争环境的比较，列出各定位方式的基本要求和优缺点，如表 7-4 所示。

表 7-4　各种定位方式的对比

定位方式	企业资源	竞争环境	优点	缺点
领先定位	企业优于所有竞争对手的方面			
避强定位	企业实力不足以与强大竞争对手抗衡			
迎头定位	企业实力能与行业领先者相抗衡			
“高级俱乐部”定位	企业非行业领先者而将自己与几位领先者放在一起宣传			

（3）为团队所选择的企业和产品挖掘潜在的竞争优势，根据已经列出的企业资源和竞争环境状况选择恰当的定位方式，说明采取这种定位方式的理由。

（四）市场定位方法选择训练

（1）列出产品特色、产品用途、产品使用者、重新定位、产品类型功能、竞争定位等常用的定位方法。

（2）比较和分析各种定位方法的优缺点，明确重新定位的具体类型。

（3）列出主要竞争对手产品的定位方法和效果。

（4）明确团队所选择的企业产品的潜在优势，分析子市场顾客的需求特征和购买习惯。

（5）确定产品的核心竞争优势，通过列表对比的方式来识别企业产品的核心竞争优势，每项满分为 10 分，如表 7-5 所示。

表 7-5　核心竞争优势分析表

比较内容	对顾客的重要性	公司优势	主要竞争对手优势	公司改变现状能力	竞争者改变现状能力	核心优势
质量						
技术						
价格						
服务						
……						

（6）结合产品的核心竞争优势进行定位，确定向目标顾客有效传递企业产品的竞争优势的方式方法。

具体确定国际市场定位的方式方法时，要注意把握好重要性、明晰性、优越性、可沟通性、可接近性、难以替代性和营利性等定位的基本原则，并避免使定位结果陷入定位模糊、定位偏窄、定位过低、定位过高、定位混乱等市场定位误区。

三、训练的组织形式与要求

（1）根据前一阶段的训练结果继续本阶段的训练操作。

（2）本节的训练要求学生以团队为单位对团队所选择的企业和产品进行企业资源分析、产品分析和顾客分析，写出国际目标市场选择报告和国际市场定位报告。团队的分析和讨论结果在班级进行演示和交流。

（3）训练的考核以团队为单位进行，其中训练分析判断过程要求记录，过程记录和报告成绩各以 50%计入考核成绩。

第三节 国际市场进入方式选择训练

作为全球最大的多媒体音响产品提供商之一，深圳市三诺数字科技有限公司生产的音响及配件等产品受到国际市场青睐。2020 年以来，三诺数字科技公司在俄罗斯拓展了新的客户，并且在越南设立新工厂，加大产能投入，订单得到大幅提升。2021 年的前 11 个月，该公司出口货值 13.7 亿元，其中出口“一带一路”沿线国家和地区约 5.1 亿元，同比增长 40.78%，对推动“一带一路”沿线国家当地经济可持续性发展有积极影响。

企业确定国际目标市场以后，要进入国际目标市场，就需要投入一定企业资源、承担一定投资风险。首次进入国际市场的企业，由于缺乏国际市场运作经验，先采用销售的方式进入国际目标市场，这种方式缺乏明确的国际化经营目标和长期发展计划。如果要在国际目标市场长期经营并具有一定的国际竞争力，企业需要系统规划国际目标市场进入战略，根据国际目标市场进入战略的安排，在预定的时间内采取相应的市场进入方式，最终实现占领国际目标市场、扩大国际市场范围、成功进行国际化经营的目标。

一、训练的目的

（1）要求学生了解企业产品进入国际目标市场的基本模式及其特点。

（2）要求学生掌握企业产品进入国际目标市场的方式、方法和技巧。

二、训练的内容

选择国际目标市场进入模式，要遵循一定的步骤，首先评估国际市场，在确定国际目标市场以后，选择恰当的国际目标市场进入模式。

（一）国际目标市场进入模式对比训练

（1）列出可供企业选择的国际目标市场进入的基本模式，如出口进入模式、契约进入模式、投资进入模式。

（2）分析所列各国际市场进入模式的特点，进行各种进入模式下企业资源条件和企业经营目标要求与实现程度的比较，列出各国际目标市场进入模式的特点进行比较，如表 7-6 所示。

表 7-6　各国际市场进入模式的特点

进入模式	企业资源条件	市场进入深度	对业务的控制程度	企业经营的灵活性
出口模式				
契约模式				
投资模式				

（3）列举各种国际市场进入模式下的具体方法，比较各市场进入方法对企业资源的要求和特点，说明采取这种方式的理由，具体如表 7-7 所示。

表 7-7　比较各市场进入方法对企业资源的要求和特点

	方法	要求企业资源	优点	缺点
间接出口	生产企业将产品卖给国内外贸公司			
	生产企业委托国内外贸公司代理出口产品			
	生产企业之间通过合作方式出口一方或双方的产品			
	产品通过国外机构在国内的分支机构转售到国外市场			
直接出口	产品出售给国外经销商			
	产品委托国外代理商销售			
	产品直接卖给国外最终用户			
	生产企业设立驻外办事处或分公司销售产品			
	生产企业建立国外销售子公司销售产品			
许可证方式	普通许可			
	排他许可			
	独占许可			
	从属许可			
	交叉许可			
	特许经营			
	管理合同			
	合同生产			
直接投资	购并（合资、独资）			
	绿地投资（合资、独资）			
	间接投资			

（二）国际市场进入方法选择训练

（1）列出团队选择的企业的内部因素，分析各种因素对企业选择国际目标市场进入方式的影响程度和重要性，如表 7-8 所示。

表 7-8　企业内部因素对企业选择国际目标市场进入方式的影响程度和重要性

<table>
<tr><th colspan="2">企业自身影响因素</th><th>对进入方法的影响程度</th><th>对企业的重要性</th></tr>
<tr><td rowspan="3">产品因素</td><td>产品在企业产品线中的地位</td><td></td><td></td></tr>
<tr><td>产品特色与优势</td><td></td><td></td></tr>
<tr><td>产品的目标市场适应性</td><td></td><td></td></tr>
<tr><td colspan="2">行业的要素密集程度</td><td></td><td></td></tr>
<tr><td colspan="2">生产技术含量和技术成熟程度</td><td></td><td></td></tr>
<tr><td colspan="2">企业实力与优势</td><td></td><td></td></tr>
<tr><td colspan="2">目标市场在企业国际化经营战略中的地位</td><td></td><td></td></tr>
<tr><td colspan="2">企业的国际化经营资源和经验</td><td></td><td></td></tr>
</table>

（2）列出团队所选择的国际目标市场的环境因素，分析各种因素对企业选择国际目标市场进入方式的影响程度和重要性，如表 7-9 所示。

表 7-9　国际目标市场环境因素对企业选择国际目标市场进入方式的影响程度和重要性

国际目标市场环境影响因素	对进入方法的影响程度	对企业进入方式选择的重要性
经济制度与经济动态		
市场竞争结构		
当地生产要素和商业基础设施状况		
目标国对外经济关系和基本政策		
目标国社会文化因素		
目标国地理位置		

（3）列出团队所选择的企业的母国环境对其国际目标市场进入方式选择的影响因素，分析这些因素对企业选择国际目标市场进入方式的影响程度和重要性，如表 7-10 所示。

表 7-10　企业母国环境对其国际目标市场进入方式的影响程度和重要性

<table>
<tr><th colspan="2">企业母国环境影响因素</th><th>对进入方法的影响程度</th><th>对企业进入方式选择的重要性</th></tr>
<tr><td rowspan="2">企业母国的对外经济政策</td><td>出口政策</td><td></td><td></td></tr>
<tr><td>对海外投资的态度与政策</td><td></td><td></td></tr>
</table>

表7-10(续)

企业母国环境影响因素		对进入方法的影响程度	对企业进入方式选择的重要性
母国国内市场状况	市场竞争状况		
	市场增长状况		
	市场实际容量		
	市场发展潜力		
母国国内相关生产要素的具体状况	原材料质量价格与易得性		
	人力资源状况		
	能源供应状况		

（4）明确团队所选择的企业的产品特性、市场特性、顾客特性、竞争特性，结合企业的国际化经营目标选择产品的国际目标市场进入方式，说明选择该市场进入方式的理由。

三、训练的组织形式与要求

（1）根据前一阶段的训练结果继续本阶段的训练。

（2）本节的训练要求学生以团队为单位分析、讨论和总结，并按团队分析讨论结果写作和提交训练报告。报告要求对团队所选择的企业和产品进行相应分析，说明对国际目标市场进入模式的具体选择和选择的理由。

（3）训练的考核以团队为单位进行，其中训练中的分析判断过程要进行记录，过程记录和国际目标市场进入模式选择报告各以50%计入考核成绩。

第四节 国际市场产品决策、新产品开发与市场推广训练

企业在进入国际目标市场之前，就要对拟进入的产品种类、产品品牌和产品包装、相应的服务和保证策略进行系统的规划，以保证国际目标市场进入的快速、有效和成功。随着消费需求的不断变化和科学技术的突飞猛进，在市场竞争日益激烈的今天，

产品的生命周期越来越短，企业难以依靠单一产品或处于同一生命周期阶段的一批产品获得长期的生存和发展。要避免掉入产品生命周期陷阱中，企业就要不断开发和推出新产品，维持企业的持续经营和发展。2022 年《政府工作报告》提出，加大研发费用加计扣除政策实施力度，将科技型中小企业加计扣除比例从 75%提高到 100%，对企业投入基础研究实行税收优惠，完善设备器具加速折旧、高新技术企业所得税优惠等政策。这相当于国家对企业创新给予大规模资金支持。创新是引领发展的第一动力。进一步加大企业创新激励力度，落实好各类创新激励政策，促进企业加大研发投入，培育壮大新动能，必将为实施创新驱动发展战略、推动高质量发展打下更加坚实的基础。

一、训练的目的

（1）使学生熟悉产品的整体概念，对团队所选择的产品能够进行产品整体概念各层次的划分，分析目标市场的购买者购买产品的利益点，进一步明确上一章训练对产品确定的市场定位的正确和准确程度。

（2）使学生掌握产品国际市场生命周期各阶段的特点，能够确定团队所选择的具体产品在目标市场上所处的生命周期阶段，为产品确定产品策略并为以后的训练做准备。

（3）使学生熟悉新产品的各种类型和开发新产品的程序，建立新产品开发是保证企业持续经营的理念，初步掌握开发和推广新产品的具体程序与策略。

二、训练的内容与方法

对产品整体概念的掌握和了解产品所处的国际市场生命周期是了解与分析产品的基础，进行产品延伸、产品改造或开发新产品的决策，以及产品品牌、包装、服务和保证决策都是以对产品的分析为前提的。

（一）产品整体概念分析训练

各团队根据上一章训练的结果，对自己所选择的产品进行深入分析，将各目标顾客对产品的需求进行层次划分，找出各类顾客对该产品需求的核心利益、附加利益和对产品实体的各项具体要求，如图 7-4 所示。

（二）产品的国际市场生命周期分析训练

各团队根据上一章训练的结果和查询的资料，对选定的产品进行国际市场生命周期分析。确定以下几方面问题：产品在市场上出现的最早时间；产品开始在国际市场间转移的时间；产品在不同的国际细分市场间生产和转移的模式、时间、数量、种类等，绘出产品的国际市场生命周期图，如图 7-5 所示。

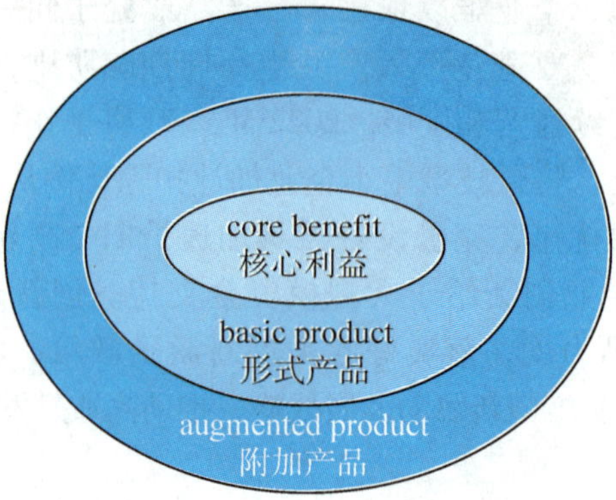

图 7-4　产品需求层次分析

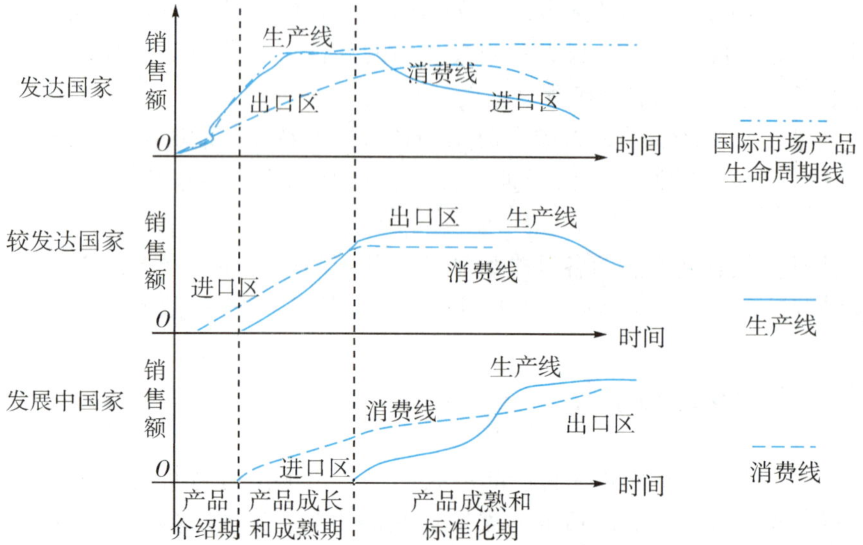

图 7-5　产品国际市场生命周期图

针对产品在国际目标市场上所处的具体生命周期阶段，确定产品在当前国际目标市场上需要采取的产品策略，进行下一项训练。

对于产品在国际目标市场上已经处于产品成熟阶段后期的，判断可否延长产品在国际市场上的生命周期，如需要则重新进行国际目标市场和国际目标市场进入方式的选择，再进入下一项训练。

（三）产品国际市场决策训练

根据前两项训练的结果，针对团队所选择的主要产品在目标市场上的销售状况，列举其销售量、销售额、销售增值率、品牌及定位、产品包装、产品的服务状况和质量保证等情况，分析该产品在国际目标市场上是否存在进一步的开发机会，讨论产品品牌延伸的可能性，对产品包装进行评价并讨论包装改变的必要性，评价与判断产品服务和产品，保证对顾客需求的满足状况，得出产品策略针对顾客需求的满足状况，提出产品策略的改进意见。

（四）国际目标市场新产品类型判断与开发训练

新的市场机会是新产品开发与推广的基础。要开发与推广新产品就要详细分析市场需求的整体趋势和消费者偏好的变化，对已有的细分市场进行充分调研，只有了解了竞争对手的产品策略和营销动向，才能有效进行新产品决策。

根据上一章和本章上一节训练的结果，回答以下问题：

（1）团队所选择的产品是不是国际目标市场上正在销售和使用的产品？如果是，该产品是哪些企业在何时以何种方式进入目标市场的？

（2）国际目标市场上的购买者对现有产品是否具有某种偏好或不满意？如果有，具体体现在哪些方面？

（3）团队所选择的产品是不是企业的新产品？如果是，是属于什么类型的新产品？

（4）团队新产品构思的来源是什么？

在对上述问题回答之后，团队通过对国际目标市场需求的分析，发现市场机会，产生新产品构思，并按下列程序对新产品实施开发，如图 7-6 所示。

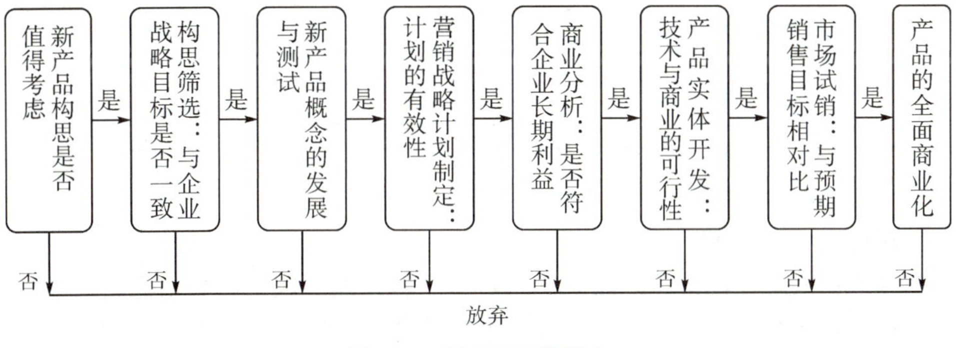

图 7-6　新产品开发程序

（五）新产品构思筛选训练

（1）明确新产品构思筛选的目的，确定新产品构思筛选的标准。对于不同的国际目标市场，新产品构思筛选的标准会有所不同，标准的选择既要分析特定产品构思的市场前景，也要考虑新产品开发的资源状况和竞争对手的动向。

（2）确定新产品构思筛选的方法。找出影响新产品成功的各主要因素，并将之分别简化为各具体要素，用概率表明其所占的权重，通过评价各要素等级后加权获得评价分数，如表 7-11 所示。

表 7-11 各主要因素评价分析表

要素	具体要素	权重	A 很好 >5.00	B 好 >3.55	C 一般 2.05-3.50	D 差 <2.00	E 很差 >0	评分
可销售性	企业的国际产品销售能力	0.35						
	对现有国际产品销售的影响							
	与现有产品系列的关系							
	与现有销售渠道的关系							
生产能力	生产技术专长	0.15						
	必需的生产知识和人员							
	原料来源							
国际市场吸引力	市场容量	0.25						
	市场占有率							
	市场增长率							
	竞争者的威胁							
	进入国际目标市场的难易							
	预计可获得的最终用户							
营利性	投资回收的可能性	0.25						
	战略目标期内的营利性							
合计								

（六）新产品概念发展与测试训练

1. 新产品概念的形成

在将新产品构思转化为新产品概念的过程中，首先要收集相关信息，这些信息包括：①国际市场环境信息，明确国际目标市场特征和国际竞争状况；②搜索专利资料发现潜在竞争对手；③调查行业专家和顾客以评估其对新产品构思的态度；④对主要顾客、优质顾客进行调查，获取有关新产品概念的建议。结合对产品整体概念的分析，明确新产品品牌及定位。

2. 新产品概念测试

新产品概念形成以后，选定国际目标市场上具有较高代表性的购买者进行概念测试，了解购买者对新产品概念的反应，从中选出最有希望成功的产品概念，具体内容如表 7-12 所示。

表 7-12　新产品概念测试

测试指标	测试内容
新产品概念的可传播性	购买者对新产品概念所提供的利益是否清楚
新产品概念的可信度	购买者是否相信新产品概念所能够提供的利益
潜在购买者对新产品概念的需求水平	购买者对该新产品概念的需求强烈程度
新产品概念与现有产品的差距	新产品概念与现有产品差距大小表明新产品的机会
潜在购买者对新产品概念的认知价值	购买者对新产品概念所体现价值的反应
潜在购买者购买意愿	新产品已存在时购买者购买该产品的可能性
用户目标与特征	购买者购买新产品的频率、地点、目的、习惯等
用户购买产品用途和使用频率	购买者使用新产品的用途、使用方法、使用频率等

3. 新产品概念的组合分析

针对同一市场需求的多个不同新产品概念、竞争对手的产品、同一产品概念的不同形式，根据产品的品牌、定价、产品特征等要素进行组合，将各组合出来的产品进行购买态度和倾向的排序，通过组合分析测试出购买者最倾向于购买的新产品概念，如图 7-7 所示。

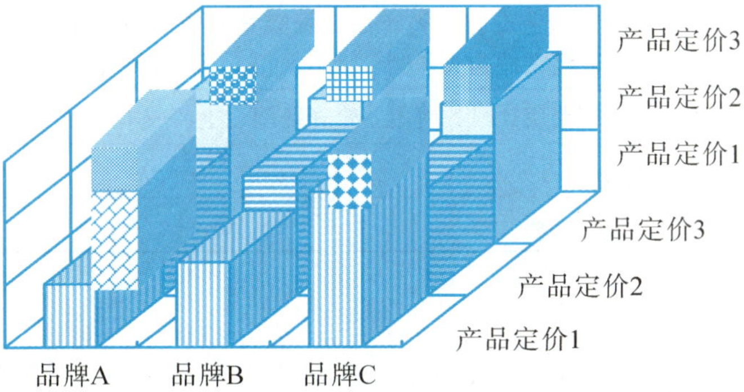

图 7-7　新产品概念的组合分析

（七）初步的营销战略计划拟定训练

针对已经通过测试的新产品概念，提出初步的营销战略计划，内容如表 7-13 所示。

表 7-13　营销战略计划

目标市场状况	国际目标市场规模、结构、行为特征
	产品的预计销售量、市场份额

表7-13（续）

产品营销计划	产品的市场定位
	产品的预期价格
	产品的预定分销策略
	各个经营期的营销组合
投资计划	第一年营销预算
	产品投入市场前几年的利润目标
	国际目标市场的长期销售额
	投资收益率

（八）商业分析与预测训练

在拟定的初步营销计划的基础上，对新产品概念的经济效益进行分析，判断其是否符合企业的经营目标，具体指标如表 7-14 所示。

表 7-14　商业分析与预测

商业分析指标	具体项目内容
销售量预测	参照国际目标市场上现有同类产品市场容量和市场占有率将产品按一次性购买、经常性购买和非经常性购买预测
成本利润估计	广告费用、促销费用、财务费用、管理费用、生产成本、开发成本
	每年预计利润
	每年预计亏损

（九）模拟新产品实体开发

新产品开发可以通过自主创新、委托其他技术力量雄厚的企业、科研机构或大专院校等进行，或通过各种形式联合进行产品开发；也可通过购并拥有新产品技术的企业、购买发明专利或生产销售许可来开发新产品。新产品开发的过程如图 7-8 所示。

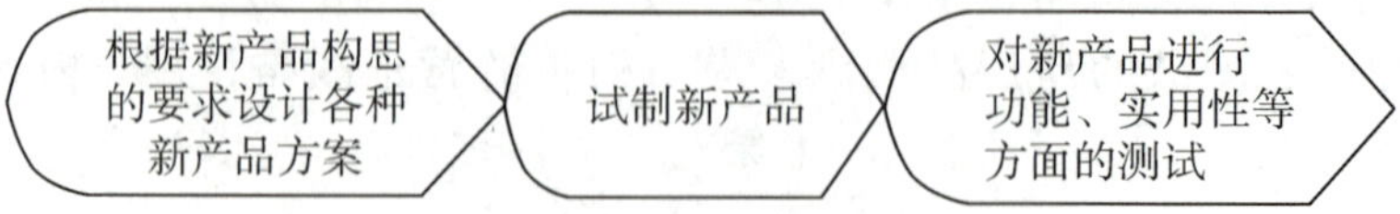

图 7-8　新产品开发的过程

各团队根据选择的产品、企业、国际目标市场的具体状况，选择一种新产品实体开发的具体方式，做出新产品实体开发的预算。

（十）模拟市场试销测试

模拟市场试销测试的具体程序如图 7-9 所示。

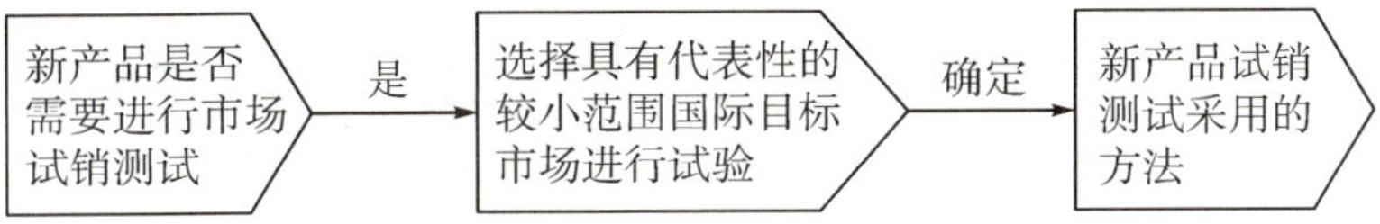

图 7-9　模拟市场试销测试的具体程序

（1）确定新产品是否需要进行市场试销测试。大多数的新产品都要试销成功以后，才可以正式投入市场。

（2）确定新产品试销测试的市场范围。新产品的市场试销要选择具有代表性的较小范围国际目标市场进行试验。在选择过程中，尽可能选择在广告、分销、竞争、产品使用等方面与国际目标市场相近的试销市场，试销市场的规模要保证中间商和客户的数量能够代表国际目标市场总体。

（3）确定新产品试销测试的方法。

日常消费品试销可以采用人员推销、展销、邮寄产品目录等方式，也可以采用专用于消费品的新产品试销技术，如销售额波动研究试销、购物训练室试销、控制性试销、试验市场试销等。工业品常用试销可以采用产品使用测试、通过国际性商业展览会介绍等方式。

试销过程中要不断观察试销结果、调整试销计划及实施，控制促销宣传、试销成本、试销计划目标、试销时间等，把试销结果引向预期方向。

通过新产品的试销量、市场占有率、用户试用率与重购率、不同类型购买者的购买规模与频率，用户对新产品的性能、品质、包装、价格、促销方式、分销渠道等的反应，竞争对手对新产品的反应，分析影响购买行为的原因，寻找方法和措施来避免新产品销售中可能起不利影响因素的出现。

（十一）新产品的模拟商业化

新产品的模拟商业化要进行生产费用和营销费用预算，并准确把握推出新产品的时机、地点和方法，所针对的购买对象要选择最有希望购买新产品的创新采用者和早期采用者。具体内容如表 7-15 所示。

表 7-15　新产品的模拟商业化

生产与营销费用预算	生产设备投入
	生产原材料、各种辅料投入
	场地、能源、环保投入
	管理费用投入

表7-15(续)

生产与营销费用预算	生产和管理人员投入
	包装运输仓储投入
	广告设计与制作、媒体利用及投入
	分销渠道投入
	促销方案与实施投入
选择推出新产品的地点	评价目标市场潜力
	投放新产品成本
	地点对其他国际目标市场地区的影响力
	地点市场竞争状况
	地点市场调查资料的可信度
推出新产品的对象	创新采用者和早期采用者对其他顾客的影响力
新产品上市的营销计划	营销组合策略
	营销活动的组织与控制

三、训练的组织与要求

根据团队所选择的产品和国际目标市场，经过团队分工合作和集体讨论得出结论，写出团队产品分析、新产品开发和推广报告。

以团队为单位进行国际目标市场调研和产品调研，针对团队所选择的产品的整体概念、在国际市场生命周期所处的阶段、产品种类、国际市场竞争状况等问题收集资料，对产品的当前营销现状做出判断，提出改进方法和途径；寻找和筛选新产品构思，发展和测试新产品概念，针对已经通过初步测试的新产品概念，进行初步的商业分析与预测，并拟订初步的营销战略计划，寻找新产品实体开发的可行途径，进行模拟的市场试销测试，初步判断新产品商业化的前景。根据分析的结论，提交团队产品分析和策略、新产品开发和推广报告。在产品策略报告中的具体内容包括：产品整体概念的具体表述、该产品处于其国际市场产品生命周期的什么阶段、该产品在目标市场有无进一步开发的机会、该产品的品牌能否延伸和如何延伸、包装可否进一步调整和如何调整、产品服务和保证是否使顾客满意和如何进一步提高顾客对产品服务和产品保证的满意度、何时开发何种新产品及如何开发等。

第五节 国际市场产品系列计划与调整训练

企业在进入国际市场前，要进行国际市场产品计划，对选择何种产品和产品系列进入国际目标市场、产品目标、产品品种和系列的调整等进行系统规划，以保证产品能够成功进入和占据国际市场。

一、训练的目的

（1）要求学生熟悉产品系列与组合的原理与应用。
（2）要求学生掌握产品系列与组合的计划、调整方法和技巧。

二、训练的内容

除了少数企业，大多数企业都生产和经营多种产品。面对需求差异明显的国际目标市场，企业所生产的产品是全部还是部分投入国际目标市场、是直接投入国际目标市场还是经过适应性改变再投入国际目标市场，需要企业进行慎重选择，对生产和经营的多种产品进行合理安排组合，以最大限度发挥产品组合的优势，在国际目标市场获取最大利益。

（一）产品组合类型确定

根据各团队所选择产品的特性、顾客需求，结合企业国际发展战略，确定产品组合的类型，为下一项目训练做准备。具体产品组合类型可参考表 7-16。

表 7-16　产品组合类型

产品组合构成	水平型	强调产品在宽度上的组合
	垂直型	强调产品在深度上的组合
	综合型	产品在宽度和深度上均注重组合

表7-16(续)

产品因素	性能组合	采用不同性能的产品进行组合
	质量组合	采用不同质量的产品进行组合
	档次组合	采用不同档次的产品进行组合
	款式组合	采用不同式样、色彩的产品进行组合
	规格型号组合	采用不同规格和型号的产品进行组合
	商标包装组合	采用不同商标、包装的产品进行组合
	营销服务组合	提供不同的服务产品进行组合
	全面组合	综合采用各种产品自身的不同因素进行组合

（二）产品组合评价训练

各团队根据已经选择的企业和产品，判断产品组合的宽度、长度、深度和关联度。具体产品组合评价如表 7-17 所示。

表 7-17　产品组合评价

产品线宽度	产品线 A_1	产品线 B_2	……	产品线 N_n
产品线长度	产品项目 A_{11}	产品项目 B_{21}		产品项目 N_{m1}
	产品项目 A_{12}	产品项目 B_{22}		产品项目 N_{n2}
	产品项目 A_{13}	产品项目 B_{23}		产品项目 N_{n3}
	产品项目 A_{14}	产品项目 B_{24}		产品项目 N_{n4}
	……	……		……
	产品项目 A_{1x}	产品项目 B_{2y}		产品项目 N_{nz}

计算产品组合宽度的公式：产品组合宽度 $=n$。

计算产品组合长度的公式：产品组合长度 $=x+y+\cdots+z$。

计算产品组合深度的公式：产品组合深度 $=(x+y+\cdots+z)/n$。

判断产品组合的关联度，主要看各产品线之间在产品生产技术、分销渠道利用、产品最终用途、产品使用者等方面的关联程度。

（三）产品组合决策与优化训练

（1）根据前几章训练的结果，各团队对选择的企业和产品结合已确定的国际目标市场战略确定其产品线的宽度。以低成本为战略优势的企业，选择窄的产品线，采用标准化的产品策略，经营一个或少数几个产品系列，追求扩大产销量和降低生产成本以获取最大收益；以产品特性、顾客忠诚为优势的企业，选择宽的产品线，采用差异化产品策略，经营多个产品系列，追求各不同产品品种充分满足购买者的不同需求、提高市场占有率、获取最大收益。

（2）分别计算产品线中各产品项目的销售额、利润额的增长率和其在产品组合总销售额、总利润额中的比例，判断产品项目在产品线中的地位和发展。具体分析如表7-18所示。

表7-18　产品组合决策与优化分析

比例类型	产品项目A	产品项目B	……	产品项目N
销售额比例				
利润比例				
销售额增长率				
利润额增长率				

对于销售额和利润额占产品线总销售额和总利润额比例最高的产品项目，要根据产品自身的优势采取有效措施加强其市场地位，保证总体赢利；对于销售额增长率和利润额增长率最大的产品项目，要加强营销活动以增加其产销量、扩大其市场占有率，增加产品线赢利；对于销售额和利润额比例低、销售额增长率和利润额增长率也低的产品项目，要考虑放弃产品项目，开发和发展其他有市场前景的产品项目。

（3）用同样的方法计算各产品线的销售额、利润额在产品组合总销售额、总利润额中的比例，判断销售额增长率、利润额增长率，确定各产品线在产品组合中的地位和发展。对销售额和利润额比例较高的产品线，注意重视和加强其市场地位，保证总体赢利；对于销售额增长率和利润额增长率较高的产品线，加强营销活动提高产销量、扩大市场占有率，提高总体赢利。对于销售额和利润额比例低、销售额增长率和利润额增长率也低的产品线，考虑进行产品线调整。

（四）产品组合调整训练

各团队根据自己的产品组合类型、产品组合深广度和关联度、各产品项目和产品线在产品组合中的地位和发展，对产品组合进行调整。

（1）判断产品组合是否需要缩减，如需要缩减，确定应该缩减的产品线、产品项目。

（2）判断产品组合是否需要扩大，如需要扩大，确定是拓宽产品组合宽度还是加大产品组合深度，或二者均需发展。

（3）确定需要增加的产品线或产品项目。

（4）结合第七章第二节的训练结果，判断是否需要改变产品的市场定位，如需要，确定产品线延伸的方向。

（5）针对已经确定的产品线延伸的方向，确定需要改变市场定位的产品线及产品项目。对已经确定的要改变市场定位的产品线和产品项目，重复第七章第二节的训练操作。

（五）产品组合的国际目标市场适应性调整训练

在不同的国际目标市场环境中，用户对产品的认识、使用方式方法、需求特征不同，产品要针对国际目标市场的购买者需求等特征进行适应性改变，以增强其在国际目标市场上的竞争力。

（1）各团队根据自己选择的产品组合所针对的国际目标市场具体环境状况，逐条产品线、逐个产品项目检查产品项目本身是否符合国际目标市场的质量、包装、商标、安全等方面的标准，对当地的自然地理、气候条件等是否适应，对当地的计量标准及产品的具体技术标准是否符合当地规定进行判断，如果不能够符合当地要求，要进行适应性改变。

（2）各团队根据自己选择的产品组合所针对的国际目标市场具体环境状况，检查各产品项目是否符合当地社会文化观念、民族风俗、收入状况所导致的对产品价格的一般要求、购买和使用偏好、用户的受教育状况和职业等，判断产品项目是否需要进行适应性改变和如何进行适应性改变。

三、训练的组织与要求

（1）根据前一阶段的训练结果继续本阶段的训练内容，训练的考核以团队为单位进行。

（2）本节的训练要求学生以团队为单位进行，并按团队训练的讨论结果提交产品组合确定与调整训练报告，具体内容包括：产品组合的类型，产品线长度，产品组合的宽度、深度、关联度判断，产品组合如何优化，产品组合的调整方案等。

第八章
国际市场营销渠道开发、维护与管理训练

国际市场分销渠道是联系生产商和世界范围内广大用户的“桥梁”，是企业产品和服务走向国际市场的“脚”。企业生产出来的产品和服务必须通过规划合理、管理有效、运行有序的国际市场营销渠道系统，才能在适当的时间、适当的地点以适当的价格供应给全球的顾客，满足国际目标市场的需求，实现企业的国际化生产经营目标。近年来，在出行工具、服装家纺、电子产品等消费品领域，一些中国品牌紧跟国外市场需求，抓住机遇，走出国门，较好地提升了品牌国际知名度，有些还成为引领时尚潮流的新兴力量。品质国货出海潮的背后，得益于中国制造业的高质量发展、与服务业的深度融合，也体现了中国品牌不断提升的自信，通过先进技术的运用和推广，通过直接关系当地百姓生活福祉的产业发展，造福“一带一路”沿线相关国家、地区百姓。

第一节 国际市场产品销售渠道计划制订训练

借着欧洲各国“自行车友好”政策这股“东风”，中国品牌的自行车以其过硬的质量、多样化的产品和畅通的销售渠道，走进了越来越多欧洲人的日常生活。以销售渠道为例，疫情防控期间，线上消费需求骤增，早已入驻跨境电商平台的中国自行车品牌占得先机。一家中国跨境电商平台的数据显示，2020 年 5 月，西班牙市场的自行车销售额同比增长超 22 倍，意大利、英国市场也增长了约 4 倍。一些中国自行车品牌还通过中欧班列，开拓了面向欧洲的销售渠道。国际市场为企业提供了施展身手的大平台，也是企业提升自我的良好契机，企业必须把力气切实花在做好产品、做大品牌、

创新技术、开拓市场等核心环节，做好自身的能力建设。

国际分销系统就是生产商将产品或服务通过各种途径或方式转移到国际目标市场购买者手中的所有过程和各种因素的总和。制造商、中间商和最终消费者是国际分销系统的三个基本因素。企业采用不同的分销方式和策略将产品和服务送入消费者手中，产品和服务的国际中间转移过程就会有所不同，形成不同类型和特征、不同效率和营销效果的国际分销结构。

一、训练的目的

（1）要求学生熟悉国际市场分销渠道系统的含义，对团队所选择的企业和产品能够根据确定的国际市场经营目标进行国际市场分销渠道的目标设定，确定国际市场分销渠道设计的原则。

（2）要求学生掌握国际市场分销渠道方案的制订方法，根据企业条件、产品组合与国际市场环境状况初步制订出国际市场分销渠道方案，对国际市场分销渠道方案进行初步评估和择优选择。

二、训练的内容与方法

要建立一个有效的国际市场分销渠道系统，必须在确定国际市场分销渠道设计原则的前提下，确立国际市场分销渠道目标、制订分销渠道方案、评估和择优选择国际市场分销渠道方案。

（一）国际分销渠道方案制订训练

在进行国际分销渠道方案的制订和筛选之前，首先要明确国际分销渠道设计的步骤，如图 8-1 所示。

1. 确定设计国际分销渠道的原则

设计国际分销渠道的原则有：①重视市场导向，满足顾客需求；②系统和合理确定国际分销渠道中各环节之间的利益关系，达到跨国分销运作的协调统一；③降低国际分销成本、提高国际分销效率；④协调整体营销系统中各营销环节、确保企业整体优势；⑤综合考虑各种因素限制、权衡利弊。

2. 确定营销渠道目标

国际分销渠道的总目标要结合企业的国际化经营总体目标来确定，处于不同国际化经营阶段的企业对其国际分销渠道的目标要求又具有其阶段性的特征。而设计国际分销渠道一般需要达到市场覆盖率、渠道控制度和渠道灵活性三个方面的目标。

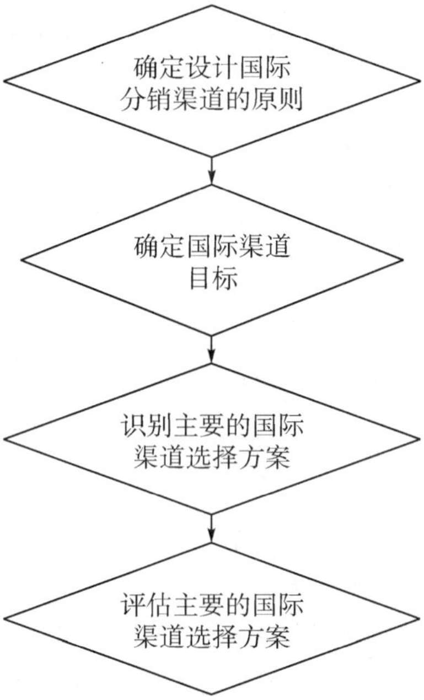

图 8-1　国际分销渠道设计的步骤

市场覆盖率是由市场性质与企业的市场定位所决定的。市场覆盖率按照从低密度到高密度的覆盖可以有独家分销、选择分销和密集分销三种选择。

渠道控制度是指企业需要保持对渠道中间商销售行为进行控制的程度高低或大小。企业为实现其经营目标需要经常控制渠道中间商以促使其更加努力地销售产品或提高服务质量，但渠道中间商则更多地希望控制生产商以保证稳定的供货、产品质量的改善以及供货价格的降低等。国际化的生产商与渠道中间商之间为了各自的经营目标所产生的这种“博弈”，促使生产商需要对渠道中间商采取一定的控制措施以降低其经营风险。

在大多数情况下，生产商往往同时追求最大的市场覆盖率和最大的渠道控制度，而市场覆盖率和渠道控制度却是一种反比关系，因此企业只能在一定的市场覆盖率下去追求最大的渠道控制度或在一定的渠道控制度下去追求最大的市场覆盖率。

渠道灵活性即渠道的可伸缩性，是企业国际分销渠道结构进行变化和调整的难易程度。

在确定渠道目标的同时，还要根据企业自身情况综合考虑渠道开发和使用的成本。

3. 设计备选渠道方案

在确定了营销渠道目标之后，就可以展开备选渠道方案的设计。进行备选渠道方案的设计，首先要分析影响确定国际分销渠道的因素，各主要影响因素如表 8-1 所示。

表 8-1　影响确定国际分销渠道的因素

主要因素	具体因素	具体影响
市场因素	用户数量	潜在用户数量多采用分销形式的长、宽渠道；少则采用短、窄渠道
	用户密度	潜在用户密度较高采用短、窄渠道；较低则宜采用长、宽渠道
	用户层次	潜在用户层次较高采用短、宽渠道；层次较低则选择长、宽渠道
	地理分散度	市场在地理位置上较为分散宜选择长、宽渠道；地理位置集中则选择短、窄渠道
	销售时间	销售时间较短选择长、宽渠道；销售时间较长选择短、窄渠道
	用户平均订货量	用户平均订货量较小选择长、宽渠道，使成本更低；订货量大则选择短、窄的渠道，使效率更高
产品因素	产品体积	体积大的产品适宜采用短、窄渠道；体积小的产品宜选择长、宽渠道
	重量	笨重的产品适宜采用短、窄渠道；轻便的产品宜选择长、宽渠道
	保存性	不易保存的产品适宜采用短、窄渠道；易于保存的产品宜选择长、宽渠道
	单位价值	单位价值高的产品适宜采用短、窄渠道；低则宜选择长、宽渠道
	产品标准化程度	产品的标准化程度低的产品适宜采用短、窄渠道；反之则宜选择长、宽渠道
	技术特性	技术含量较高的产品适宜采用短、窄渠道；反之则宜选择长、宽渠道
	产品毛利	毛利相对较低的产品适宜采用短、窄渠道；反之则宜选择长、宽渠道
企业因素	规模大小	企业的规模大适宜采用短、窄渠道；较小则宜选择长、宽渠道
	财务实力	企业财务实力强大适宜采用短、窄渠道；缺乏财务实力宜选择长、宽渠道
	管理能力	企业管理经验丰富适宜采用短、窄渠道；不足则宜选择长、宽渠道
	对渠道的控制期望	企业对渠道控制的期望较高适宜采用短、窄渠道；较低则宜选择长、宽渠道
	对用户的了解程度	企业对市场、对用户有的深入了解适宜采用短、窄渠道；缺乏了解则宜选择长、宽渠道
渠道中间商因素	存在性	渠道中间商不易寻找适宜采用短、窄渠道；反之宜选择长、宽渠道
	素质	中间商素质低下适宜采用短、窄渠道；反之宜选择长、宽渠道
	服务质量	中间商缺乏服务意识、服务质量差适宜采用短、窄渠道；反之宜选择长、宽渠道
	使用成本	中间商使用成本高适宜采用短、窄渠道；成本低则宜选择长、宽渠道

制订一个完整的渠道方案要包括三个方面的要素：中间商类型、中间商的层次多少与数目、渠道成员的条件与责任。其中，国际中间商的类型如图 8-2 所示；中间商

的层次与数目需要综合考虑表 8-1 中的各因素确定；渠道成员的条件与责任主要包括表 8-2 所示的内容；渠道方案的设计步骤如图 8-3 所示。

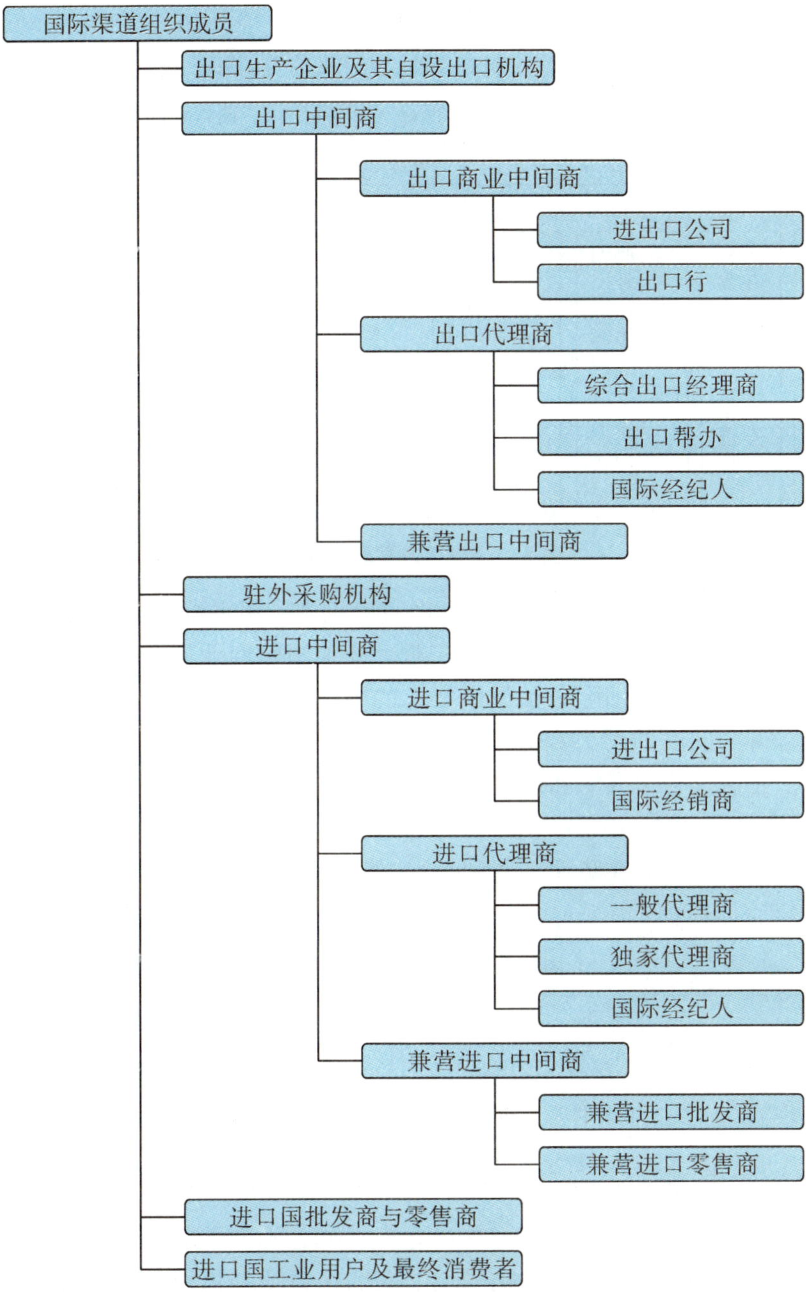

图 8-2　国际中间商的类型

表 8-2　渠道成员的条件与责任

渠道成员的条件与责任	
价格政策	企业制定价格表、折扣细目表
销售条件	付款条件、折扣条件、生产商的质量保证、价格保证
分销商的地区划分权	分销商的地区划分权、分销特许权、销售业绩认可
相互的服务与责任	企业为分销商提供服务、支持；分销商为企业提供信息、商业情报

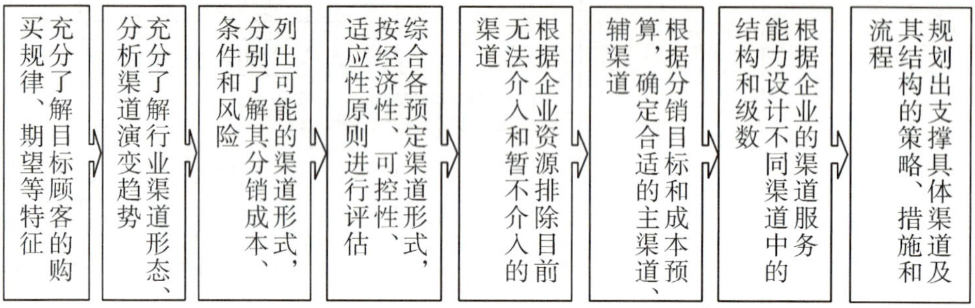

图 8-3　渠道方案的设计步骤

具体选择国际中间商时，可以通过外国政府机构、领事馆、常驻国外的商务团体、中间人团体、顾客、期刊等，也可通过广告、参加国际商业展览会、咨询公司、代理商机构等寻找和选择符合国际分销渠道要求的中间商。在选择国际中间商的过程中要评价和判断国际中间商的财力和绩效、市场覆盖率、经营范围与业务状况、服务设施与服务条件、信誉、合作意愿和态度等。

（二）评估并选择渠道方案

评估渠道方案要依据经济性（营利性）、控制性、适应性三个标准。具体内容如表 8-3 所示。

表 8-3　评估并选择渠道方案

依据	内容
经济性	渠道的销售额、利润额、使用成本、市场占有率、财务指标、费用与销售额比率
控制性	渠道成员对现有价格体系的维护、库存状况、促销效果、渠道中业务员素质
适应性	渠道结构能否适应不断变化的环境和企业自身状况

1. 权重因素记分法

权重因素记分法由美国著名营销学家菲利浦·科特勒提出，是一种较为精确的选择渠道结构的直接定性判断法。其步骤如图 8-4 所示，具体计算如表 8-4 所示。

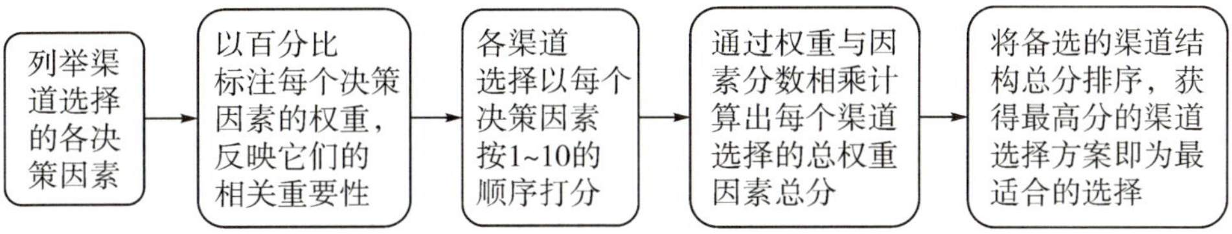

图 8-4　权重因素记分法的步骤

表 8-4　权重因素记分法的具体计算

方案	渠道选择的决策因素	决策因素的权重	决策因素影响程度（1～10）	总分
Ⅰ	A_1	P_{A1}	X_1	$\sum P_{An}X_n$
	A_2	P_{A2}	X_2	
	……	……	……	
	A_n	P_{An}	X_n	
Ⅱ	B_1	P_{B1}	Y_1	$\sum P_{Bn}Y_n$
	B_2	P_{B2}	Y_2	
	……	……	……	
	B_n	P_{Bn}	Y_n	
……	……	……	……	……

2. 分销成本法

通过估算各国际分销渠道方案的成本及收益，并通过这些数字对比找出成本低收益大的渠道方案作为最适合的选择。

三、训练的组织与要求

（一）训练组织

根据国际市场环境和团队所选择的产品组合，经过团队分工合作和集体讨论得出结论，写出团队的国际分销渠道方案和选择报告。

（二）训练要求

以团队为单位进行国际市场环境分析，针对团队所选择的产品组合、国际目标市场竞争状况和渠道利用情况等资料，寻找和筛选国际分销渠道成员，针对企业、产品、顾客特征、国际目标市场渠道特征，进行初步的国际分销渠道方案确定并按三个标准进行选择，确定适宜企业当前产品组合和顾客需求、有利于企业发挥竞争优势、有利于企业进一步发展的渠道方案。根据分析的结论，提交团队的渠道方案和选择报告。

第二节 客户分类、中间商选择与管理训练

客户是企业最珍贵的资源，企业要建立一个成功的利润创造系统，必须能够长期吸引重复购买的大批客户。不少中国电子产品品牌在进行营销时十分注重与消费者的互动。小米法国官网“Mi 社区”人气很高，无论是产品介绍、机型对比，还是摄影比赛、线上讨论等活动，都能吸引不少法国“米粉”的积极参与。小米社区网站让用户不仅可以及时了解品牌的最新动态、交流使用心得，还能解决一些技术问题，十分方便。不同类型的客户具有不同的需求特征和购买偏好，企业在跨国生产经营的各个环节考虑“入乡随俗”问题，对当地国家的宗教、文化、情感需求等充分了解，本着互利共赢、“授人以渔”的心态和原则与相关国家开展合作，避免“水土不服”。因此，对客户进行分类管理以及选择恰当的中间商是企业保持产品销量和赢利能力的关键之一。

一、训练的目的

（1）使学生学会建立客户资料管理系统，根据客户特征和企业需要对客户进行分类。

（2）使学生学会运用客户资料了解客户生产经营、使用产品的具体情况和需求变化情况，制订相应的销售计划和营销策略。

（3）使学生学会通过客户资料的建立和客户分类，分析客户的需求特征与变化，了解客户对产品的使用状况，提高客户对企业和产品的满意程度。

二、训练的内容

（一）客户基础资料档案库的建立训练

教师预先将客户的资料按照基础资料、文化背景、客户特征、业务状况、交易现状四种标准进行分类，各团队将分类的客户具体信息列举出来，利用计算机设计客户基础资料档案管理系统。具体信息如表 8-5 所示。

表 8-5　客户资料信息

客户资料信息	
基础资料	客户的名称、地址、年龄、电话、所有者、经营者、管理者、法人代表及他们个人的性格、兴趣、爱好、家庭、学历、能力、创业时间、与本公司交易时间、企业组织形式、业种、注册资金等
文化背景	客户的个人文化背景、国际化的人员结构状况、客户所在市场的基本文化特征对分销渠道的影响、国际中间商所覆盖的各个市场的文化特征与差异状况等
客户特征	服务区域、销售能力、发展潜力、经营观念、经营方向、经营政策、企业规模、经营特点等
业务状况	销售业绩、经营管理者和营销人员的素质、与其竞争者的关系、与本公司的业务关系及合作态度等
交易现状	客户的销售活动现状、存在的问题、保持的优势、本来的对策、企业形象、声誉、信用状况、交易条件以及出现的信用问题等

该系统开发后应可以合理地处理客户的基础资料，能够顺利地查找、调用等。

（二）客户资料档案库建立训练

各团队根据所选择的具体企业和产品将客户资料输入开发的客户资料信息系统，建立客户资料档案库。具体进行客户销售资料的整理方法如表 8-6 所示。

表 8-6　客户销售资料的整理方法

客户销售资料的整理方法	
按照销售量的大小排序	便于随时关注主要客户的变动情况，分析客户的需求特征，可以将客户设定为数个级别，如一级客户是占销售量 80%的客户；二级客户是占 15%的客户；三级客户是占 5%的客户等
按销售的地区排列	对于销售量大、产品销售区域覆盖面广的企业是比较实用的做法
按产品和服务行业排列	适用于生产中间产品或基础原料、能源产品的企业
按产品种类排列	适用于产品种类繁多的企业
按客户资信等级排列	按客户资信等级建立客户档案，有利于保证销售收益、降低销售风险
按文化特征排列	按客户的文化特征、产品的文化特征（如果有）、渠道的文化特征进行分类，有利于提高国际分销渠道的运转效率和控制效率

该系统开发后应可以合理地处理客户的销售资料，以利于客户资料的顺利查找和调用。

（三）客户资料卡的制作利用训练

各团队在搜集了客户资料后开始制作客户资料卡，在制作客户资料卡时，采用硬质的纸张作为卡片，将其一角贴上不同颜色的不干胶标签纸，在标签纸上写明客户的编号，可根据地区分类、企业规模分类、营业规模分类、信用额度分类和宗教信仰等文化特征分类。

由各团队内部和相互之间评价各客户资料卡的耐用性和实用性。列举客户资料卡制成之后的用途、方法和技巧，如用于：寄发广告信函、订立收付款计划、订立时间计划、对信用度分类、决定佣金折扣、区别现有客户与潜在客户等。

（四）客户关系管理能力训练

各团队针对已经分类的客户群体，分析和确定其实现客户满意的关键点，提出维持、改善和提高客户关系满意度、客户忠诚度的实施方案。

三、训练的组织与要求

（一）训练组织

根据团队所选择的产品和目标顾客，经过团队分工合作，制作团队的客户信息资料表，写出客户分类、分析和客户关系管理报告。

（二）训练要求

学生以团队为单位提交客户资料卡和客户关系管理报告。报告内容包括：客户分类依据和客户分类表，各类客户需求特征和变化情况，客户满意的关键点和保持良好客户关系的方法等。训练考核以团队提交的资料和报告为主，必要时可组织各团队进行客户关系管理方法技巧的交流和资料展示。

第三节 大客户的开发、维护与管理训练

一、训练的目的

（1）使学生懂得 80：20 的帕累托效应原理，认识其重要性，具备了解和尊重大客户的基本意识和方法。

（2）使学生学会开发大客户，学习采用不同方法吸引更多的大客户，培养学生对大客户的关系维护和管理能力。

二、训练的内容与方法

（一）大客户的确定训练

（1）各团队先通过各种途径和方法查找 80∶20 的帕累托效应原理，在课堂上集中交流自己对原理的理解和运用的领域。

（2）各团队将自己所选择的全部客户填入大客户分析表，通过整理和对比，按照销售产品数量由大到小排列，寻找出大客户，具体如表 8-7 所示。

表 8-7　大客户分析表

名称	地区或市场覆盖面	经营性质	使用或销售产品数量	未来购买潜量

（二）大客户的维护训练

在实施大客户维护之前，需要对大客户进行判断和分类，明确各大客户的关系发展类型，确定各大客户对企业的重要程度，有针对性地进行客户关系维护。大客户的关系发展类型判断如表 8-8 所示。

表 8-8　大客户的关系发展类型判断

大客户的关系发展类型	与客户的关系特征	双方涉及面
普通大客户	普通交易关系	大客户服务部门与大客户采购部门
伙伴式大客户	财务、物流、销售等多方面合作	双方财务、物流、销售等部门
战略性大客户	全面战略性合作	双方采购、研发、财务、营销等各部门、各层次人员

1. 与大客户沟通的方式

与大客户进行交流和沟通，要根据大客户的具体类型和特征，选择有效的交流沟通方式，按照大客户沟通计划，按步骤、按时间、采用各种预定方式进行。与大客户进行有效沟通的具体方式如表 8-9 所示。

表 8-9　与大客户进行有效沟通的具体方式

方式	特点	要点
电话	服务热线电话可以保持企业和大客户的及时联系，任何大客户都可及时得到与企业产品有关的各种信息和答复，属于双向交流	掌握打电话的口气和态度等技巧十分重要，应选择对大客户免费、企业自己付费的方式
信函	信函传递的信息完整、准确、保存时间长，适宜传递内容复杂、重要的信息	注意信函的传递时间、有效期
演示	企业参加国际展会、参加或组织正式的信息发布会，邀请大客户参加，进行面对面交流，以单向交流为主	注意演示的准备工作及演示的技巧
会谈	一种面对面的和更为有效的双向沟通手段，由于客户参与，反馈信息丰富	注意会前的准备、会谈引导和后续措施
参与大客户的购买决策	为大客户设计配套产品服务，提出再购买建议和计划安排，提供分析产品购买和使用效益方面的帮助，简化业务流程方便客户购买，不断发展新服务项目	成为客户服务的专家、提供专业服务，不断改进服务和提供新的服务
建立大客户组织	以某种方式将大客户组织到一起，提供更有针对性的服务，使大客户感到企业对他们的关心和重视，加深大客户的情感信任，密切双方关系	形式包括正式和非正式的俱乐部、大客户协会、大客户联谊会等，大客户可以得到更多的优惠或特殊服务

（三）大客户的管理训练

大客户管理的范围很广，其根本目的是为大客户提高持续的个性化的产品和服务，满足特定的需求，建立长期稳定的合作关系。

1. 大客户信息管理

大客户信息管理包括大客户的基本信息、重要信息、核心信息和过程管理信息。具体内容如表 8-10 所示。

表 8-10　大客户信息管理

大客户信息	信息内容
基本信息	大客户的电话、地址、传真、电邮
	采购员、采购经理、采购总监、财务总监、销售经理、配送经理、总经理和董事长等各层次人员的权限、联系方式、性格、爱好等
重要信息	大客户的组织结构、企业发展史、经营目标、发展方向、产品定位、销售状况
	大客户的竞争对手状况、供应商状况、资源状况
	大客户的客户情况、大客户的竞争对手的客户情况、大客户的竞争对手的供应商情况
核心信息	大客户购买企业产品和服务的数量、频度
	企业和竞争对手对大客户提供产品和服务的比较
	企业对大客户的营销计划与策略

表8-10(续)

大客户信息	信息内容
过程管理信息	所有与大客户谈判的纪录、谈判参与人的身份、企业预定的谈判原则
	企业制定的下一步谈判策略
	大客户的订购纪录、库存增减情况纪录

在客户基本信息资料库和客户档案库的基础上，对大客户建立相应的信息资料库，对各大客户的信息变动进行及时补充和修正。根据信息资料对各大客户采取有针对性的营销手段和措施，确保大客户的持续稳定和不断增长的购买。

2. 大客户服务策略

针对不同行业领域、不同产品和服务，想方设法为大客户创造特殊价值和服务。具体内容如表 8-11 所示。

表 8-11　大客户服务策略

服务项目	服务内容
降低综合采购成本	劳动成本
	设备损耗、保养费用
	库存和能源开支
增加收益	提高销售量、增加产量
	提高利润率
避免浪费	减少人员使用、提高劳动生产率
	减少对新设备的需求和维修次数与时间
提高工作效率	简化采购过程、优化采购组织
解决方案	为大客户真正解决实际问题
无形价值	提高大客户的声誉和塑造其良好形象

各团队根据已经确定的大客户特征和企业产品特征，确定大客户服务的策略，写出实施大客户服务策略的具体措施和方法。

三、训练的组织形式与要求

（1）用前一阶段的训练结果作为本阶段的训练内容，训练的考核以团队为单位进行。

（2）本节的训练要求学生以团队为单位进行，并按团队训练的讨论结果提交大客户管理报告。具体内容包括：大客户及其类型的确定、大客户关系维护和大客户管理的具体方法和措施。

第九章 国际促销组合计划与实施能力训练

进入经济全球化时代，具备世界一流水平的跨国企业已经成为配置全球资源、引领经济发展和技术创新的重要力量，是国家综合实力和竞争力的重要体现。党的十八大以来，我国各类企业平稳健康发展，规模实力跃上新台阶。特别是过去两年，我国世界500强企业数量连续位居全球首位，一些行业领军企业和“专精特新”企业已具备了较强国际竞争力，有基础也有能力迈向世界一流，但当前世界百年未有之大变局正在加速演进，新冠肺炎疫情仍在蔓延，人类社会面临前所未有的挑战，世界发展进入新的动荡变革期，企业不仅要开发出符合各国用户需求的产品、制定恰当的产品价格，在适当的地点和适当的时间提供用户所需要的产品，还要利用和创造各种机会、采取适当的促销组合吸引顾客购买产品。本章主要介绍国际促销组合的计划制订和实施手段的训练等内容。

第一节 商品参与国际会展和宣传活动计划与实施训练

商业展览是利用展览会、博览会、展销会、看样订货会、展评会、物资交流会、供货会、商品洽谈会及其他交易会形式，使多家企业集中在一起，向参观者展示自己的商品，边展边销、以展促销，是把商品宣传、销售、市场调研、公关活动有机地结合在一起的一种促销方式。在国际商务活动中，由于生产商、中间商、使用者之间的巨大空间距离和文化差异，导致进行点对点的国际商务交流时，沟通难度大、成本高、结果的不确定性大，没有一定的把握，企业不会轻易跨洋越海单独去与交易对手进行面对面的交流。中国国际进口博览会（以下简称“进博会”），正在为疫情之下艰难复苏的世界经济注入巨大正能量。自2018年至今，进博会让展品变商品、让展商变投资商，交流创意和理念，联通中国和世界，成为国际采购、投资促进、人文交流、开放合作的四大平台，成为全球共享的国际公共产品。

合则强，孤则弱。进博会的成功举办，证明只有合作共赢才能办大事、办好事、办长久之事。人类社会要持续进步，各国就应该坚持要开放不要封闭，要合作不要对抗，要共赢不要独占。在经济全球化深入发展的今天，弱肉强食、赢者通吃是一条越走越窄的死胡同，包容普惠、互利共赢才是越走越宽的人间正道。近年来，参加国际性的商业展览越来越受到企业的重视，这是代理商接触进口产品最直接的途径，当然也是参展厂商寻求代理商、并与潜在客户商谈的最佳时机。

一、训练的目的

（1）使学生充分了解国际会展对企业开拓国际市场和促销产品的独特效果。

（2）使学生初步掌握企业参加国际会展活动的计划制订、实施措施的方法与实行等。

二、训练的内容与方法

（一）国际会展选择训练

国外的展览会虽然在展览会的名称上都叫作博览会或展览会，但实际上有较大区别。展览主题不同，展出者的构成不同，与会者、参观者的构成不同，由此所构成的目标市场就会不同；会展所在国的市场情况不同，也会产生不同的参展效果。这就需要企业参展前一定要对所在国主办方所提供的会展统计资料做充分的分析，从中选择最能实现自己展出目标的展览会，具体分析要点如表 9-1 所示。

表 9-1　会展统计资料分析

目的	会展性质
为产品寻求经销商或代理商	参加相应的专业性展览会
在某国推出本省、本市产品形象	参加博览会并搭建大面积、特别装修的展位
试销新产品	在展览会上租用少量摊位，带上交易员和产品专家进行面对面的接洽

在展会前 18~24 个月企业就要开始做计划和调查，先准备回答如下问题的资料，在准备的过程中寻求准确的信息：

（1）该次展览能满足企业的市场拓展需要吗？
（2）展会日期是否合适？
（3）同期有别的展会举办吗？
（4）展会地点是否便利？
（5）有多少与会者是来自自己确定的目标市场？
（6）有多少与会者是来自企业的主要销售和服务地区？
（7）组展机构怎样推广展会？
（8）上届展览的业绩如何？
（9）哪些竞争对手将会参展？
（10）展会组织提供以往参展商的联系方法吗？
（11）企业中有人曾参加过这个展会吗？
（12）我们可为此展会投资多少？
（13）展会组织对参展商的推广提供什么样的协助？
（14）组展机构可以提供参观买家专业性的保证吗？
（15）企业希望通过参展得到多少回报？
（16）企业参展的目的是什么？
（17）该展会能为企业的现行国际市场策略服务吗？企业的需要是什么？企业需要如图 9-1 所示。

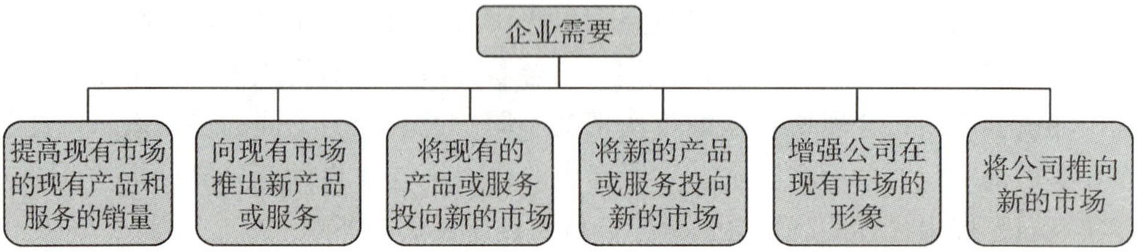

图 9-1　企业需要

（18）企业打算展出什么产品？
（19）在这次展会上谁将会是企业的目标观众？

各团队根据对上述问题回答的资料进行参展初步决策。在决策过程中要注意避免参展目的不明确，明确参展最终目的有助于其他工作的完成。一般来说，展会目的应为推销公司产品并助其走向市场。不同的参展目的应该采用不同的参展形式，企业要把选择展览会当作寻求产品目标市场一样慎重进行。出国参展更要通过认真的了解分析，尽可能多地了解展览会的背景资料和统计资料，结合自己的参展目的为海外参展做出正确的抉择。

（二）制订国际会展的计划方案

在参加国际展览会前9~12个月开始制订参展计划。制订参展计划前先回答下列问题，以在准备的过程中寻求准确的信息：

（1）企业有书面的参展计划吗？

（2）企业的参展预算确定了吗？

（3）企业的展位确定了吗？

（4）订金和必要的保证金企业支付了吗？

（5）企业对展位设计有什么样的设想和计划？

（6）企业能使用现有的展示品吗？

（7）企业需要新的展示品吗？

（8）企业需要新的宣传画吗？

（9）企业需要预定什么样的展览服务？

楣板、电气、地毯、视听器材、给排水、展位清洁服务、植物摆设、电话、电脑、打印机、垃圾篓、家具等设备用品是否需要，是否配置完备，需要如何配置？

（10）安全方面的服务是否必要？

（11）企业是否安排好展位的安装与拆卸？

（12）企业怎样安排货运？

（13）企业是否需要了解当地工会条款和其他法规？

（14）企业对参展设备和展品是否需要作保险安排？

（15）工作人员是否已准备好工具箱？

（16）酒店服务预订好了吗？

（17）展位付款的最后期限是什么时候？

（18）企业需要提供展位信用卡交易方式吗？

（19）展览需要营业执照吗？

（20）指引卡片已设计并打印好了吗？

各团队针对回答上述问题的信息，参照专业网站资料和图书馆资料制订出书面参展计划和相关参展资料。

展位规格的大小要依据企业的参展目标、产品特征以及资金投入等问题确定。展位地点的选择最好是：开幕式主席台对面及两侧、入口处的正门口或正门口的两侧、出口处的后门口或后门口两侧、主要人行干道的两首或“十”字干道的中心四角处及其邻近处、知名大企业及有影响的团体或组委会附近，要考虑人群流动的方式，了解人潮在整个展览会场移动的方向。通常人潮流量最大的地方是靠近入口及出口处、洗手间、休息室及饮食区，而展厅圆柱及上货区则会阻碍人潮流动。如果展位设在了竞争对手隔壁，要将展位进行有效利用，将参展产品放置于有利于自己的地方。如果在展览期间要使用悬挂牌示、高架结构或罩盖等需架高的物品，则须选择有足够高度的地点，避免其影响可见度。可以通过与合作伙伴、联盟伙伴等组团参加展览，展出互补产品、壮大声势、扩大影响，同时还可在展览会场上开设专馆，展示品牌。

（三）推广计划制订

推广计划需要提前6~8个月制订。在计划制订前先准备如下问题，在准备的过程中寻求准确的信息：

（1）展前推广如何进行？展前推广方式如图9-2所示。

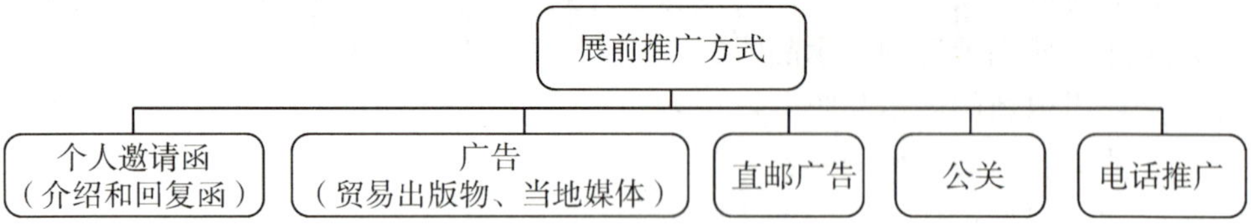

图9-2 展前推广方式

（2）企业的展位号是否包含在展前的推广材料中？

（3）企业需要印制额外的传单、目录和价目表吗？

（4）有关产品和服务的印刷品准备好了吗？

（5）企业对其他的公关活动做好了计划吗？

（6）企业的展览指引条款已完成并寄出了吗？

（7）怎样的赠品能取得更好的效果？

（8）企业要组织什么样的现场推广活动？现场推广活动方式如图9-3所示。

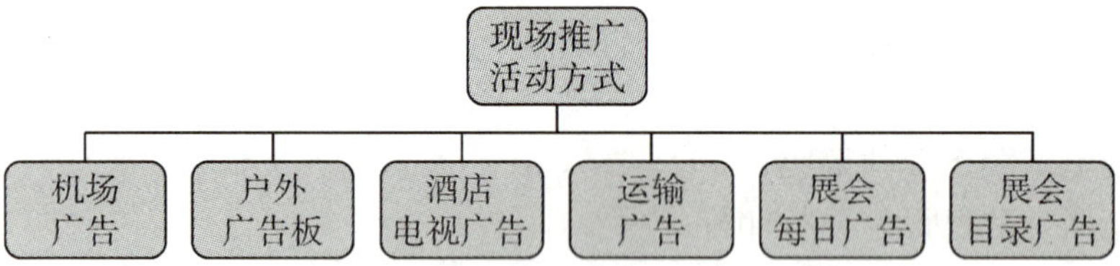

图9-3 现场推广活动方式

（9）企业打算在展览现场组织一次观众竞赛吗？

（10）企业的竞赛和赠品符合当地的法规吗？

（11）企业需要预订多少门票？

（12）欢迎仪式筹备好了吗？

各团队根据前两个训练项目的结果和上述问题回答的资料，制订详细参展推广计划，确定需要携带和发放的公司手册、企业与产品的图片、目录和价目表，录像带、模型、产品展示名片（明确列出电话号码、网址、传真、邮寄地址等信息）等各种宣传资料的内容、形式、设计和数量。

（四）参展前的人员准备和技术准备

在参加国际展览会前4~6个月开始确定参展人员。在人员和技术准备的过程中针对下列问题寻求准确的信息：

（1）展位上需要多少工作人员？

（2）谁是代表企业的最佳人选？

（3）展位经理指定了吗？

（4）参展人员的培训准备好了吗？

（5）定好展前会议的时间了吗？

（6）参展人员熟悉展出的商品和服务吗？

（7）是否准备好一个演示会？

（8）是否有一个准备回答问题的技术代表？

（9）是否确定了产品的代码？

（10）是否为参展人员预留了足够的证件？

（11）参展人员是否有足够的名片？

（12）是否制定好了展位时间表？

（13）谁负责监督展位的安装和拆卸？

（14）负责展位安装和拆卸的负责人是否清楚展会的出入程序？是否在展会前为展会后的事情做好准备？

（15）是否为参观者提供引路服务？

（16）是否确定了每天的总结会时间？

（17）是否计划向登记的参观者寄出感谢信？

（18）怎样进行展览指引？

（19）怎样监管展会上的销售？

（20）展览费用是否在预算之内？

为了保证良好的展出效率和效果，在配备展台人员之后需要利用系统的培训材料对其进行培训，使之了解展出目的、掌握展台工作技巧、培养合作及集体精神。培训内容和步骤可以分为三部分，具体如表9-2所示。

各团队根据前面各训练项目的结果，通过模拟人员训练和产品演示，体验参展准备工作的步骤、内容及方法。

表 9-2 培训内容和步骤

步骤一	情况介绍：使展台人员熟悉展出背景、环境和条件	人员介绍	相互介绍
		筹备情况	参展计划制定、资料准备等
		展出情况	展览会情况包括名称、地点、展出日期、开馆时间、场地平面、展馆位置、出入口、办公室、餐厅、厕所位置等
			展台情况包括展出意图、展出目的、目标观众、展台位置、展台序号、展台布局、展出工作的整体安排等
			展出活动介绍，包括记者招待会、开幕仪式、馆日活动、贵宾接待活动等，并对展台人员提出相应的工作要求
			展品介绍，要详细介绍每一项展品，其性能、数据、用法、用途等
			市场介绍，包括销售规模、销售渠道、规章制度、特点习惯和销售价格等
步骤二	工作安排：向展台人员布置展台工作，提出要求和标准	布置展台工作	布置展台工作包括观众接待、贸易洽谈、资料散发、公关工作、新闻工作以及后续工作等，进行分工，提出要求
		管理安排	管理安排包括工作时间、轮班安排、每日展台会议、记录管理等
		行政安排	行政安排包括展台人员的宿、膳、行、日程等
		展台工作准备	展台工作的目的是销售产品，展台工作准备包括市场调研、准备货源、准备产品资料、准备贸易条款等
步骤三	技术训练	展台接待	培养展台人员认真的工作态度、协作精神和协调能力
		推销技巧	准备完善、系统的培训资料，采用展台模拟方式进行训练

（五）参展审批申报手续

查询我国关于参加国外举办的国际展览会、国际博览会的相关管理办法，向国家规定的管理机构申报参加国际展览会，获得审批后开始着手准备。具体申报情况如表 9-3 所示。

表 9-3 申报情况

序号	审批部门	申报情况
1	经贸部归口审批	各地区、各部门赴北美、西欧、澳大利亚、日本、泰国、新加坡、港澳、俄罗斯、古巴、东欧等国家和地区举办展览会包括展销会、洽谈会，或参加在上述国家、地区举办的国际博览会
2	各审批单位商外交部办理，并抄告经贸部	赴未建交国家举办展览会，或参加国际博览会
3	各省、自治区、直辖市人民政府的对外经贸部门自行审批	以省、自治区、直辖市及计划单列市名义在国外（不含第 1、2 所列国家、地区）举办展览会或参加国际博览会
4	贸促会自行审批	以国家名义在国外举办展览会或参加国际博览会

表9-3(续)

序号	审批部门	申报情况
5	贸促会组织并经经贸部、外交部报国务院审批	贸促系统在国外（不含第1、2所列国家、地区）举办1 000平方米以下的展览会或参加国际博览会
6	各总公司总经理审批	各外贸、工贸总公司在国外（不含第1、2所列国家、地区）举办展览会或参加国际博览会
7	经贸部审批	商会组织行业系统在国外举办展览会或参加国际博览会

在审批出展前，必须事先征得我驻有关国家使、领馆的同意，出国展团要接受驻外使、领馆的领导。每年6月底以前将下年度出展计划列表报经贸部审批，同时抄告有关驻外使、领馆。报表内容包括：出展时间、地点、规模、内容、人数等，凡按规定可自行批准的出展计划，按报表要求的内容列表抄告经贸部备案。对已批准的出展计划，国家有关规定要求严格按照批准的时间、地点、规模进行，不得随意更改，如有变动，需报原审批部门批准，并及时通报有关驻外使、领馆。

（六）会展网络的应用

网上展览是对实物展览会的虚拟，展览的组织、展出及展览活动的各个环节都以网络为依托实现，组展者、参展商和观众之间的交流通过计算机和互联网络进行。我国建立了中国网交会平台，一些地方也在建立各种专业或综合产品的展览网站，对展出单位提供网上展位出租、展示内容制作和网络广告营销服务，通过权威性强的当地和其他区域传统展上网，吸引参会企业现场或远程进行网上查询、与展商互动，发展参会企业的数据增值业务及电子商务。现在，随着网络的普及和技术的发展，实物会展大量应用网络技术寻求发展空间，网上会展作为实物会展的有益补充，是企业和产品在开拓国际市场方面的有效方法。

各团队根据前面几个训练项目的结果，结合行业特征、产品种类和特色等，试设计一个网上参展的初步计划。

三、训练的组织与要求

根据团队所选择的产品和国际目标市场，经过团队分工合作和集体讨论，写出团队的国际会展选择和参展计划与模拟实施报告。利用训练时间或学生专业实践活动时间组织各团队采用电子幻灯片展示其训练成果，进行讲解、讨论交流。

以团队为单位进行国际会展情况分析，针对团队所选择的产品、国际目标市场状况和国际市场竞争状况等，结合企业和产品的参展目标，确定参加何时何地的何种国际会展，针对该会展的特色和目标观众，进行初步的国际会展参展方案确定，进行模拟参展活动，确定适宜的网上参展初步计划方案。根据训练结果，提交团队的国际会展参展和模拟参展活动报告。以展示、讨论、交流情况占 30%，策划案占 70%计算总评成绩。

第二节　国际公共关系活动组织与实施训练

国际公共关系活动是企业在复杂多变的国际目标市场进行促销的重要策略之一，企业利用国际范围的各种传播媒介和手段与顾客、中间商、社区公众、政府机构及新闻媒体等各类公众进行有效的沟通，可以建立良好的企业和产品形象并营造一个有利于企业发展的国际营销环境。2021 年 5 月，中国国际商会与中国国际公共关系协会签署战略合作协议，利用各自在行业领域的平台、资源和渠道优势，帮助中国企业坚定自主品牌发展信心，打造品牌形象，响应了“一带一路”“走出去”及经济全球化发展趋势和中国对外开放新要求。企业开展国际公共关系活动应充分注意当地和国际社会热点以及国际公众的心理动向，使企业的国际公共关系活动具有吸引力，受到广泛关注，以利于企业国际化经营目标的实现。

一、训练的目的

（1）使学生了解企业开展各种公共关系活动的必要性，体会不同的公共关系活动对企业形象塑造所起的不同作用，了解企业召开记者招待会、新闻发布会的意义和特点。

（2）使学生掌握策划、筹备、组织记者招待会或新闻发布会的程序和方法，学会在国际大环境下选择恰当时机、选用合适的公共关系活动来改善企业的国际营销环境，树立企业在国内外的良好形象。

（3）使学生掌握系列公共关系活动的策划筹备、举行的方法，学会撰写针对企业和产品参加国际会展的国际公共关系活动策划方案。

二、训练的内容

（一）国际公共关系计划

激烈的国际竞争和复杂的国际环境，使企业在国际市场面临比国内更加困难的公共关系条件。企业一方面要充分利用国内环境条件创造国际公共关系机会，宣传企业产品形象；另一方面要深入了解和分析目标市场国家的政治文化、经济技术条件，开展公共关系活动，融洽与目标市场的公众关系；还要分析企业母国、目标市场国及其相关国家之间的政治外交关系对企业从事生产经营的影响，适时地开展国际公共关系活动，树立良好的企业和产品形象。

各团队根据自己选择的企业、产品和目标市场，根据企业的日常生产经营活动安排，制订国内公共关系系列活动计划、目标市场公共关系系列活动计划和国际公共关系系列活动计划。

（二）记者招待会、新闻发布会的组织能力训练

1. 新闻发布会的筹备程序

新闻发布会的筹备程序如图 9-4 所示。

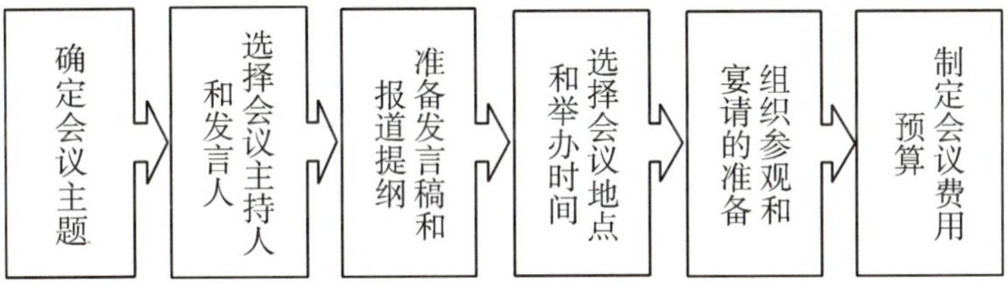

图 9-4　新闻发布会的筹备程序

2. 举行新闻发布会的一般程序

举行新闻发布会的程序如图 9-5 所示。

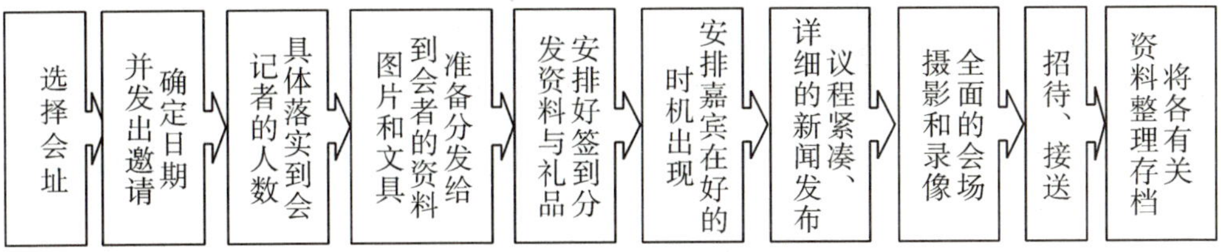

图 9-5　举行新闻发布会的程序

新闻发布会结束后，要对照签到簿了解记者发稿情况，对未发稿的新闻机构，可了解未发稿的原因，对因故而未能参加的新闻机构可提供有关背景资料，会议记录材

料、图片和报道提纲等，以供他们选用。

各团队按程序写出针对企业产品和国际目标市场环境状况的新闻发布会计划书并模拟实施过程。

（三）其他公共关系活动的组织与实施训练

（1）庆典活动是借助企业的周年纪念等时机宣传企业的崭新形象，明确今后的发展目标，以密切企业与公众的关系。庆典活动的组织要引起广大公众的兴趣，尤其是要以激起广大新闻媒介公众的兴趣为出发点和追求目标，使庆典活动“新”“奇”“特”，才能吸引公众的关注，达到活动的目的。具体内容如表 9-4 所示，程序如图 9-6 所示。

表 9-4　庆典活动组织的具体内容

<table>
<tr><th colspan="2">要点</th><th colspan="2">内容</th></tr>
<tr><td rowspan="2">1</td><td rowspan="2">精心选择来宾对象，发出邀请</td><td>基本对象</td><td>政府要员、上级主管、知名人士、社区代表、同行同仁代表、新闻界人士、业务往来友好单位员工或代表等</td></tr>
<tr><td>重要宾客</td><td>亲自上门邀请</td></tr>
<tr><td rowspan="3">2</td><td rowspan="3">接待</td><td>重要来宾</td><td>专门接待室、会议室，组织者亲自完成或邀请德高望重者一起</td></tr>
<tr><td>基本对象</td><td>接待室、会议室，组织者安排专人分别接待</td></tr>
<tr><td>程序活动</td><td>入场、签到、剪彩、留言等活动需要专人指示、领位、安全保卫</td></tr>
<tr><td rowspan="3">3</td><td rowspan="3">人员与技术</td><td>人员安排</td><td>接待、安全、宣传资料准备、后勤保障、机动人员等</td></tr>
<tr><td>技术安排</td><td>摄影、录像、采访、录音、照明、音响、运输等</td></tr>
<tr><td>设备安排</td><td>庆典设备、宣传设备、维修设备、车辆、饮食饮料提供设备等</td></tr>
<tr><td rowspan="5">4</td><td rowspan="5">庆典活动</td><td rowspan="2">开始</td><td>重要来宾的留影、题字</td></tr>
<tr><td>主持人宣布活动开始，介绍重要来宾和其他来宾</td></tr>
<tr><td rowspan="3">活动</td><td>领导或重要来宾致辞或讲话</td></tr>
<tr><td>剪彩和参观</td></tr>
<tr><td>交流、座谈、宴请、文艺节目等</td></tr>
</table>

各团队按程序写出针对企业产品和国际目标市场环境状况的庆典活动计划并模拟实施过程。

（2）开幕式（开业典礼）是企业向社会公开亮相的第一关，目的是扩大社会影响，迅速提高知名度，给公众留下美好的记忆。具体组织程序如图 9-6 所示。

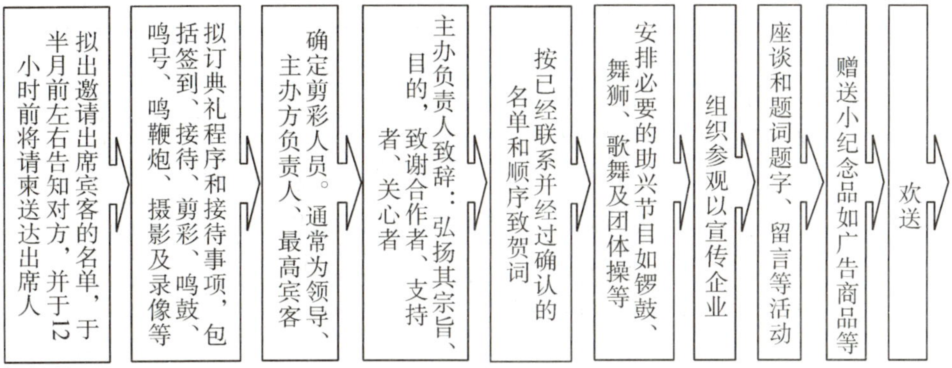

图 9-6 开幕式（开业典礼）组织程序

各团队按程序写出针对企业产品和国际目标市场环境状况的开幕式计划并模拟实施过程。

（3）开放参观活动。

向社会公众开放、组织他们参观企业是增进企业与公众之间的联系和了解的手段之一，是经常性的公共关系活动。组织参观活动的具体内容如表 9-5 所示。

表 9-5 组织参观活动的具体内容

要点		内容	
1	确定主题	活动的目的、意欲达到的效果	强调企业的优良技术水平及条件
			展示企业的优良工作环境
			展示企业的成就及对社会的贡献
			展示企业的精神风貌
			展示企业的现代化管理水平及优势
2	选择开放时机	定期开放	常年举行、定期（如特殊日子）举行
		不定期开放	注意提前计划
3	安排参观线路	线路和各功能区域指示	用向导图及标志标明办公室、餐厅、休息室、医务室、卫生间等有关区域
		保密区域	做好安全保密措施和应急准备
4	宣传工作	宣传品	简易说明书、线路图、宣传册
		宣传手段	参观前播放视频介绍企业主要概况和参观的重点内容
			沿途各站点的解说和回答提问也要进行精心的设计和安排

表9-5(续)

要点			内容
5	接待	接待内容	登记、讲解、向导、安全
		接待用品	休息、饮水及赠品选择
		接待人员	邀请的重要来宾由企业主要负责人亲自接待陪同
			一般参观人员由企业接待人员引导和讲解
6	后续工作	征询意见	举行代表座谈会，以征询意见及建议
			致函向参观者道谢、登报鸣谢
			总结

各团队按程序写出针对企业产品和国际目标市场环境状况的开放参观活动计划并模拟实施过程。

（4）赞助活动。

赞助活动通过出资赞助社会福利和慈善事业等活动，证实组织为社会所尽的义务和所承担的社会责任，赢得社会的普遍好感，树立组织的美好形象。举办赞助活动的步骤如表 9-6 所示。

表 9-6 举办赞助活动的步骤

步骤		内容
1	赞助筹划	结合企业公共关系政策和目标考察赞助对社会、公众、企业的有益性和其他影响
		赞助活动的影响力
		被赞助者的公共关系状况
		社会公众的意愿
		企业的经济状况、成本核算和效果分析
2	赞助计划	赞助的目标、对象、形式
		赞助费用的预算
		赞助主题和传播方式
		具体实施方案
3	审核评定	根据年度赞助计划，对赞助项目进行逐项审核评定，确定可行性、具体赞助方式、款额和时机
4	赞助计划实施	确定负责人，运用各种公共关系技巧，尽量扩大组织的社会影响
5	效果测定	赞助完成后，对效果进行调查测定，对照计划，检查完成情况，撰写报告存档

各团队按程序写出针对企业产品和国际目标市场环境状况的赞助活动计划并模拟实施过程。

（四）国际会展的公共关系活动计划与实施训练

（1）各团队根据第一节的训练结果和前面三个项目的训练结果，对团队所选择的企业、产品、参加的国际实物会展和网上会展，确定企业可以采用的国际公共关系活动。

（2）对针对国际会展的国际公共关系活动进行计划并模拟实施过程。

各团队提交针对国际会展的国际公共关系活动计划和实施措施，在训练课程时间以团队为单位进行交流和讨论，提交国际公共关系计划与实施报告。

三、训练的组织与要求

针对每个训练项目，以团队为单位进行写作和模拟训练。以团队为单位参加班级的国际公共关系活动计划的展示和讲解，针对各团队的计划内容进行讨论和交流。

在训练课程时间，各团队按教师要求采用电子幻灯片展示制订的国际公共关系活动的计划、模拟实施，并就各团队的策划方案进行讨论交流，提交国际公共关系活动计划书、国际会展公共关系活动计划。以讨论交流情况占30%、策划方案占70%计算总评成绩。

第三节 国际广告活动组织与实施训练

国际广告的策划和实施的难度比国内广告要大。除了欠缺对国际市场环境和国际目标市场环境的深入了解外，广告法规限制和国际目标市场国家的广告方式以及受众偏好也是国际广告策划与实施的难题。很多国际广告都是通过与国际广告代理商的合作来完成的，但是作为从事国际商务活动的企业和人员，了解和初步掌握国际广告方法也是至关重要的。

一、训练的目的

（1）使学生了解广告文案创意的要求、内容和方法，了解广告预算的基本内容和作用，了解广告媒体组合的意义和目标。

（2）使学生初步掌握广告文案创意与写作知识、广告预算的方法，学会根据不同的市场背景选用不同的预算方法，初步掌握优化广告媒体组合的基本方法和技巧，科学合理地安排广告推出时间、发布时机及频率，并学会策划企业产品参加国际会展的广告宣传。

二、训练的内容与方法

（一）国际广告文案写作训练

各团队根据选择的企业和产品，结合国际市场环境和国际目标市场特征选择一至两种广告创意方式进行企业产品的广告创作，确定产品的品牌名称、广告语，撰写广告文案。

通过团队内部成员的角色模拟，让团队成员分别从广告商与企业营销人员的角度相互评判广告创意和文案。

（二）国际广告预算方法训练

各团队针对选择的企业和产品，结合国际市场营销环境，选用适宜的广告预算方法测算广告的实际投入。在班级的训练课上进行汇报，说明广告预算方法选择的理由和预算结果的合理性。通过团队之间的讨论和交流，熟悉各种广告预算方法。

（三）国际广告媒体组合选择训练

各团队根据前面两个项目的训练结果，对广告媒体的组合与发布计划进行制订，并进行讨论和交流。

（四）国际会展的广告策划训练

（1）各团队根据第一节的训练结果和前面三个项目的训练结果，对团队所选择的企业、产品、参加的国际实物会展和网上会展，确定产品的广告语，撰写广告文案。

（2）对针对国际会展的广告选择恰当的预算方法进行预算。

（3）对针对国际会展的广告确定媒体组合和发布制订计划。

各团队提交针对国际会展的广告策划案，在训练课上进行交流和讨论，提交国际会展广告策划案。

三、训练的组织形式与要求

针对每个训练项目，以团队为单位进行写作和模拟训练，并参加班级的策划案展示，针对各策划案内容进行讨论和交流。

各团队按教师要求采用电子幻灯片展示和讲解自己的策划方案，参与各团队的策划案讨论交流，提交团队国际广告策划案、国际会展广告策划案。以讨论交流情况占30%、策划案占70%计算总评成绩。

第三篇

国际商务专业综合技能应用能力训练

第十章
交易磋商和合同签订训练

国际贸易与国内贸易不同，国际商务交易的磋商和合同的签订具有它的特殊性，需要采用特有的操作方式，涉及运用特殊的英语表述和贸易原理知识，是涉外商务从业人员必备的知识之一。交易磋商是指买卖双方就交易的内容，根据各自的经济利益进行协商达成交易的过程。国际贸易业务的磋商包括询盘、发盘、还盘和接受四个环节，在对交易的条件或条款取得一致意见（接受）后，双方即可签订贸易合同，进出口贸易合同通常以书面形式签订。通过本章内容的训练，培育学生能通过写出正确的书面语去实现商业目标的能力，是本章的目标。同时，坚持立德树人，培养学生爱国情怀和民族自信；引导学生拥有良好的职业品德、专业认同感和高远的精神追求。

第一节 建立客户关系和商务函电应用训练

一、基本原理介绍

国际贸易与国内贸易最大的不同点之一，就在于它在合同签订前的交易磋商。由于交易的双方处在不同的国家，有时相隔天涯之距，拥有不同的语言、不同的文化，双方要交易，就需要一种约定，共同采用和接受一种特别的交易方式。这种交易方式的特点是：①用英语交流；②以信函为交流的载体；③双方在经过磋商对合同的主要条款有了一致的看法后，采用一方报实盘，另一方接受的方式来确定一笔交易，然后再签订合同。国际贸易磋商方面的知识和技巧是从业人员必须掌握的基本知识之一。

这就要求他们：①要有较好的英语语言基础；②要懂得国际贸易原理（例如磋商中涉及的包装、运输、付款方式、保险等方面的知识）；③要能够正确理解和使用磋商中所使用的特殊英语表述方法，即商务英语。磋商虽然可通过口头方式进行，但是离不开书面方式（交易要有书面文字依据），交易还必须以书面形式最终确定下来。无论是采用邮递、传真机还是电子邮件来传递信息，总离不开写作，即商务信函写作。因此，本章的目标就是训练、培育国际贸易磋商的书面语——商务函电写作和书面合同的签订。

二、建立贸易关系的信函的写法

第一印象尤为重要，建立贸易关系的信函一定要采用标准的信函格式，打印要整洁，不要有语句错误。

（一）信函中须包括的内容

（1）你是从什么地方了解到对方的名称和地址的。

（2）你写此信的目的是什么。

（3）你自己公司的经营范围是什么，联络方式是什么。

（4）你公司的资信情况和诚信度如何，举出证明人。

（5）表示出你有与对方合作的愿望，并希望对方早日回信。

（二）参考样本信函

(Letter Head)　　（建立贸易关系的信函样本 1）

(Date)

(Inside Address)

Gentlemen:

As one of the largest importers of Chinese Arts & Crafts in the city, we shall be pleased to establish business relations with you.

At present, we are interested in your products, details as per our Inquiry Note No. 618 attached, and shall be glad to receive your keenest quotation as soon as possible.

Yours truly

Language Notes

1. as one of…，作为……之一
2. Chinese Arts & Crafts 中国手工艺品
3. to establish business relation with sb. 与某人建立贸易关系
4. details as per 详细情况正如…
5. Inquiry Note No. 618 attached 随附的 618 号询价单
6. a keenest quotation 最优惠的报价
7. importer　进口商

(Letter Head)　　　　　　　　(建立贸易关系的信函样本 2) (Date) (Inside Address) Dear Sirs, We thank you for your cooperation for our business. At present, we are, desirous of enlarging our trade in various kinds of Printed Shirting, but unfortunately have no good connections in LosAngeles, America. We, therefore, shall be obliged if you will kindly introduce us to some of the most capable and reliable importers in the district who are interested in these lines of goods. Your information on this respect will be highly appreciated. Yours faithfully	1. cooperation for our business 对我方业务的合作 2. be desirous of doing sth. 渴望做某事 3. to enlarge one's trade in a product 扩大在某一产品上的贸易 4. to have no good connection in an area 在某一地区没有很好的关系 5. we shall be obliged if you will do …如你方做…，我们不胜感激 6. to introduce sb. to sb. 将某人介绍给某人 7. these lines of goods 这些范围的商品 8. to highly appreciate sth. 因某事而不胜感激

(三) 实验项目

1. 将以下建立贸易关系的句子翻译成英语

(1) 我们从中国驻东京大使馆商务参赞处得知贵公司的行名和地址，并了解贵公司是经营家用电器产品有经验的出口商。

(2) 我们的一个客户对你们的新产品感兴趣。

(3) 我们的一个日本客户想要购买中国红茶。

(4) 如你所知，我们的外贸政策是在平等互利的基础上与各国人民做生意。

(5) 我们希望你方尽最大努力促进业务，增进友谊。

(6) 谢谢你方来函表示提供服务，我方愿与你方就扩大贸易的可能性进行讨论。

(7) 我们了解到你公司是中国手工艺品的出口商，因此冒昧地给你写信。

(8) 我们相信，贵我双方的业务将随着时间的推移而得到发展。

(9) 你方 2 月 15 日函悉，并已转交给了上海分公司办理答复，因为你所询购的商品属于他们的经营范围。

(10) 我们是一家在全世界范围内进行进出口业务的贸易公司。

2. Write a letter with the following hints

(1) 经你方商会的介绍我方欣悉贵公司的行名和地址。

(2) 我公司专门经营中国纺织品出口，并愿意在平等互利的基础上与贵公司建立业务关系。

(3) 为使贵方对我方产品有全面的了解，我方另函寄去一本目录册及一套小册子以供参考。

(4) 如对目录中所列之任何产品感兴趣，请具体询价，我方将立即报价。

(5) 望尽快答复。

3. Translate the following into English

(1) 我们从中国驻东京大使馆商务参赞处得知贵公司的名称和地址，并了解贵公司是经营家用电器产品有经验的出口商。我们的一个客户对你们的新产品感兴趣。

(2) 我们的一个日本客户想要购买中国红茶。

(3) 如你所知，我们的外贸政策是在平等互利的基础上与各国人民做生意。

(4) 谢谢你方来函表示愿意提供服务，我方愿与你方就扩大贸易的可能性进行讨论。

4. Write an English letter based on the following information：

执事先生：

作为本地区中国工艺品进口商之一，我们很高兴与你们建立业务关系。

目前，我们对你们的产品感兴趣，详情如随附的我方 371 号询价单所述，并很高兴能尽快收到你方的优惠报价。

谨上

三、实验的组织形式与要求

(一) 实验的组织形式

(1) 在教师指导下，根据提供的资料在规定的时间内，按要求完成实验任务。

(2) 利用专业实验室教学软件，让学生在仿真环境中反复练习。

(3) 到校外实验基地观摩。

(二) 实验要求

每个学生认真独立完成每个实验项目，完成的内容真实并具有可行性。

第二节 交易磋商的训练

一、交易磋商

国际贸易的磋商一般包括几个步骤：①询盘；②报盘；③还盘；④接受。在实际业务中，“还盘”可能会重复多次。

二、磋商中不同阶段的函电写作

（一）询价信函的写法

1. 询价信函的写法

（1）表达想要什么要具体。

（2）要谦恭、礼貌，多用“please”“I would appreciate”“thank you”这样的词或短语。

（3）告诉对方你是从何处了解到对方的公司名和产品的。

（4）强调对方的答复对你有多么重要。

（5）即使对方是一个陌生人，说话的口吻也要私人化。

（6）要礼貌、得体。

2. 参阅样本信函学习

(Letter Head)　　　　（询价信函样本 1 ）

(Date)

(Inside Address)

Dear Sirs,

We are glad to learn from your letter of March 20th, as exporters of Chinese Silk Piece Goods, you intent to establish direct business connections with us which happens to be our desire. At present, we are interested in Crepe Georgdtte and please let us have your latest CIFC 3% Lagos together with your terms of payment and state whether you would be able to effect delivery within one month after receiving our order.

Inorder to acquaint us with the material and workmanship of your products, we shall be pleased if you could send us your catalogues, sample books and all necessary information on Crepe Georgette.

Should your price be found competitive and delivery date be acceptable, we intend to place a substantial order.

Your early reply will be highly appreciated.

Yours faithfully

3. 实验项目

Translate the following letter into English：

执事先生：

关于：不锈钢桌子

从你方领事馆了解到贵公司是经营以上产品的。我们渴望得到你方就以上产品的最低报价，条款和条件按以下所述交易，请你方立刻回复：

产品名称：不锈钢桌子。

所要求数量：1 000 套。

价格：CIF 神户，含出口包装费。

付款方式：采用不可撤销保兑信用证。

装运期：2022 年 6~7 月。

相信你方会及时回函。

谨上。

（二）回复信函的写法

1. 针对询价信函写回复信函时应注意的事项

（1）在收到询价信函后应立即回信。

（2）针对询价信函写回复信函首先要告知已收到了对方的信函，并要提及那封信函的日期和有什么要求。

（3）第二段要回答所询之事。尽可能回答完整、清晰。如事情多，可将其编号，按顺序回答。一定别忘了对方所问的最主要的事。

（4）最后，要表示你所提供的信息对对方有用，并希望对方尽早回信。

（5）如不能回答对方的问题，也须先感谢对方来函，再告知原因。

（6）如要随函寄去诸如产品目录之类的资料，可简单介绍你的资料的特点。

2. 参阅样本信函学习

（回复信函样本 1）

(Letter Head)

(Date)

(Inside Address)

Dear Sirs,

We thank you for your inquiry of 26th Dec. and are pleased to send you our latest illustrated catalogue and price list for knitted garments that we can supply from stock.

From the attached price list you can see that we have managed to hold our quotation down though prices have gone up steadily since last month. We hope you will let us have your order before cost rises further.

Yours faithfully

（三）报价信函和报盘信函的写法

1. 报价信函和报盘信函应注意的事项

（1）感谢对方询价。

（2）介绍有关产品的名称、质量、数量和规格等。

（3）价格详细情况、付款方式。

（4）包装和交货期。

（5）如果是报实盘，就要说明实盘的有效期。

2. 参阅样本信函学习

信函	注释
(Letter Head)　　　　（报价信函样本 1） (Date) (Inside Address) Dear Sirs, <u>Men's Shirts and Men's Jackets</u> We acknowledge receipt of your letter dated 10th this month, from-which we note that you wish to have our firm offer for both Men'sShirts and Men's Jackets CFR Rotterdam. We are making you an offer for 5 000 dozen of men's shirts at USD98. 00 net per piece CFR Rotterdam or any other European Main Ports for shipment during March/April, 2022. This offer is firm, subject to your reply reaching us on or before February 5th, our time. Please note that we have quoted our most favorable price and are unable to entertain any counteroffer. In respect of Men's Jacket, we would inform you that the few parcels in stock are under offer elsewhere. However, if you should make us an acceptable bid, there is a possibility of your obtaining them. For your information, recently there is a large demand for the above goods, such a growing demand can only result in increased price. However, you may benefit from the advancing market if you send us your immediate acceptance. Yours faithfully	to acknowledge receipt of..., 已收到…… a firm offer　一项实盘 to have one's offer for sth. =ask for one's offer for sth. 就某产品要求某人报盘 to make sb. an offer for sth. 就某产品向某人报盘 European Main Ports 欧洲主要港口 to quote sb. a price　向某人报价 subject to...,以……为准(有效) to entertain a counteroffer 考虑接受一项还盘 in respect of sth. 在某事方面 to inform sb. of sth. 告知某人某事 to inform sb. that there is a demand for sth. 对某产品有需求 the advancing market 价格上涨的市场 The market is advancing. 市场看涨。 to benefit = to make money bid　n. 出价，喊价

(Letter Head) (报实盘样本信函 1) (Date) (Inside Address) Dear Sirs, Re: Groundnuts & Walnutmeat We confirm your fax of 2nd Feb., asking us to make you firm offer for both groundnuts and walnutmeat CFR Copenhagen. Now we are making you a firm offer for 250 metric tons of Shandong Groundnuts, Hand-picked, Shelled and Ungraded at USD850 per metric ton CFR Copenhagen for shipment during Oct. /Nov., 2022. This offer is firm, subject to your reply reaching us within one week. We wish to point out that this is the best price we can quote and that we are unable to entertain any counteroffers. Yours truly	1. groundnut 花生 2. walnutmeat 胡桃仁 3. shelled 去壳的 4. ungraded 不分等级的

3. 实验项目

Translate the following letter into English:

> 执事先生：
>
> 谢谢你方 1 月 12 日的询价。
>
> 现报盘如下以你方十日内复到为条件：
>
> 10 吨罐装芦笋，每罐£ 3.2 CIF 伦敦，船期 3/4 月份。支付条款是凭即期汇票支付的、保兑的、不可撤销的信用证付款。
>
> 相信上述报盘能为你方所接受。
>
> 殷切期待好消息。
>
> 2022 年 1 月 13 日

（四）还盘的信函的写法

针对出口商的报盘，进口商在回复信函中表示不接受其中的部分条件，而提出自己的条件，哪怕这两者之间差别很小，也意味着双方没有达成协议，而进口商的含有新条件的回函便构成一项还盘（或称“反报盘”）。对于进口商的还盘，如出口商仍不接受，并回函再次提出自己的条件，这又构成一项新的还盘。在交易磋商中，这种过程可能会重复多次，直到达成协议或放弃。

1. 参阅信函学习

(Letter Head) (还盘信函样本 1) (Date) (Inside Address) Dear Sirs, Re.: Silk Blouses We note from your letter dated June 17th at the price quoted by us for the subject material is found to be on the high side. While we appreciate your cooperation in giving us the information about the Indian supply in your market, we are regretful that we are unable to reduce our price to the level you indicated. We have to point out that your counteroffer is obviously out of line with the price ruling in the present market, as other buyers in your neighbouring countries are buying freely at our quoted price. Moreover, the market is firm with an upward tendency, and there is very little likelihood of the goods remaining unsold once this particular offer has lapsed. In view of the above, we would suggest in your interest that you may take full advantage of the market. Faithfully yours	1. to note = to learn 2. to quote sb. a price for sth. 就某商品向某人报价 3. to find a price to be on the high (lower) side 认为价格偏高（偏低） 4. to appreciate one's cooperation in doing sth. 感谢某在做某事方面给予的合作 5. to reduce a price to (a certain) degree / level 将价格降到某种程度/水平 6. to be in line with sth. 与…一致 to be out of line with sth 与…不一致 7. the market is firm 市场坚挺 8. there is very little likelihood of sth. /sb. doing sth. 几乎没有（某人）做某事的可能

2. 实验项目

Translate the following letter into English:

执事先生：

你三月二十日函悉，谢谢。我们已仔细研究了你方对我短袜报价的意见。虽然我方想满足你方的要求，但抱歉不能按你方要求降价，因我方价格已经精确计算。即使我方价格与其他供应商的价格不同，也是因我方产品的质量远远超过贵处其他外国牌子，从我方购进你方定会得利。

然而，为有助于你方在此行业中发展业务，我们准备给百分之五折扣，条件是你方始定量达到 5 000 双。如果此建议可接受，请早日告知你方订量。

谨上

2022 年 3 月 29 日

（五）接受与订货的信函的写法

针对对方的实盘或还盘，进口商或出口商都可回函表示接受，如果该接受是全盘（所有条件全部）的接受，那么交易即告达成。买卖双方合同关系成立，各自从此要承担各自的合同义务。所以，接受信函既重要且必要，而且还需谨慎。

Shandong Foodstuff Imp. & Exp. Co., Ltd.（接受信函样本 1） Date：June 21，2022 Lubency Co., Ltd. in Sweden Dear Sirs, We appreciate your immediate response dated June 20th to our request for a 5% reduction in price and through your full cooperation we have been able to confirm the following order with you at your revised price： "Thirty metric tons of Bitter Apricot Kernels at US $1 750.00 per metric ton CFR Qingdao for shipment in August." Enclosed please find our Purchase Confirmation No. 369 in duplicate. Please sign and return one copy for our records as soon as possible. We are arranging for the establishment of the relative letter of credit with the Bank of China, Sweden, and shall let you know by fax assoon as it is opened. As we are in urgent need of the goods, we find it necessary to stress the importance of making punctual shipment within the validity of the L/C; any delay in shipment would be harmful to our future business. Yours faithfully	1. one's response to sth. 某人对某事的答复 2. one's request for a 5% reduction in price 某人要求降价 5% 3. through one's full cooperation 通过某人的通力合作 4. to confirm an order with sb. 向某人确认一笔订货 5. at one's revised price 以（按）某人的调整过的价格 6. Enclosed please find sth.. 随附某物请查收。 7. in duplicate 一式两份 8. to arrange for the establishment of the L/C with a bank 在一银行办理开立信用证 9 to make punctual shipment of sth. 准时装运…… 10. any delay in shipment 任何拖延装运

Translate the following letter into English：

执事先生：

兹高兴地确认按照下列条款买进你方 29 英寸东芝彩色电视机 2 000 台：横滨成本、保险加运费价，每台 195 美元，木箱装，每箱装 4 台。收到信用证一周内，从横滨运至大连。

请特别注意货物的包装，以免货物在运输途中受损。

我们现在正在洽办开信用证，在接到你方确认书后，即可开出以你方为受益人的信用证。

谨上

2022 年 8 月 20 日

三、实验的组织形式与要求

（一）实验地点

实验地点为学校教室、国际商务实验室。

（二）实验的组织形式

（1）在教师指导下，根据提供的资料在规定的时间内，按要求完成实验任务。

（2）利用专业实验室教学软件，让学生反复练习。

（3）到校外实验基地观摩。

（三）实验要求

每个学生认真独立完成每个实验项目，完成的内容真实并具有可行性。

第三节 成本核算和定价策略训练

价格是国际贸易业务洽谈的主要内容之一，企业经营的目的是赢利，掌控出口产品的总成本，加强成本核算是提高利润的保证，作为业务员，如何精确报价必须心中有数。

一、成本核算和定价策略训练的目的

（1）了解出口报价的构成，熟练使用各种贸易术语。

（2）加强成本核算，追求企业最大利润。

二、成本核算的实验内容

（一）出口报价核算的实验

（1）离岸价（FOB）、成本加运费（CFR）和成本加保险费加运费（CIF）三种贸易术语的价格构成的计算公式如下：

FOB 价＝进货成本价+国内费用+净利润

CFR 价=进货成本价+国内费用+国外运费+净利润

CIF 价=进货成本价+国内费用+国外运费+国外保险费+净利润

（2）根据如下资料核算康佳牌彩电的成本，分别报出两款彩电的 FOB、CFR 和 CIF 价，如表 10-1 所示。

表 10-1　报价核算单

品名	货号	出厂价/元	尺码	毛重	数量（每个 40' 集装箱）
25" Color TV	KJ9860	1 700	770×555×615MM	37KGS	180SETS
29" Color TV	KJ9890	1 900	850×655×705MM	45KGS	150SETS

已知：①40' 集装箱国外包箱费率（深圳—纽约）：每箱 3 600 美元；

②40' 集装箱货物的国内成本（费用）：

运杂费 1 850 元；商检费 200 元；报关费 200 元；港杂费 1 350 元；公司业务费 2 200 元；其他杂费 890 元。

③货物按发票 110%投保一切险和战争险，保险费率分别为 0. 8%、0. 03%。

④出口预期利润 10%，佣金为 3%。

（二）价格换算和佣金核算的实验

国际贸易业务中可以选择的贸易术语有 13 种，其中常用的也有 6 种。不同的贸易术语，买卖双方承担的义务不同，表示出的价格也有所变化，所以准确报价并熟练地换算各种贸易术语是国际商务从业人员的基本技能。请进行如下换算。（假设人民币与美元的汇率为 8 : 1）

1. FOB、CFR 和 CIF 三种价格的换算

（1）FOB 价换算为其他价。

CFR 价=FOB 价+国外运费

CIF 价=（FOB 价+国外运费）/（1-投保加成×保险费率）

（2）CFR 价换算为其他价。

FOB 价=CFR 价-运费

CIF 价=CFR 价/（1-投保加成×保险费率）

（3）CIF 价换算为其他价。

FOB 价=CIF 价×（1-投保加成×保险费率）-国外运费

CFR 价=CIF 价×（1-投保加成×保险费率）

2. 相关计算公式

佣金的计算公式：单位货物佣金额=含佣价×佣金率

净价的计算方法：净价=含佣价×（1-佣金率）

含佣价的计算公式：含佣价=净价/（1-佣金率）

3. 实验内容

（1）我国某进出口公司拟出口一批空调，对外报价为480美元/套FOB湛江，现外商要求将价格改报CIF旧金山，设40’集装箱包箱费是每箱3 600美元（湛江—旧金山，180套/箱），保险费率为0.8%，试求我方的报价应为多少才使FOB净值不变？

（2）我国某公司出口某商品，原报价为350美元/桶CIF纽约，现外商要求将价格改报为CFRC5%。已知保险费率为0.6%，试求我方应将价格改报为多少？

（3）某公司出口货物共200箱，对外报价为每箱438美元CFR马尼拉，菲律宾商人要求将价格改报为FOB价，试求每箱货物应付的运费及应改报的FOB价为多少？（已知该批货物每箱的体积为45厘米×35厘米×25厘米，毛重为30千克，商品计费标准为W/M，基本运费为运费每吨100美元，到马尼拉港需加收燃油附加费20%，货币附加费10%，港口拥挤费20%）。

（4）已知某商品对外报价为每箱50美元CIF纽约。国外客户要求改报CFR纽约，并给予5%佣金，设保险费率为1.05%，按发票金额的110%投保，我方应报价多少美元才能保持外汇净收入不变？

（5）某公司出口单晶糖200吨，每吨USD460CIFC3%利物浦，结汇后，公司财会部门根据合同规定将3%的佣金汇给中间商，试求应汇的佣金为多少？

（三）出口成本核算实验

1. 成本核算的主要公式

出口换汇成本=出口总成本（人民币）/出口外汇净收入（外汇）

出口盈亏率=（出口销售人民币净收入-出口总成本/出口总成本）×100%

2. 实验内容

（1）某商品的卖方报价为每打60美元CIF香港，若该批商品的运费是CIF价的2%，保险费率是1%，现外商要求将价格改报为FOBC3%。问：FOBC3%应报多少？设卖方国内进货价为每打380元人民币，出口前的费用和税金共15元人民币/打，求该批商品的出口销售换汇成本和盈亏率各是多少？

（2）某外贸公司出口一批商品，国内进货价共10 000元人民币，加工费支出1 500元人民币，商品流通费为1 000元人民币，税金支出为100元人民币，该批商品出口销售外汇净收入为2 000美元。试计算：该批商品的出口总成本是多少？该批商品的出口销售换汇成本和出口销售盈亏率各是多少？

（3）出口某商品10吨，箱装，每箱毛重25千克，体积20厘米×30厘米×40厘米，单价CFR马赛每箱55美元，查表知该商品为八级，计费标准为W/M，运费每吨80美元，另征收转船附加费20%、燃油附加费10%。该商品的出口总成本为15万元人民币，求盈亏率是多少？

三、定价策略的训练内容

（一）出口定价

出口定价是开拓国际市场业务成败的关键，产品进入世界市场有三种策略。

（1）出口定价高于国内市场价格，期望获得大于国内市场的收益，新产品出口多用。

（2）出口定价与国内价格接近，目的在于拓展市场，成熟期产品多用。

（3）出口定价低于国内市场价格，以亏损为代价抢占国际市场份额，实现规模经济效应。此策略容易招致当地竞争者的反倾销调查，并因此支付高额的反倾销关税。

（二）实验项目

1. 中国智能手表出口国际市场定价分析

从2013年全球首款智能手表问世以来，智能手表的出货量逐年攀升，市场得到快速发展。数据显示，2021年全球智能手表市场出货量同比增长24%。其中，中国是全球第二大智能手表市场，仅次于北美地区。根据GfK数据，中国智能手表2021年销量首次超过智能手环，同比增长48%，预计2022年销量将再增长31%。在智能手表行业，华为一直保持行业领先的位置。请从智能手表出口定价的角度分析中国智能手表出口优势及其成长历程。

2. 国际市场铁矿石价格走势分析

全球铁矿石谈判始于20世纪80年代初，通常，巴西淡水河谷和澳大利亚必和必拓、力拓代表供方，日本新日铁、欧盟钢厂代表需方。以离岸价作为结算价格，供方与需方交叉谈判。在谈判中，任一对谈判对手率先达成协议，即为首发价，其他各方均接受此结果。我国铁矿石平均品位为34.29%，世界铁矿石平均品位为48.42%。据统计，2012—2021年我国铁矿石原矿产量具有一定波动性，2014—2017年呈下降态势，2018—2021年呈上升态势，截至2022年第一季度我国铁矿石原矿产量为2.56亿吨，同比增长8.96%。请分析近年来铁矿石的价格变动，以及中国在铁矿石谈判中的策略。

四、实验的组织形式和要求

（一）组织形式

将学生分成3人一组，以团队形式完成本节实验。

（二）实验要求

（1）成本核算部分的实验内容要求独立完成。

（2）定价策略部分以小组为单位进行，首先以上述内容为线索，收集相关资料，形成一致意见后，参与课堂讨论，鼓励学生各抒己见，最后在教师的指导下，完成定价分析报告，并提出应对措施。

（3）在案例分析的基础上，引导学生自由选取自己熟悉的产品，尝试进入国际市场的定价分析。

第四节 进出口合同签订技能训练

一、进出口合同签订技能训练的目的

（1）买卖双方的一方一旦接受了对方的发盘或还盘，合同就成立了。双方要用书面形式签订正式合同。

（2）合同的签订是国际贸易业务中重要的环节，是买卖双方交接货物和索赔的依据。

二、进出口合同签订的实验内容

（一）合同的形式

买卖双方经过交易磋商，对交易的条件或条款达成一致意见后，即可签订书面合同。书面合同在国际贸易上并不是合同有效成立的必要条件，只要双方互相遵守诚信原则，一方交货另一方付款，贸易过程就已结束。但是由于国际关系复杂、政局变化莫测，再加上各国风俗习惯各异、宗教信仰不一、联络通信不便、贸易对手的信用不能完全保证等因素，签订合同可以避免日后发生纠纷。进出口贸易的书面合同并没有特定的名称限制，我国习惯采用的有销售合同（sales contract）和销售确认书（sales confirmation）这两种形式，协议书（agreement）和备忘录（memorandum）也是法律规定的书面合同形式。实践中，一些国家会以卖方提供的形式发票（proforma invoice）或买方的订单（order）作为一种要约形式。

1. 销售合同

交易成立后，由当事人的一方将交易内容制成合同，然后由双方共同签署，这种合同的内容翔实、全面、完整，除了包括交易的主要条件如品名、规格、数量、包装、价格、交货条件、支付条款外，还包括保险、商品检验、索赔、仲裁、不可抗力等条款。卖方草拟出的合同称为“销售合同”，买方草拟出的合同称为“购货合同”。销售合同一般适用于买卖金额比较大或买卖双方彼此不了解的情况。

2. 销售确认书

销售确认书是合同的简化形式，通常由一方制作确认书一式两份，拟好并签名后寄给对方，对方经审核同意后签字确认，保留一份，同时将另一份寄还。由卖方制作的称为“售货确认书”，由买方制作的称为“购货确认书”，确认书的法律效力与合同完全相同。销售确认书一般适用于买卖金额比较小且买卖双方比较熟悉的情况。

3. 形式发票

出口商有时应进口商的要求，发出一份列有出售货物的名称、规格、单价等非正式参考性发票，供进口商向其本国贸易管理当局或外汇管理当局申请进口许可证或批准给予外汇支付、开立信用证等之用，这种发票叫作形式发票。形式发票不是一种正式发票，不能用于托收和议付，它所列的单价等，也仅仅是进口商根据当时情况所做的估计，对双方都无最终的约束力，所以说形式发票只是一种估价单，正式成交还要另外重新缮制商业发票。然而，现在有很多国外的客户是很少签正式出口合同的，因此形式发票往往就起着合同的作用，所以还须将可能产生分歧的条款一一详列清楚，并请买方签字确认。

4. 订单

订单是采购商向供应商发出的订货单，也是针对该合同所做出的邀约，卖方对订单的内容若无异议，可签名后再寄还一份给买方，此时订单即具备成交签约的法定效力。

（二）合同的内容

合同一般由三个部分组成，即合同的约首、主体（本文）和约尾。

约首包括合同的名称、合同的编号、缔约日期、缔约地点、缔约双方名称和地址等。本文是合同的主体，具体规定了买卖双方的权利和义务，又可分为主要条款和一般条款两部分。主要条款包括商品的品名条款、品质条款、数量条款、包装条款、价格条款、装运条款、保险条款、支付条款八项条款。一般条款包括商检、索赔、仲裁及不可抗力四项条款。约尾即合同的尾部，通常写明合同使用的文字及其效力、合同正本的份数、附件及其效力，以及双方当事人或其授权人的签字。

书面合同的内容必须符合政策要求，要做到内容完备、条款明确、文字严密，并与交易磋商的内容相一致。一经签订，即成为约束双方当事人的法律文件。

（三）合同的缮制

合同一般都由出口商或进口商自行制作，形式上各有不同，但主要内容基本一致。

1. 起草合同的方法

从接受函中整理出合同主要条款，填入合同。例如，根据第 174 页“接受信函样本 1”，可整理出合同主要条款如下：

The seller：Lubency Co.，Ltd. in Sweden.

The buyer：Shandong Foodstuff Imp. & Exp. Co.，Ltd..

Commodity：Bitter Apricot Kernels.

Packing：In plastic bags of 50Kgs net each.

Quantity：Thirty metric tons.

Unit price：US $1 750.00 per metric ton.

Trade term：CFR Qingdao，China.

Port of shipment/Loading：Sweden Ports.

Port of Discharge/Destination：Qingdao，China.

Time of shipment：In August 2022.

Terms of Payment：L/C at sight.

Date：June 21，2022

只要把以上相关内容分别填入合同中的相应处即可。（空白合同如表 10-10 所示）

2. 实验项目

Fill in the contract form with the particulars from the following correspondences exchanged.（根据以下询价、报盘、接受函的相关内容填制英文合同。）

Copenhagen Trading Co. Ltd.　　　　（询价函）
Copenhagen，Denmark.

July 25th，2022

Cathay Export Corporation，
Beijing，China.

Dear Sirs，

One of our clients in Odense is in the market for a parcel of 3 000 dozen/sets of Ladies' Pyjamas. We would therefore ask you to make us an offer based on CIF Odense including our commission of 2%. We shall appreciate it if you will arrange for shipment to be made as early as possible by direct steamer for Odense. As usual，our sight irrevocable L/C will be opened in your favour 30 days before the time of shipment.

Yours faithfully

Cathay Export Corporation, （报盘信函）
Beijing, China.

August 2, 2022

Copenhagen Trading Co. Ltd.
Copenhagen, Denmark.

Dear Sirs,

Thank you for your letter of July 25th inquiring for 3 000 dozen/ sets Ladies' Pyjamas. We take pleasure in making you an offer as follows, subject to your acceptance reaching here not later than August 18th: 3 000 dozen/sets of Art. No. 208 Ladies' Pyjamas in pink, blue and yellow colors, equally assorted, with the size assortment of S/3, M/6, and L/3 per dozen, packed in cartons, at £ 26.00 per dozen/sets CIFC2% Odense, for shipment from any Chinese port in October.

Please note that, since there is no direct steamer available for Odense in October, we find it only possible to ship the parcel with transshipment at Copenhagen.

We look forward to your early reply.

Yours faithfully

Copenhagen Trading Co. Ltd. （接受信函）
Copenhagen, Denmark.

August 9, 2022

Cathay Export Corporation,
Beijing, China.

Dear Sirs,

Thank you for your letter of August 2nd offering us 3 000 dozen/ sets of Ladies' Pyjamas at £ 26.00 per dozen/sets CIFC2% Odense. We are glad to have been able to prevail upon our client to accept your price, though they found it a bit on the high side.

We are now arranging with our bank for the relevant L/C. When making shipment, kindly see to it that insurance is to be effected against All Risks and War Risk as per the China Insurance Clauses of 1st January, 1981 for 110% of the invoice value. As to the shipping mark, we will let you know soon.

Yours faithfully

三、实验的组织形式和要求

（一）实验的组织

将学生分成 3 人一组，首先以团队的形式完成实验，熟悉之后要求学生独立完成合同的签订。

（二）实验要求

（1）让学生分别扮演出口商或进口商模拟实验内容。

（2）在教师的指导下，变换角色，反复练习。

合　　同

CONTRACT

正本（ORIGINAL）

合同号 Contract No.

签订日期 Signing Date：

卖方

The Seller：

买方

The Buyer：

双方同意按下列条款由卖方出售，买方购进下列货物：

The seller agrees to sell and the buyer agrees to buy the undermetioned goods on the terms and conditions stated below：

（1）货物名称及规格 Description of Commodity，Specifications	（2）数量 Quantity	（3）单价 Unit Price	（4）总价 Total Amount
	Shipment 5% more or less at Seller's option 卖方有权在 5% 以内多装或少装		

（5）包装 Packing Term：

（6）唛头 Shipping Marks：

（7）装运口岸 Port of Loading：

（8）目的口岸 Port of Destination .

（9）装运期限 Time of Shipment：

（10）保险：由卖方按发票金额 110% 投保

Insurance to be effected by the Seller for 110% of invoice value covering.

（11）商品检验 Inspection：

（12）付款条件：买方应通过买卖双方同意的银行，开立以卖方〈　　　　　　　　　　〉为受益人的、不可撤销的、可转让和可分割的、允许分批装运和转船的即期信用证。该信用证凭装运单据在中国的中国银行（　　　　　）见单议付。该信用证必须在　　年　　月　　日前开到卖方。信用证有效期为装船后　　天在中国到期。

Terms of Payment：

The Buyer shall open with a bank to be accepted by both the Buyer and the Seller, an irrevocable, transferable and divisible Letter of Credit at sight, allowing partial shipments and transshipment, in favour of the Seller (　　　　　　) and negotiable against first presentation of the shipping documents to the Bank of China (　　　　　　) in China. The covering Letter of Credit must be opened and reach to the Seller before and to remain valid in China until the　　　day (inclusive) from the date of shipment.

The Buyer　　　　　　　　**The Seller**

第十一章
国际结算方式的选择与风险防范训练

在国际贸易中，货物和货款的相对给付不可能由买卖双方当面完成。卖方发货交单，买方凭单付款，以银行为中介，以票据为工具进行结算，是当代国际贸易的基本特征。货款的收付直接影响到双方的资金周转和融通，以及各种金融风险和费用的负担，它关系到买、卖双方的利益和得失。因此，买卖双方在交易磋商时，都力争选择对自己有利的支付方式。选择合适的结算方式以规避风险是交易各方追求的目标。同时，深挖专业课程的育人元素，并从教学内容、教学方法、实践教学等方面紧抓立德树人理念，实现育人目标。

第一节 国际结算方式的选择训练

一、训练的目的

（1）选择结算方式是防范风险的第一步，所以必须了解各种结算方式的特点。

（2）通过对实践中使用最多的 L/C、D/P 两种结算方式的训练，培育学生实际业务的基本操作能力。

二、主要的国际结算方式

在国际贸易业务中，有汇付、托收、信用证等支付方式，由于每种支付方式都有利弊，为了安全收汇和加速资金周转，交易双方会选用对自己有利的支付方式，使资金风险最小化。

（一）汇付

在汇付业务中银行只提供服务，不涉及银行信用，所以，汇付方式通常用于预付货款（payment in advance）和赊销（open account）等。采用预付货款，对卖方来说，就是先收款，后交货，最为有利。反之，采用赊销交易时，对卖方来说，就是先交货，后收款，卖方不仅要占压资金还要承担买方不付款的风险，因此，对卖方不利，而对买方最为有利。此外，汇付方式还用于定金、运费、分期付款、货款尾数、佣金以及赔款等费用的支付。

（二）托收

1. 托收的种类

国际贸易中货款的收取多采用跟单托收。根据交单条件的不同，分为付款交单（documents against payment，D/P）和承兑交单（documents against acceptance，D/A）两种。按付款时间的不同，付款交单又可分为即期付款交单（documents against payment at sight，D/P at sight）和远期付款交单（documents against payment after sight，D/P after sight）两种。前者使用即期汇票，见票即付，付款赎单；后者使用远期汇票，见票承兑，到期付款，付款赎单。

2. 托收的业务流程

托收业务中银行不提供信用担保，收汇安全有赖于进口商的诚信，跟单托收使商业风险有所降低。跟单托收的具体流程如图 11-1 所示。

图 11-1　跟单托收的具体流程

①货物装运后，出口商向银行申请，委托收款；②托收行接受委托，将单据寄给代收行；③代收行向进口商提示汇票和单据；④进口商审单后付款；⑤代收行将货款交付托收行；⑥托收行向出口商付款。

3. 托收方式结算的利弊

托收的性质是商业信用，对出口商而言，风险比信用证方式大，但对进口商有利。进口商可以节省开证费用，不用支付进口押金，有利于其资金的融通，所以选用托收可以调动进口商的积极性，扩大出口量；从合同履行的角度看，托收便于货物及时装运，不受信用证条款限制和信用证迟到的影响。

（三）信用证

1. 信用证的一般业务流程（图 11-2）

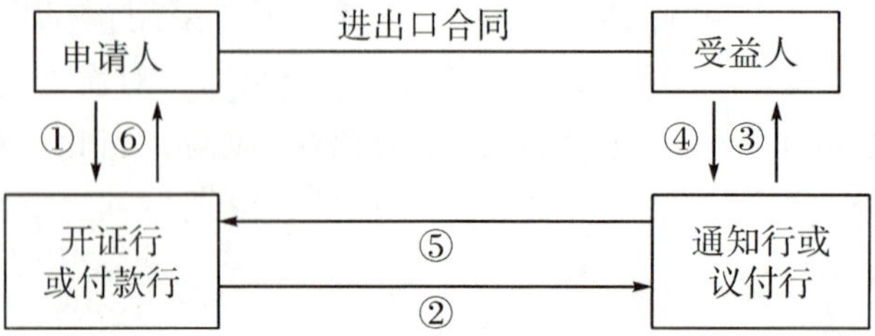

图 11-2 信用证的流程

①进口商申请开证；②开证行开立信用证；③通知行审证后，通知出口商；④出口商发货后，缮制单据，交单议付；⑤议付行议付后，凭单向开证行请求偿付货款；⑥申请人付款赎单。

2. 信用证方式结算的利弊

信用证是一种银行信用的支付方式，收汇安全，但进口商要缴纳开证费并向开证行支付押金；对出口商而言，安全收汇的条件是提交“单证一致”“单单一致”的结汇单据，对单据的要求较高，履行合同比托收复杂。

在进出口业务中，交易双方都想选用一种对自己有利的结算方式以规避风险，通常使用以上结算方式中的某一种。所以，使用较多的是 L/C AT SIGHT 和 D/P AT SIGHT。在特殊情况下，也可在同一笔交易中选择两种以上不同的结算方式配合使用。

选择正确的结算方式只是规避风险的第一步，还需要在合同的履行中谨慎操作才能最终达到规避风险的目的。

三、选择结算方式应考虑的因素

（一）客户信用问题

出口商能否安全收汇，进口商能否按时收到符合合同的货物，这都取决于交易客户的信用。根据所了解到的客户情况，结合具体的交易特点，选择适当的结算方式，是交易成功的关键。必要时，客户信用风险的防范还可采用信用保险。

（二）资金的因素

选择不同的结算方式，交易双方资金占压的情况不同，出口商应尽可能选用 L/C AT SIGHT 或 D/P AT SIGHT，这样不仅可防范风险而且能减少资金占压时间。

（三）货物的国际市场行情

交易货物的国际市场行情也会影响结算方式的选择，货物畅销有利于出口商选用既安全又收汇迅速的结算方式。

（四）贸易术语和运输方式

不同的贸易术语涉及不同的交货地点和不同的运输方式，不同的运输方式又涉及货权的控制和转移。因此，在选用结算方式时，也要考虑与贸易术语的配合使用。例如，在 CIF、CFR 条件下，最好使用跟单信用证，如进口商信用好，可选用跟单托收 D/P。在 FOB、FCA、EXW、DES 等条件下，不要使用托收。

四、选择结算方式的训练内容

项目 1：出口商如何选择结算方式？

背景：出口商所售货物市场需求不大，进口商资信情况不明，进口商要求用“D/P 30days sight”，出口商最初要求用“L/C at sight”。

请问：要想达成交易把货卖出而又能尽量避免收汇风险，出口商应选择哪种结算方式？为什么？

项目 2：出口商如何选择结算方式？

背景：出口商货物畅销、价值高且运量小，进口商资信情况不明，出口商坚持采用“L/C at sight”，进口商同意，但要求采用空运。

请问：要想达成交易把货卖出而又能尽量避免收汇风险，出口商应选择哪种结算方式和贸易术语配合使用？为什么？

项目 3：出口商如何选择结算方式？

背景：出口商所售货物滞销，进口商为大公司，与出口商已有过交易且信用较好。再次交易时，进口商要求采用“D/A”付款。

请问：要想达成交易把货卖出而又能尽量避免收汇风险，出口商应选择哪种结算方式？为什么？

项目 4：出口商如何选择结算方式？

背景：出口商所售货物为新产品，无市场知名度。出口商要想将新产品推向市场，让用户认识自己的产品。

请问：要想达成交易把货卖出而又能尽量避免收汇风险，出口商应选择哪种结算方式？应注意些什么问题？为什么？

项目 5：进口商应如何选择结算方式？

背景：进口货物为设备，出口商希望卖出设备，进口商急需购进该设备。出口商信用不明。

请问：要想避免风险，获得完全符合合同中技术指标的设备以及安装、调试、培训、售后服务等，并且要想达成交易购进设备而又能尽量避免用汇风险，进口商应选择哪种结算方式？可否采用多种结算方式配合使用？为什么？

第二节 信用证的开立、审核与修改训练

一、训练的目的

（1）认识信用证的开立、审核与修改的重要性，因为它是信用证方式下交易双方合同履行的第一步，只有当进口商开立了信用证，出口商审核无误后，合同才开始履行。

（2）让学生掌握信用证的业务流程，学会开证、审证和改证的基本操作。

二、信用证的开立、审核与修改训练

（一）信用证的开立

如果合同采用信用证支付方式，进口商须按照合同内容填写开证申请书（irrevocable documentray credit application）向银行办理开证手续。信用证申请书是银行据以开立信用证的凭证。在进口商交纳了开证手续费及一定金额的押金（margin）或抵押以后，开证银行即按申请书开出信用证并经通知行转交受益人。

1. 信用证申请书的填写方法（参阅表 11-2）

（1）申请书的日期：必须是向银行递交申请书当天的日期。

（2）开立方式：申请人应在申请书中明确以何种方式开证，即是信开证、简电开证、全电开证，还是以 SWIFT 方式开证等。

（3）信用证种类：申请人应在申请书中明确要求开证行开立何种信用证。

（4）有效期和到期地点（date and place of expiry）：信用证均规定有效期，未规定有效期的信用证无效。信用证有效期通常比装运期晚 15 天，以便卖方有充足的时间制单。受益人必须在有效期当天或之前向银行交单，办理议付、付款、承兑等手续，否则银行可以以信用证失效为由，拒收单据，拒付货款。信用证的到期地点一般规定在卖方国家或地区。

（5）申请人的名称和地址（applicant）：填写进口商的名称、地址，有时也写上进口商的电话号码、传真号码等。

（6）受益人的名称和地址（beneficiary）：填写出口商的名称和地址。

（7）通知行（advising bank）：由银行填写。

（8）币别和金额（amount）：申请书上金额的币种应是通用的国际货币代码。金额一般应为单价与数量的乘积。

（9）汇票期限和汇票的付款人：信用证项下的汇票有即期、远期之分。按惯例，汇

票的付款人（受票人）应是开证行或其他银行，不应是申请人。

（10）分批装运（partial shipment）和转船（transhipment）：申请人应在申请书中声明是否允许分批装运和转船，即在申请书中选择“允许”（allowed）还是“不允许”（not allowed）。

（11）装运期（date of shipment）：申请人应按合同规定的装运期填写此栏。

（12）装卸港（地）和目的港（地）（port of discharge and port of destination）：装运港（地）即将要装货的港口（地点）。卸货港（地）是指卸货的港口（地点），如果不需要转运，卸货港（地）就是目的港（地）；如果需要转运，卸货港（地）就是转运港（地），另外还需要注明目的港（地）。例如：申请书中应注明：Shipment from Xingang Via HongKong for Transportation to London 或者 Shipment from Xingang to London Via HongKong or with Transshipment at Hongkong。

（13）贸易术语（trade terms）：申请人按合同注明。

（14）发票：申请人通常注明要几份发票，对发票内容有什么要求，是否签字盖章。

（15）运输单据：运输单据一般有海运提单、航空运单、铁路运单等。对于海运提单，申请人一般注明需要几份；注明是“运费预付”（freight prepaid），还是“运费到付”（freight to be collected），还要注明被通知人等。

（16）保险单据：如果是 CIF 价格条款，应由卖方办理保险，申请人应在申请书中注明保险单据的名称、种类、份数、保险金额、保险险别，是按中国人民保险公司的保险条款投保，还是按协会货物条款（ICC）投保。

（17）其他单据：申请人如果需要其他单据，如装箱单、重量单、检验证书、产地证书、受益人证明等，应明确这些单据的出单人、内容及单据份数。

（18）货物描述（description of goods）：一般应按合同填写，如果货物内容描述复杂，可以只填写货物名称，并注明该合同的号码。

（19）交单期限：按 UCP600 的规定，要求交单的信用证除了规定有效期外，还应规定一个交单的最后期限。通常申请人都要求受益人在运输单据签发日期后 15 天内交单，若申请人在申请书中未规定交单期限，受益人应在运输单据签发日后 21 天内交单，但无论如何不得晚于信用证的有效期。

（20）其他条款：①银行费用条款：申请人应注明国外银行费用由谁负担，通常由国外受益人负担。如：“All banking charges outside issuing bank are for account of beneficiary”。②溢短装条款：申请人应根据合同内容注明信用证的金额和数量应有百分之几的增减。如：“Both quantity and amount 5% more or less are allowed ”。③如果申请人还有其他要求，应在申请书中详细注明。

除上述正面内容外，申请书的背面还记载了开证人对开证行的声明，用以明确双方的责任。

2. 训练项目：填写开证申请书

要求：认真阅读合同，根据合同内容，填写开证申请书。

目的：熟悉开证申请的特殊英文表述，掌握开证条款，培养进口业务操作能力。

具体内容：根据以下合同（表 11-1）内容填写下列信用证开证申请书（表 11-2）。

表 11-1 进出口合同

合 同
CONTRACT

正本（ORIGINAL）

合同号 Contract N0. GB99-16
签订日期 Signing Date：Sept. 8th，2021

卖方
The Seller CHINA NATIONAL NONFERROUS METALS IMPORT & EXPORT CORPORATION GUIZHOU BRANCH 6-2 ZUNYI ROAD，GUIYANG，GUIZHOU，CHINA，

买方
The Buyer：H & J BROTHER'S，INC.，12043 S. E. MARKET ST PORTLAD，OREGON，97216 U. S. A

双方同意按下列条款由卖方出售，买方购进下列货物：
The seller agrees to sell and the buyer agrees to buy the undermetioned goods on the terms and conditions stated below：

（1）货物名称及规格 Description of Commodity，Specifications	（2）数量 Quantity	（3）单价 Unite Price	（4）总价 Total Amount
		CIFC3，PORTLAND OREGON，U. S. A.	
NO. 200 MANIFEST BOXES	3960EA	USD2. 96/EA	USD11，721. 60
NO. 2800 REFLECTOR BARS	39040EA	USD1. 19/EA	USD46，457. 60
NO. 284SL REFLECTOR ANGIE LEFT	4880EA	USD1. 78/EA	USD8，686. 40
NO. 284SR REFLEVTOR ANGIE RIGHT	4880EA	USD1. 78/EA	USD8，686. 40
		TOTAL：	USD75，552. 00
	Shipment 5% more or less at Seller's option 卖方有权在 5% 以内多装或少装		

（5）包装 Packing Term：PACKED IN PAPER BOXES
（6）唛头 Shipping Marks：N/M
（7）装运口岸 Port of Loading：CHINA PORTS
（8）目的口岸 Port of Destination：PORTLAND，OREGON，U. S. A.
（9）装运期限 Time of Shipment：IN DEC.，2021
（10）保险：由卖方按发票金额 110% 投保
Insurance to be effected by the Seller for 110% of invoice value covering. ALL RISKS AND WAR RISKS AS PER OCEAN MARIN CARGO CLAUSES AND OCEAN MARIN CARGO WAR RISK CLAUSE OF THE PEOPLE' S INSURANCE COMPANY
OF CHINA DATED 1/1/ 1981. INCLUDING S. R. C. C. RISK AS PER INSTITUTE STRIKE RIOTS AND CIVIL COMMOTIONS CLAUSES.
（11）商品检验 Inspection：BY C. C. I. B.
（12）付款条件：买方应通过买卖双方同意的银行，开立以卖方（　　　）为受益人的、不可撤销的、可转让和可分割的、允许分批装运和转船的即期信用证。该信用证凭装运单据在中国的中国银行（　　）见单议付。该信用证必须在　　　年　　月　　日前开到卖方。信用证有效期为装船后　　天在中国到期。
Terms of Payment：30 DAYS AFTER B/L DATE BY L/C
The Buyer shall open with a bank to be accepted by both the Buyer and the Seller，an irrevocable，transferable and divisibie Letter of Credit at sight，allowing partial shipments and transshipment，in favour of the Seller (　　　) and negotiable against first presentation of the shipping documents to the Bank of China (GUIZHOU　BRANCH　) in China. The covering Letter of Credit must be opened and reach to the Seller before 45 DAYS　and to remain valid in China until　the　　day (inclusive) from the date of shipment..

表 11-2　不可撤销跟单信用证申请书

不可撤销跟单信用证申请书

IRREVACABLE DOCUMENTARY CREDIT APPLICATION

TO：BANK OF CHINA 中国银行　　　　　　　　　　　　　　　　　　　Date：①

□ Issue by airmail □With brief advice by teletransmission □ Issue by express delivery ② □ Issue by teletransmission (which shall be the operative instrument)	Irrevocable Documentary Credit ③ Date and place of expiry ④	Number
Applicant ⑤	Beneficiary ⑥	
Advising Bank ⑦　　　Ref. nr	Amount ⑧	
Partial shipment ⑩ □allowed　□ not allowed Transshipment □allowed　□not allowed	Credit available with ⑨ □by sight payment　□by acceptance　□by negotiation □by deferred payment at Against the documents detailed herein □and beneficiary's draft for　　% of invoice value at　　　on	
Loading on board/ dispatch/taking in charge at/from ⑫ Not later than ⑪　　For transportation to：		
□FOB　□CFR　□CIF　□ or other terms　⑬		

Documents required：(marked with x)

⑭1. (　) Manually signed Commercial Invoice ________ copies indicating this L/C No. and Contract No.
(Photo copy and carbon copy not acceptable as original)

⑮2. (　) Full set (included ____ original and ____ non-negotiable copies) of Clean On Board "Freight ________" Ocean Bills of Lading made out to order and blank endorsed, marked " Notifying ________"

3. (　) Air Way Bills showing " Freight________ and consigned to ________"

4. (　) Rail Way Bills " Freight ________and consigned to ________"

5. (　) Memorandum issued by________ Consigned to ________.

⑯6. (　) Full set (included ____ original and ____ copies) of Insurance Policy/Certificate for 110% of the invoice value, showing
Claims payable in China, in currency of the draft, blank endorsed, covering (□ocean marine transportation/□air transportation/□over, land transportation) All Risks and War Risks.

7. (　) Weight Memo/Packing List in____ copies issued by ________ including quantity/gross and net weight of each package and packing conditions as called for by the L/C.

8. (　) Certificate of Quantity/Weight in____ copies and issued by ________ including
the actual surveyed quantity/weight of shipped goods as well as the packing condition.

⑰9. (　) Certificate of Quality in ____ copies and issued by ________.

10. (　) Beneficiary's certified copy of cable /fax dispatched to the applicant within ____ hours after shipment advising□name of vessel/□freight No. /□voyage No. date, quantity, weight, and value of shipment.

11. (　) Beneficiary's Certificate certifying that extra copies of documents have been booked by Applicant or their shipping agents：covering：⑱________.

Additional instruction：

1. (　) All banking charges outside the opening bank are for beneficiary's account.

⑲2. (　) Documents must be presented within ____ days after the date of issuance of the transport documents but within the validity of this credit.

3. (　) Third party as shipper not is acceptable. Short Form/Blank B/L is not acceptable.

4. (　) Both quantity and amount____ % more or less are allowed.

5. (　) Prepaid freight drawn in excess of L/C amount is acceptable against presentation of original charges vougher issued by shipping Co. / Air Line/ it's agent.

6. (　) All documents to be forwarded in one cover, unless otherwise stated above.

⑳7. (　) Other terms, if any：

Account No.　　　　with ________________ (name of bank)

Transactedby：________________

(Applicant：name, signature of authorized person) (with seal)

Telephone No.：

（二）信用证的审核与修改

审核信用证的基本原则是以买卖合同为基础，以“UCP600”为依据，逐字逐项仔细严格审核，因为信用证中的各项条款关系到受益人在制作单据时能否做到“单证一致，单单一致”，只有“单据与信用证一致，单据与单据一致”，才能安全收回货款。

所以，对于信用证中那些与合同不符的、违背“UCP600”规则的、不符合具体业务相关条件的、受益人将来做不到的条款和内容，受益人应将所有内容一次性地通知申请人，要求进口商修改。

1. 信用证的审核和修改

信用证的审核是通知银行和出口商共同的责任，但审核的侧重有所不同。要点如下：

（1）开证银行。

开证行的政治背景、资信如何，印鉴、密押是否相符，索汇路线是否正确，是否符合支付协定，以及要不要加具保兑或由偿付银行确认偿付等内容，应由通知银行负责审查并加批注。如信用证密押相符，说明信用证是真实的，银行要在信用证上批注“押符”字样。受益人对银行的批注要给予足够的重视，只有在相关问题得到通知行的确认后，方能办理出运。

有的开证银行把信用证直接开给出口商，接到证后应将来证送交当地银行核对其印鉴或密押和审查资信，经银行认可后，方可使用。

（2）信用证的类型（form of L/C）。

根据 UCP600 条款的规定，信用证必须是不可撤销的。

（3）开证人（applicant）和受益人（beneficiary）名称是否正确。

这两项内容是出口单证中必不可少的内容，若有误需修改。

（4）币制和金额。

要核对来证币制与合同是否相符，这与装运数量和制单均有密切关系。

（5）效期、议付地点和交单限期。

信用证应规定一个议付效期，到期地点应在受益人国内。信用证一般还规定一个交单限期，没有这项规定的，按“UCP600”规定，最长的交单限期为装船后 21 天，但不能超过信用证有效期。特别是分批（期）出运的，要同时注意这两个限期。

（6）装运条款。

①装运期。

信用证的装运期一般应规定为最迟（LATEST）某月某日，如果没有“最迟”字样，像 SHIPMENT DATE APRIL 30th，2022，则只能在 4 月 30 日这一天装船并取得该天的提单，才能安全收汇。这对于出口商来讲是很难做到的，最好提出修改；如信用证规定“SHIPMENT DURING MAY，2022”，则只能在五月份内出运；如来证只规定效期，未规定装期，应在效期内尽早出运留出议付时间；如来证规定装期 BY THE END OF

MAY，以在5月下旬装运为宜；如规定 WITHIN MAY，应在5月份内装运。如使用“TO”“UNTIL”“TILL”“FROM”这样一些词语，应注意装运期包括所述日期。如使用“AFTER”则不包括所述日期。

②分批和转运。

信用证未说明可否分批和转运的，根据 UCP600 条款，按可分批和可转运掌握；信用证规定 IN SEVERAL SHIPMENTS/CONSIGNMENTS 的，应至少分三条船出运。因 UCP600 条款第31条B款规定，几批货装同一条船，不做分批论。信用证规定 IN TWO LOTS，只要将证内规定的数量分两批全数运出就行，每批多少不限。如果规定 IN TWO EQUAL LOTS BY DIFFERENT VESSELS，就得分两等量批次配两条船出运。如证内列出分货号的细数，两批的分货号的数量也应相等。信用证规定每月（批）装运数量，如有一个月（批）的数量未按期出运或部分出运，根据500条款，其未装余数和以后各期均告失效，不能再发运。

信用证不准转运的，要了解所去的港口有无直达船，没有直达船去的，应先改证，如果能取得直达提单，就不必改证。

有的信用证规定必须在某个港口转船，有的限定由某个船公司接转或在某港转装集装箱等，收证后都要核实能否按来证要求办理，确实做不到的应提出修改信用证；信用证不准在某港转船，只要能由其他港口中转又不增加运费，就可以接受，但要在订舱时声明。

③启运港和目的港。

信用证上的启运港和目的港应与合同一致，如有不同，按具体情况考虑可否接受，但要注意有的目的港是我国不与之进行贸易的国家港口，不能接受。除多式联运的目的地可以是内陆城市外，海运的目的港不能是内陆城市，即不能是 NAIROBI VIA MOMBASA，而应是 MOMBASA IN TRANSIT TO NAIROBI，由买方负责将货转运至 NAIROBI。

信用证上的目的港，如不是分运几个港口，只能列一个。如信用证开来笼统的港口 EUROPEAN MAIN PORTS（欧洲主要口岸），可按合同或买方通知的港口发货，不用改证。

④唛头。

信用证中规定的唛头应与合同一致。来证有特殊规定的，酌情处理。特殊情况如下：

信用证规定 SHIPPING MARKS：×××，只能按其指定的做唛头，不能再加其他标记。如来证规定 SHIPPING MARKS TO INCLUDE ×××，除了信用证指定的以外，还可以加列其他内容，也可不另加，只照来证做。指定唛头里有港名，但与运往的目的港不一致时，可能是转口货，可完全照来证做唛头。

信用证虽未指定唛头，但在条款中指明唛头必须和订单一致，或所装货物及其他项目按照第××号订单，都应该按订单上的唛头做。

由我方决定唛头，要做到简明，一般不宜包括买方的详细地址，更不要加图形。

（7）货物描述。

来证的品名、货号、规格、包装和合同号码等必须与实货和合同一致，如有小的讹误，制单时可把正确的用括号加在后面。如货号为 PS1032，信用证误开为 P1032，可做成 P1032（PS1032）。

此外，还要考虑证中的货物描述在单据中如何体现。“UCP600”条款规定，“商业发票中的货物描述，必须与信用证规定相符。其他一切单据则可使用货物统称，但不得与信用证规定的货物描述有抵触。”

信用证开列商品总称如搪瓷器皿，出口任何搪瓷品种都可以，但不能出口印铁盘，即使证上列有 AS PER S/C ××，而合同上确实有印铁盘也不行，除非随证附来该合同作为信用证的一部分才行。随证附来的订单和合同，都视为信用证的一部分，其中包装，毛、净重，价格和金额等，也必须与信用证一致。

（8）单据要求。

①商业发票（commercial invoice）。

如来证规定出具两份不同买主名称的商业发票不应接受。

②海关发票（customs invoice）和领事发票（consular invoice）。

如来证指定某种格式或编号的海关发票，应核查询相关部门看能否提供，如果能，就可以接受。领事发票是进口国领事馆提供给出口商对其国家出口使用的一种发票。应咨询相关进口国驻出口国的领事馆，看能否出具该票并视收费的多少而定。

③提单（bill of lading 简称 B/L）。

如来证指定由某船公司如 MAERSK LINE（马斯基）签发提单，要了解能否做到，并应在订舱时声明。如信用证规定提单上列出集装箱号和/ 或铅封号，不论是否另有使用集装箱装运的条款，都应该配集装箱并在提单上列出有关号码。

有的信用证规定提单上标明货物是“发货人装载和计数不接受”英文为：“SHIPPER'S LOAD & COUNT UNACCEPTABLE”。船公司对货主自行装箱的货签发提单时，要加盖“SHIPPER'S LOAD & COUNT”的图章，因而在托运时要注明由外运等公司装箱以免签回的提单发现与证抵触时，无法挽回。

CIF 和 CFR 交易由卖方支付运费，提单应注明 FREIGHT PREPAID，如来证误开 FREIGHT COLLECT，应该改证。FOB 交易如误开 FREIGHT PREPAID，也得改证。

信用证规定全套提单（full set）要提交船方签发的全部正本提单，如来证要求提单 2/3，议付时交银行两份正本，另一份正本如何处理，另有条款说明，或自寄收货人或随船带走。不过随船带走或自寄正本提单都有一定风险，一是提单缮制有差错需要重签时，不能追回已出手的一份重签；二是正本提单先到收货人手里，可能会出现不付款提货，拒绝赎单的情况。

④其他货运单据。

承运货物收据（forwarder's cargo receipt）是由外运公司签发的承运货物的凭证，一般用于到港澳的铁路运输。

航空运单（airway bill，AWB）是货物经航空运输，由航空公司签发的承运货物的证明。如来证指定由某航空公司承运，应核实能否办到。

此外，还有分运单（house airway bill，HAWB），分运单是由航空代理公司对每批货物的收货人出具的，由其集中向航空公司托运。如来证不接受分运单（HAWB），而航运公司又只能提交分运单时，就要改证。

⑤保险单（insurance policy）。

保险单是保险公司对被保险人的承保证明。在审核来证保险条款时，应注意保险条款、险别、保险加成、保险人和理赔人等方面。审核来证的险别，除应与合同核对外，对信用证列出的险别具体细目也要一一审查。保险公司一般可承保加成到30%，如来证规定加成高于30% 又不是保关税险，则要与保险公司联系能否承保。

如来证指定在国内某家保险公司投保，应咨询该公司能否办理。如要求的保险公司为出口商不易投保的（如不在同城市或国家），则不能接受。如来证指定进口地某公司为理赔代理人，则要核实是否与出口地保险公司有理赔代理关系。如来证指定英国标准格式保单（british standard insurance policy）也不能接受。

⑥装箱单（packing list）。

如信用证规定装箱单列出每个纸箱（each carton）的毛净重，等于限定了商品包装，如实货是木箱，就得改证。有的信用证中规定要中性包装单（neutral packing list），是要没有受益人名、地址表头的装箱单，可用白纸缮打不盖章，不必改证。

⑦产地证（certiffate of origin）和普惠制产地证（G.S.P. form a）。

来证指定由进出口商品检验检疫局出具产地证的可以接受，但又要由贸促会加具证明的不能接受。指定由贸促会出具产地证可以，但又要由商会证明的，也不能接受。

商检局是签发普惠制产地证的唯一机构，若来证指定其他机构如贸促会签发普惠证，就需要改证。

⑧品质证（certificate of quality）和检验证（inspection certificate）。

品质证和检验证都是检验货物的证明文件，其检验项目有品质、数量和重量等，如信用证未指定出证机构，可申请商检局（C.C.I.B.）出证，也可由生产厂家出证；来证指定出证机构的，如瑞士通用公证行集团管理公司（SGS），要核实能否照办。

⑨船公司证明。

信用证规定由船公司出具证明，证明不靠某口岸，不是某国船或要求证明船的国籍或航程表等，一般均可接受，根据我国对外政策，出具正面证明或侧面证明。但如要等级船证明、快船证明等，就都要事先核实能否做到和能否出证。如信用证还规定船公司证明要由贸促会加具证明，可以照办。

⑩装船通知。

来证规定装船（车）后用传真通知开证人或其保险公司装运情况，一般是可以接受的。但有的信用证规定在装运前若干天发装船通知并列明装运日期，陆运就无法办到，海运也有困难，最好改为装运后立即发电（immediately after shipment）。装运前发电或限装运后×天内发电和限装运后×天内邮寄装运通知并要提交邮局收据的规定，都要按提单日期掌握，因而要特别注意。

（9）银行费用。

银行费用是指银行收取的通知费、议付费、修改费和邮费等。在实践中，银行费用大多数由开证人负担。如来证规定由受益人负担所在国境内的银行费用，则应酌情处理。

（10）其他。

首先，关于“大约”（about）的幅度，根据 UCP600 条款 30 条，除信用证另有规定外，“大约”用于金额、数量均可有 10% 以内的增减幅度。不过金额和数量都有“大约”字样时，二者的增减应该成正比。如果信用证只规定数量有“大约”字样，则金额不能沿用该幅度；如果只规定金额有“大约”字样，数量不增加，则可超过信用证金额10%以内议付。

凡信用证有增减幅度的，如信用证内或其附件列有分货号或规格的数量和金额的，不仅总数量和总金额不能超出允许的幅度，其每项分货号或规格的数字也不能超出允许的幅度。

其次，信用证修改书的内容，如受益人不接受可以退回，但必须在收到后三日内退交通知银行并转告开证行。如受益人未提供上述通知，当提交给指定银行或开证银行的单据与信用证以及尚未表示接受的修改书的要求一致时，视为受益人已做出接受修改的通知。

最后，信用证的条款是相对独立的，但审证时，还要互相联系起来，看看有无互相矛盾的地方。如来证价格条件为 CIF，而信用证规定由买方保险，就矛盾了，需要改证。

2. 训练项目

训练项目 1：根据合同条款审核信用证并起草改证函。

要求：审证后用英文起草信用证修改函，这是操作性较强的作业，要求学生能根据合同审核信用证，并发现两者之间的不符之处，然后用英文信件的方式通知买方修改信用证，并在信中详细说明如何修改。

（1）合同主要条款（表 11-3）。

表 11-3 合同主要条款

卖方：中国粮油食品公司 买方：温哥华加拿大食品公司 商品名称：长城牌草莓酱（strawberry jam） 规格：340 克听装。 数量：1 000 箱（每箱 50 听）。 单价：CIF 温哥华，每箱 30 加元。 总值：30 000 加元。 包装：纸板箱装。 保险：由卖方按发票金额 110% 投保一切险。 装运期：2022 年 8 月。 装运港：中国港口。 目的港：温哥华。 唛头：由卖方选定。 支付条款：凭不可撤销、可转让即期信用证付款。信用证须不迟于装运月份前 30 天到达卖方。有效期应为最后装运期后 15 天在中国到期。 签订日期、地点：2022 年 5 月 4 日于北京。 合同号码：SC-3。

（2）英文信用证。

A DOCUMENTARY CREDIT

ISSUING BANK：CANADIAN FIRST BANK
SEQUENCE OF TOTAL ：1/1
FORM OF DOC. CREDIT ：IRREVOVABLE
DOC. CREDIT NUMBER ：9876543
DATE OF ISSUE ：20220720
EXPIRY ：DATE 20220915 PLACE CANADA
APPLICANT ：CHINA NATIONAL CEREALS, OILS & FOODSTUFFS CORP.
BENEFICIARY ：CANADA FOODS CORP., VANCOUVER
AMOUNT ：CA $30 000. 00（SAY CANADIAN DOLLARS THIRTY THOUSAND ONLY.）
AVAILABLE WITH/BY ：BHAK OF CHINA, BEIJING.
DRAFTS AT … ：DRAFTS AT SIGHT FOR FULL INVOICE VALUE
DRAWEE ：BANK OF CHINA, BEIJING
PARTIAL SHIPMENTS ：PERMITTED
TRANSHIPMENT ：PERMITTED
LOADING IN CHARGE ：CHINA PORTS
FOR TRANSPORT TO … ：FROM VANCOUVER, CANADA TO CHINA PORTS
LATEST DATE OF SHIP ：20220831
DESCRIPT. OF GOODS ：CANNED STRAWBERRY JAM 100 CARTONS（EACH 50CANS）

PRICE TERM : CA $30 PER CARTON CIF VANCOUVER

DOCUMENTS REQUIRED : 1) 3/3 SET OF ORIGINAL CLEAN ON BOARD OCEAN BILLS OF LADING MADE OUT TO ORDER OF SHIPPER AND BLANK ENDORSED AND MARKED " FREIGHT PREPAID" NOTIFY APPLICANT (WITH FULL NAME AND ADDRESS)

2) ORIGINAL SIGNED COMMERCIAL INVOICE IN 5 FOLD

3) INSURANCE POLICY OR CERTIFICATE IN TWO FOLD ENDORSED IN BLANK, FOR 110PCT OF THE INVOICE VALUE COVERING THE INSTITUE CARGO CLAUSES (A), THE INSTITUTE WAR CLAUSES, INSURANCE CLAIMS TO BE PAYABLE IN VANCOUVER IN THE CURRENCY OF THE DRAFTS

4) CERTIFICATE OF ORIGIN GSP FORM A. IN 1 ORIGINAL AND 1 COPY

5) PACKING LIST IN 3 FOLD

ADDITIONAL COND. : 1) T. T. REIMBURSEMENT IS PROHIBITED.

2) THE GOODS TO BE PACKED IN EXPORT STRONG COLORED CARTONS.

3) SHIPPING MARKS: FOODS
VANCOUVER
SC-3

DETAILS OF CHARGES : ALL BANKING CHARGES OUTSIDE VANCOUVER INCLUDING REIMBURSEMENT COMMISSION ARE FOR ACCOUNT OF BENEFICIARY.

PRESENTATION PERIOD : DOCUMENTS TO BE PRESENTED WITHIN 15 DAYS AFTER THE DATE OF SHIPMENT, BUT WITHIN THE VALIDITY OF THE CREDIT.

CONFIRMATION : WITHOUT

INSTRUCTIONS : THE NEGOTIATION BANK MUST FORWARD THE DRAFTS AND ALL DOCUMENTS BY REGISTERED AIRMAIL DIRECT TO US IN TWO CONSECUTIVE LOTS, UPON RECEIPT OF THE DRAFTS AND DOCUMENTS IN ORDER, WE WILL REMIT THE PROCEEDS AS INSTRUCTED BY THE NEGOTIATING BANK.

（3）信用证与合同不符的内容（表 11-4）。

表 11-4　不符点清单

1. ______________________
2. ______________________
3. ______________________
4. ______________________
5. ______________________
6. ______________________
7. ______________________

（4）修改函如表 11-5 所示。

表 11-5 修改函

CANADA FOODS CORP. DATE： AUGUST 2nd，2021 CHINA NATIONAL CREALS，OILS & FOODSTUFFS CORP. DEAR SIRS： RE： AMENDMENT TO L/C NO. 9876543 WE HAVE RECEIVED YOUR L/C NO. 9876543 DULLY WITH THANKS. ON EXAMINATION，WE FOUND THAT SOME TERMS AND CONDITIONS ARE NOT IN LINE WITH THE SC-3. WE ARE ASKING YOU TO AMEND THEM TO READ AS FOLLOWING A. S. A. P： 1. ____________________ 2. ____________________ 3. ____________________ 4. ____________________ 5. ____________________ 6. ____________________ YOURS FAITHFULLY WANG JUN EXPORT DEPT. MANAGER

第三节 国际结算风险防范训练

一、训练的目的

（1）掌握各种支付方式下交易双方所承担的风险。

（2）充分认识各种支付方式的利弊，从中学会防范收汇风险。

二、训练的内容

（一）汇付方式下风险的防范训练

1. 汇付结算方式下风险的类型

（1）信用风险。选用汇付方式结算，预付货款，进口商面临出口商迟交货物或不交货物的风险；货到付款，出口商面临不能按时收到货款，甚至完全收不到货款的风险。所以，客户信用是汇付方式的保证。

（2）欺诈风险。进口商伪造票据，使出口商货款两空。

2. 汇付方式下的风险防范

（1）贸易成交以前，一定要了解客户的资信，做到心中有数，防患于未然。特别是对那些资信不明的新客户以及那些外汇紧张、地区落后、国家局势动荡的客户。

（2）对客商提交的票据一定要事先委托银行对外查实，在银行未收妥票款之前，不能过早发货以免货款两空。

（3）贸易成交前，买卖双方一定要签署稳妥、平等互利的销售合同。

3. 训练项目

我某进出口公司与马来西亚一进口商签订价值 5 万美元的出口合同，规定的支付条款为装运前 15 天电汇付款，最迟装运期为 5 月 30 日，买方于 5 月 26 日从邮局寄来银行汇票一张，为保证按期交货，出口企业于收到该汇票次日即将货物托运，同时委托银行代收票款。1 个月后，接银行通知，因该汇票系伪造，已被退票。此时，货已抵达目的港，并已被买方凭出口企业自行寄去的单据提走。事后追偿，对方早已人去楼空。遭此损失，我方的主要教训是什么？

（二）托收方式下风险的防范训练

1. 托收结算方式下的风险

托收方式与汇付方式一样，也属商业信用性质。能否收取货款，全靠进口商的信用。而且，由于货物已先期出运，一旦遭到拒付，就会使出口商陷于极为被动的境地。但是托收对进口商却比较有利，因为进口商获得了资金融通，可加速其资金周转，减少费用。

目前发达国家间的国际贸易选用托收结算的占 70%~80%，选用托收方式有利于调动进口商的积极性，可以提高出口商品在国际上的竞争力。所以，要学会防范托收风险。

2. 汇付方式下的风险防范

（1）认真调查进口商的资信状况、经营能力和经营作风，成交金额应妥善掌握，不宜超出其信用额度。一般采用 D/P，对 D/A 应从严把握。

（2）了解进口国的贸易管制和外汇管制情况，以免货到目的地后，由于不准进口或收不到货款而造成损失。

（3）了解进口国商业习惯，区别情况，妥善处理。如拉美国家银行习惯上将远期 D/P 按 D/A 处理。

（4）应争取按 CIF、CIP 条件成交，由出口人办理运输保险，或投保出口信用险。在采用 CFR、CPT、FOB、FCA 等贸易术语时，应投保“卖方利益险”，以便当货物遇险、买方不付款时，卖方可向保险公司索赔。

（5）运输单据一般应做成“空白指示抬头”，如需做代收行抬头时，应先与银行联系并经认可后办理。被通知方一栏，必须详列进口方名称和地址，以便承运人到货时及时通知。

（6）严格按照合同装运货物、制作单据，以防被买方找到借口拒付货款。

（7）谨慎选择代收行，以免发生国外代收行与进口商勾结，先行放单，恶意拖欠货款或诈骗。

3. 训练项目

2021 年 4 月 9 日，某托收行受理了一笔付款条件为 D/P at sight 的出口托收业务，金额为 USD100 000.00，托收行按出口商的要求将全套单据整理后寄给了美国一家代收行。单据寄出后一星期委托人声称进口商要求委托行将“D/P at sight”修改为“D/A at 60days sight”。委托人同意接受修改，最后委托行按委托人的要求发出了修改指令，此后一直未见代收行发出承兑指令。当年 8 月 2 日应委托人要求，委托行通知代收行退回全套单据。8 月 19 日委托行收到代收行寄回的单据，发现 3 份正本提单只有两份，委托人立即通过美国有关机构了解到，货物已被进口商提走。此时委托行据理力争，要求代收行要么退回全套单据，要么承兑付款，但是代收行始终不予理睬，货款始终没有收回。试分析原因。

（三）信用证方式下风险的防范训练

1. 信用证结算方式下的风险

任何一种结算方式都不可能完美无缺，信用证结算也不例外，信用证结算的风险如下：

（1）开证行的资信欠佳，可能会造成出口商收汇困难。

（2）信用证业务中，有可能存在欺诈。一方面，由于信用证结算方式是一种纯粹的“单据买卖”行为，不良出口商会利用信用证的特点，提供无货单据、假冒单据；另一方面，出口商也有遇到伪造或假冒信用证的风险。

（3）单证不符的风险。出口商在履行信用证时，由于业务员审证不仔细，或对国际惯例不熟悉，造成“单证不符”，导致开证行的拒付。

（4）单货不符的风险。对进口商而言，只要“单证相符”，就一定要“付款赎单”。因而，进口商有可能得到与信用证规定完全相符的单据，可是并不一定能得到与单据条款完全相符的货物。

（5）开证行可能在信用证中列出一些“软条款”，使信用证失去了其“保证付款”的功能等。如在 CFR 或 CIF 术语下，规定船公司、船名、装运期、目的港须取得开证申请人的同意。如果接受此类条款，在履约过程中就会极难操作，其付款的主动权完全被开证申请人及开证行控制。

2. 信用证结算方式下风险的防范

（1）重视对开证行资信的审查。

（2）完善合同条款，正确选择贸易术语。

（3）使用信用证支付，要认真审证，防止信用证诈骗。

（4）信用证方式下的结算，制单应仔细，避免因单据不符，结算方式由 L/C 转为 D/P。

（5）银贸通力合作，应对软条款信用证，共同防范诈骗行为，避免损失。

3. 训练项目

训练项目一：贸易术语的选用。

2021 年，某进出口公司（卖方）与德国一家香料公司订立缬草油买卖合同，价值 10 万美元。价格术语为 CIF FRANKFORT（法兰克福）。运输方式为空运，起运地贵阳，目的地法兰克福。支付方式为不可撤销信用证。合同订立后，买方按时开来了信用证，开证行为德国一家银行，通知行和议付行为国内某银行。国内卖方接证后，按合同规定发运了货物，将信用证要求的各种单据提交给国内银行，并办理议付手续。看来一切顺利，不料，国内银行在将有关索汇单据寄交德国开证行后第七天即收到开证行的拒付通知，理由是单证不符。卖方马上与货物承运人的国际航空公司联系，却被告知，货物早已被空运单上写明的收货人提走。再与买方联系，即杳无音讯。3 个月后，国内银行以单证不符、开证行拒付为由，收回议付款，并加收利息，卖方落得货款两空。请分析此案例，并提出防范风险的办法。

训练项目二：软条款信用证。

某进出口公司对新加坡出口一批货物。2021 年 3 月 5 日，由开证银行开来装船期为 4 月 23 日、效期为 5 月 3 日的信用证，在单据条款中要求提供“FULL SET OF CLEAR ON BOARD OCEAN BILL OF LADING AND ONE COPY OF NON-NEGOTIABLE B/L …… AND GENERALIZED SYSTEM OF PREFERENCES CERTIFICATE OF ORIGIN FORM A.”“ALL DOCUMENTS EXCEPT DRAFT AND INVOICE MUST NOT SHOW THE CREDIT NUMBER AND INVOICE NUMBER.”审核后，该公司开始履行合同。然而，制单人员在装船前缮制产品供应规范（GSP）原产地证书时，发现信用证要求所有单据不能表示发票号，而 GSP 原产地证书格式 A 却要求填写“发票号和日期”。立即与当

地商检机构联系，商检机构坚决不同意出具发票号留空不填的 GSP 原产地证书，其理由是根据联合国贸发会对于填写 GSP 原产地证书格式 A 的有关规定，此栏目不得留空不填。公司业务员立即发传真给新加坡进口商，提出修改信用证。新加坡进口商电复：请立即装船，信用证正在申请办理修改中。

该进出口公司装船后一周仍未见其修改信用证开到，效期将至。联系新加坡进口商，却称已经办理信用证修改。该进出口公司只好出具保函向议付行办理担保议付。单据寄到国外后，开证行提出单证不符，暂代保管单据，不符点为 GSP 原产地证书格式 A 第 10 栏表示了发票号，与我信用证的规定不符。原来，进口商并未修改信用证。最后，买卖双方经过反复交涉，出口商以降价 10%为让步，买方才决定付款。

请分析此案例，从中了解软条款信用证的危害。

三、训练的组织与考核

（一）训练的组织

在教师分析讲解的基础上，学生以小组的形式对案例进行讨论，充分的讨论可以加深对不同结算方式的理解。

（二）训练的考核

要求学生提交讨论后形成的总结，课堂讨论的表现与书面总结各占 50%的分值。

第十二章 国际货物运输实验

在国际贸易实际业务操作中，进出口合同签订之后，出口商必须立即按照合同或信用证内容，按时、按质、按量地准备应交付的货物，并在规定的交货期内，在指定地点装运货物。根据合同中使用贸易术语的不同，租船订舱的工作由出口商或进口商承担，如果是 CFR 或 CIF 合同，出口商还要负责租船订舱，签订货运合同，并支付运费。出口合同的履行过程包括备货、催证、审证、改证、租船订舱、报关、报检、保险、装船和制单结汇等多种环节。通过实验可以为学生建立职业意识，培养学生爱岗敬业的优良品质，践行社会主义核心价值观，增强对中国制造业发展及振兴制造业的信心和决心。

第一节 备货的实验

一、备货实验的目的

（1）让学生了解备货环节的基本要点，把握好出口货物的品质、数量和包装等知识点。

（2）让学生学会处理实际操作中备货可能会遇到的问题。

二、备货实验的内容

备货是进出口合同履行的第一步，也是重要的一个环节，出口商能否根据合同或信用证的内容按时、按质、按量地准备应交付的货物，是合同履行成败的基础。当合同中使用信用证为付款方式时，以 L/C 为准，其他结算方式则以合同为准。

（一）备货的具体内容

流通型的进出口公司根据合同或信用证的规定，与生产企业签订采购合同；有进出口经营权的大型生产企业，获取出口订单后直接向生产加工及仓储部门下达联系单，有关部门按联系单的要求，对应交的货物进行清点、加工整理、刷制运输标志等工作。

（二）在备货工作中，应注意以下问题

（1）货物的品质、规格：应按合同的要求核实，必要时应进行加工整理，以保证货物的品质、规格与合同规定一致。

（2）货物的数量：应保证满足合同或信用证对数量的要求，备货的数量应适当留有余地，以防装运时可能发生的包装损坏而换货。

（3）货物的包装：应进行认真检查和核实，使之符合信用证的规定，并要做到对保护商品和适应运输的要求，如发现包装不良或破坏，应及时进行修补或换装。

（4）唛头（运输标志）：刷唛的意义是“将货物特定化”。业务中出口商或仓储货运部门应及时按合同/信用证规定的式样刷制唛头。刷唛时，有关人员须注意防止错刷、漏刷或出现英文字母颠倒、倒置，认真与合同或信用证核对，做到清楚、醒目、位置大小适当，避免“白板”出口。如果合同没有具体规定，出口商要自己设计，一般唛头的构成包括至少三个部分，即买方名称的简称、目的地和整批货的件数。

（5）备货时间：应根据信用证规定，结合船期安排，以利于船货衔接。

三、实验项目

（一）公司背景

上海诚信进出口公司（SHANGHAI CHENGXIN IMPORT ANG EXPORT CORP.）是一家长期从事进出口贸易的公司，公司主要经营土畜产品，公司重合同、守信用，以产品质量稳定可靠，价格合理，交货及时的良好信誉，获得了世界各国用户的赞誉和信赖。

2021 年 2 月，该公司与英国 FDL. TRADING LTD . 经过多次磋商，达成协议出口一个货柜（14.4MT）山苍子油，具体内容见合同。

（二）实验相关资料

1. 交易双方进出口合同

上海诚信进出口公司
SHANGHAI CHENGXIN IMPORT ANG EXPORT CORP.
35 NANJING ROAD, SHANGHAI
TEL：0086-021-48128021　FAX：0086-021-48128022

销售合同
SALES CONTRACT

卖方 SELLER：
SHANGHAI CHENGXIN IMPORT ANG EXPORT CORP.
35 NANJING ROAD, SHANGHAI
TEL：0086-021-48128021　FAX：0086-021-48128022
E-MAIL：chengxin@ public.com.cn

编号 NO.：SC06020
日期 DATE：Feb. 28th, 2021
地点：SHANGHAI, CHINA

买方 BUYER：
FDL. TRADING LTD
ST CLARE HOUSE, 40/43 MINORIES LONDON
TEL：44 (0) -171-43812220　FAX：44 (0) -171-43812211
E-MAIL：fdl@ yaya. com.

买卖双方同意以下条款达成交易：
This contract is made by and agreed between the BUYER and SELLER, in accordance with the terms and conditions stipulated below.

1. 品名及规格
   Commodity & Specification：　LITSEA CUBEBA OIL
2. 数量
   Quantity：　14. 4MT
3. 单价及价格条款
   Unit Price & Trade Terms：　USD7. 68/KG CIFC3 HAMBURG, GERMANY
4. 金额
   Amount：USD110 592. 00
   允许　溢短装，由卖方决定
   With　More or less of shipment allowed at the sellers' option.
5. 总值
   Total Value
   USD ONE HUNDRED TEN THOUSAND FIVE HUNDRED AND NINTY TWO ONLY.
6. 包装
   Packing
   PACKED IN CARTONS.
7. 唛头
   Shipping Marks：AT THE SELLER'S OPTION.
8. 装运期
   Time of Shipment：Not Later Than OCT. 30th, 2021.
9. 装运港及目的地
   Port of Loading & Destination

From：SHANGHAI PORT, CHINA
To：　HAMBURG, GERMANY

10. 保险

Insurance: TO BE COVERED BY THE SELLER.

11. 付款方式

Terms of Payment: The Buyers shall open through a bank acceptable to the Seller an Irrevocable Letter of Credit payable at sight of reach the seller 30 days before the month of shipment, valid for negotiation in China until the 15th day after the date of shipment.

12. 备注

Remarks

The Buyer　　　　The Seller

SHANGHAI CHENGXIN IMPORT& EXPORT CORP. FDL. TRADING LTD

(signature)　　　　(signature)

2. 货源收购资料

供方：贵州香料厂。

签约时间：2021 年 3 月 12 日。

合同号码 2021019

购货价格：每千克 58.00 元人民币。

交货期：2021 年 6 月 30 日前。

其他条件：自拟。

3. 模拟训练单据——购销合同

（三）实验任务

根据提供的外销合同和相关资料，以上海诚信进出口公司业务员的身份，模拟完成采购合同和唛头的设计。

农副产品订购合同

供 方：______________________

地 址：__________ 邮政编码：________ 电话：________

法定代表人：________ 职务：________

需 方：______________________

地 址：__________ 邮政编码：________ 电话：________

法定代表人：________ 职务：________

一、产品名称、品种规格、数量、金额、交售时间

产品名称	品种规格	计量单位	数量	单价	总金额	交售时间及数量							
						合计							
合计人民币（大写）													

二、质量标准、用途____
三、验收办法及时间、地点____________________________________
四、检验及检疫的单位、地点、方法、标准及费用负担________________
五、交（提）货地点及运输方式和费用负担_________________________
六、超欠幅度损耗及计算方法__________________________________
七、包装标准、包装物的供应与回收和费用负担_____________________
八、结算方式及期限____
九、给付定金的数额、时间____________________________________
十、奖罚标准及兑现方式：超售____元/千克，减售每千克罚____元。
十一、违约责任____
十二、解决合同纠纷的方式___________________________________
十三、本合同于____年____月____日在____签订；有效期至____年____月____日
十四、其他约定事项_______________________________________
供 方
单位名称：____________________（公章）
代 表 人：__________
开户银行：__________
账号：________________　　　　　　　　　　　　　　　　____年___月___日
需 方
代 表 人：__________
开户银行：__________
账号：________________　　　　　　　　　　　　　　　　____年___月___日

四、实验的组织形式与要求

（一）实验的组织形式

（1）在教师的指导下，根据提供的资料在规定的时间内，按要求完成实验任务。

（2）利用专业实验室教学软件，让学生反复练习。

（3）到校外实验基地观摩。

（二）实验要求

每个学生认真独立完成每个实验项目，完成的内容真实并具有可行性。

第二节 货物托运操作训练

一、训练的目的

国际货物买卖必须借助海、陆、空等不同的运输方式才能实现货物的流动，而大多数单纯从事国际贸易的货主，限于人力、物力，很难经济、高效、安全地完成货物的运输，为国际贸易服务的国际货运代理行业迅速发展起来。在进出口业务中，托运、提货、存仓、报关等环节的手续相当复杂，要求经办者充分熟悉业务。国际货运代理业的出现，为进出口商解决了这方面的问题。所以，如何完成货物的托运是合同履行的重要环节，而且货主要节省运费，很重要的一点就是了解运输公司的操作流程。

自我国政府对国际货运代理业实行放开经营以来，这一新兴行业蓬勃发展，且已形成规模，目前全国85%以上的进出口货物运输都是通过国际货运代理企业来进行的，国际贸易专业的学生也可以从事这项工作，因此，实验也是为了熟悉货运代理的业务。

二、国际货运代理具体的业务范围

就出口方面而言，货运代理可以提供的服务项目有：

（1）选择运输路线、方式和适当的承运人。

（2）为货主和选定的承运人之间安排揽货、订舱。

（3）包装、计量和储存货物。

（4）办理保险。

（5）收取货物并签发有关单据。

（6）办理出口结关手续并将货物交付承运人。

（7）支付运费，收取正本提单并交给发货人。

（8）安排货物转运。

（9）通知收货人。

（10）记录货物灭失情况，协助收货人向有关责任方索赔。

就进口方面而言，货代可以提供的服务项目有：

（1）报告货物动态。

（2）接收和审核货运单据，支付运费并提货。

（3）进口报关，支付有关捐税和费用。

（4）安排运输过程中的存仓。

（5）向收货人交付已结关的货物。

（6）协助收货人储存或分拨货物。

三、海运托运操作流程

海洋运输方式在国际贸易业务中是最常用的，在此以海运货物的交接为例，介绍选择海运操作的流程。

（一）托运

（1）托运人提供：箱型、箱量、目的港、出运时间、货物品名（美国线，必须报品名）。

（2）托运双方确定海运价后，若要委托装箱，货运公司向货主问明装箱方式。

①厂地装箱（托运人提供工厂地址）。

②仓库装箱（货运公司向托运人提供仓库地址）。

（3）货运公司与托运人签订货物出运委托书（表 12-4）。

（二）订舱

货运公司把货物情况提供给船公司并与船公司确定价格，向运输公司订舱时，一定要根据委托人的委托书内容向船公司或其代理填送集装箱货物托运单，办理订舱手续。一般班轮船期是每周一班，托运人应该提早订舱，按照运输公司的安排时间进仓，太早和太晚交货都会产生超期存放费用。船公司接收订舱后，告知船名、船期、提单号。（ 集装箱货物托运单见表 12-5）

（三）装箱

1. 仓库装箱

货运公司把船名、提单号告知仓库。凭介绍信去船公司集装箱堆场提取空箱，待货主送货后装箱。

2. 厂地装箱

货运公司提箱后，根据托运人提供的工厂地址装箱。

四、实验内容

2021 年 3 月 22 日，中国银行上海分行通知诚信贸易有限公司，收到银行转来的信用证，经审核，与合同内容相符，诚信公司随即开始根据信用证的有关规定备货出运。4 月 3 日，诚信公司委托货运代理人（中环国际货运代理有限公司）向船公司订舱。请根据信用证及合同的有关规定填写“货物出运委托书（表 12-1）”和“集装箱货物托运单（表 12-2）”，并提交货运代理委托订舱。

信用证

2021MAR22 09:18:11
MT: 700 ISSUE OF A DOCUMENTARY CREDIT
PR: N: NORMAL
FROM HK SHANGHAI BANKING CORPORATION LTD., LONDON
TO BANK OF CHINA HEAD OFFICE BEIJING

SEQUENCE OF TOTAL	*27	1 / 1
FORM OF DOC. CREDIT	*40 A	IRREVOCABLE
DOC. CREDIT NUMBER	*20	DC LDN067023
DATE OF ISSUE	31 C	21/03/20
DATE/PLACE EXP.	*31 D	DATE21/11/30 PLACE CHINA
APPLICANT	*50	FDL. TRADING LTD. ST CLARE HOUSE, 40/43 MINORIES LONDON
BENEFICIARY	*59	SHANGHAI CHENGXIN IMPORT ANG EXPORT CORP. 35 NANJING ROAD, SHANGHAI.
AMOUNT	*32 B	CURRENCY USD AMOUNT 110592. 00
AVAILABLE WITH/BY	*41 D	ANY BANK IN CHINA, BY NEGOTIATION
DRAFTS AT ...	42 C	SIGHT
PARTIAL SHIPMENTS	43 P	NOT ALLOWED
TRANSSHIPMENT	43 T	NOT ALLOWED
LOADING ON BRD	44 A	CHINESE MAIN FORT, CHINA
	44 B	HAMBURG, GERMANY
LATEST SHIPMENT	44 C	21/10/30
GOODS DESCRIPT	45 A	14,400 KGS CHINESE LITSEA CUBEBA OIL MINIMUM 75 PERCENT CITRAL CONTENT, TO BE INVOICED AT USD7. 68 PER KG CIF LESS 3 PERCENT.

DOCS. REQUIRED	46 A	
		DOCUMENTS REQUIRED:
		+ SIGNED COMMERCIAL INVOICE IN TRIPLICATE
		+ FULL SET OF 3/3 CLEAN 'ON BOARD' MARINE BILL OF LADING MADE OUT TO ORDER, MARKED FREIGHT PREPAID AND NOTIFY APPLICANT, INDICATING GOODS SHIPPING IN 1 FULL CONTAINER LOAD.
		+ ORIGINAL MARINE INSURANCE POLICY OR CERTIFICATE ENDORSED IN BLANK FOR FULL CIF VALUE PLUS 10% COVERING AGAINST ALL RISKS AND WAR RISKS AS PER C. I. C. AND SHOWING CLAIMS PAYABLE AT DESTINATION.
		+ORIGINAL GSP FORM A CERTIFICATE OF CHINESE ORIGIN
		+ORIGINAL WEIGHT CERTIFICATE ISSUED BY CHINA COMMODITY INSPECTION BUREAU SHOWING THE GROSS, TARE AND NET WEIGHT OF EACH DRUM.
		+ORIGINAL QUALITY CERTIFICATE ISSUED BY CHINA COMMODITY INSPECTION BUREAU SHOWING THE GOODS TO BE CHINESE LITSEA CUBEBA OIL MINIMUM 75 PERCENT CITRAL CONTENT.
		+COPY OF BENEFICARYS FAX TO APPLICANT NOT LATER THAN 10 DAYS AFTER B/L, ADVISING CONTRACT NO., COMMODITY, QUANTITY, DESTINATION, STEAMERS NAME AND DATE OF B/L.
DD. CONDITIONS	47 A	
		ADDITIONAL CONDITION:
		A DISCREPANCY FEE OF USD30. 00 WILL BE IMPOSED ON EACH SET OF DOCUMENTS PRESENTED FOR NEGOTIATION UNDER THIS L/C WITH DISCREPANCY. THE FEE WILL BE DEDUCTED FROM THE BILL AMOUNT.
CHARGES	71 B	ALL CHARGES AND COMMISSIONS OUTSIDE COUNTRY OF ISSUE. ON BENEFICIARIES' ACCOUNT INCLUDING REIMBURSING, BANK COMMISSION, DISCREPANCY FEE (IF ANY) AND COURIER CHARGES.
CONFIRMAT INSTR	*49	WITHOUT
INS PAYING BANK	78	
		DOCUMENTS TO BE DESPATCHED IN ONE LOT BY COURIER. ALL CORRESPONDENCE TO BE SENT TOUS.
SEND REC INFO	72	THIS CREDIT IS SUBJECT TO THE UNIFORM CUSTOMS AND PRACTICE FOR DOCUMENTARY CREDITS, 2021 REVISION, ICC PUBLICATION NO. 500.

表 12-1　货物出运委托书

货物出运委托书		合同号			运输编号	
（货物明细单）日期：		银行编号			信用证号	
根据《中华人民共和国合同法》与《中华人民共和国海商法》的规定，就出口货物委托运输事宜订立本合同		开证银行				
		汇票付款人				
托运人		付款方式				
提单抬头		贸易性质			贸易国别	
		运输方式			消费国别	
通知人		装运期限			出口口岸	
		有效期限			目的港	
		可否转运		可否分批	运费预付	到付
		正本提单		副本提单	价格条件	

标志唛头	货名规格、海关编号	件数及包装式样	毛重（千克）	净重（千克）	价格币制：	
					单 价	总 价
					TOTAL：	

法定商检：		有进料不超过 20%		来料加工：		来料费：		加工费：		总尺码：		FOB 价：	

受托人注意事项		指定货代				
		运费			确认	
		随附单据	1. 发票	份	2. 装箱单	份
			3. 报关单	份	4. 核销单	份
			5. 许可证　份			
委托人注意		保险条款				
		保险金额：			赔款地点	
	发运信息	危险品：			制单员	

受托人（承运人或货运代理人）：			委托人（即托运人）：		
名称：			名称：		
电话：		传真：	电话：		传真：
委托代理人签章：			联系人：		

表 12-2　集装箱货物托运单

<table>
<tr><td colspan="4">Shipper(发货人)</td><td colspan="4" rowspan="5">D/R NO(编号)

集装箱货物托运单

货主留底</td></tr>
<tr><td colspan="4">Consignee(受货人)</td></tr>
<tr><td colspan="4">Notify Party(通知人)</td></tr>
<tr><td colspan="4">Pre-carriage by(前程运输) Place of receipt(收货地点)</td></tr>
<tr><td colspan="4">Ocean Vessel(船名) Voy No.(航次) Port of Loading(装货港)</td></tr>
<tr><td colspan="3">Port of Discharge(卸货港)</td><td colspan="3">Place of Delivery(交货地点)</td><td colspan="2">Final Destination(目的地)</td></tr>
<tr><td>Container No.(集装箱号)</td><td>Seal No.(封志号)
Marks & No.(标记与号码)</td><td>No. of Containers or P'kgs.(箱数或件数)</td><td colspan="3">Kind of Packages; Description of Goods(包装种类与货名)</td><td>Gross Weight(毛重/千克)</td><td>Measurement(尺码/立方米)</td></tr>
<tr><td colspan="2">TOTAL NUMBER OF CONTAINERS OR PACKAGE(IN WORDS)
集装箱数或件数合计(大写)</td><td></td><td colspan="5"></td></tr>
<tr><td colspan="2">FREIGHT & CHARGES(运费与附加费)</td><td>Revenue Tons(运费吨)</td><td>Rate(运费率)</td><td>Per(每)</td><td>Prepaid(运费预付)</td><td colspan="2">Collect(到付)</td></tr>
<tr><td>Exchange Rate(兑换率)</td><td colspan="2">Prepaid at(预付地点)</td><td colspan="3">Payable at(到付地点)</td><td colspan="2">Place of Issue(签发地点)</td></tr>
<tr><td></td><td colspan="2">Total Prepaid(预付总额)</td><td colspan="3">No. Of Original B(S)/L(正本提单份数)</td><td colspan="2"></td></tr>
<tr><td colspan="2">Service Type on Receiving
□-CY　□-CFS □-DOOR</td><td colspan="2">Service Type on Delivery
□-CY　□-CFS　□-DOOR</td><td colspan="2">Reefer-Temperature Required(冷藏温度)</td><td>F</td><td>C</td></tr>
<tr><td rowspan="2">TYPE OF GOODS(种类)</td><td colspan="3">□Ordinary, □Reefer, □Dangerous, □Auto.
(普通)　(冷藏)　(危险品)(裸装车辆)</td><td rowspan="2">危险品</td><td colspan="3" rowspan="2">Class:
Property:
IMDG Code Page:
UN No.:</td></tr>
<tr><td colspan="3">□Liquid,　□Live animal, □Bulk □____
(液体)　(活动物)　(散货)</td></tr>
<tr><td colspan="2">可否转船</td><td colspan="2">可否分批</td><td colspan="4" rowspan="4"></td></tr>
<tr><td colspan="2">装　　期</td><td colspan="2">效　　期</td></tr>
<tr><td colspan="4">金　额</td></tr>
<tr><td colspan="4">制单日期</td></tr>
</table>

四、实验的组织形式与要求

（一）实验的组织形式

（1）在教师指导下，根据提供的资料在规定的时间内，按要求完成实验任务。

（2）让学生在专业实验室反复练习。

（3）到校外实验基地观摩。

（二）实验要求

每个学生认真独立完成每个实验项目，完成的内容真实并具有可行性。

第三节 班轮运费的核算实验

一、班轮运费核算实验的目的

海运方式下的货物运输根据船舶营运方式的不同分为班轮运输和租船运输，我国绝大部分进出口货物都是通过班轮运输，约占海运总量的75%以上，租船运输无固定运价，班轮运费固定，进出口商与货运代理之间运输合同的一项重要内容就是运费，掌握运费的计核算是业务员的基本技能。

二、班轮运费的核算

（一）班轮运费的计算方法

（1）先根据商品的英文名称在货物分级表中查出该商品所属等级及其计费标准。货物分级表是班轮运价表（liner's freight tariff）的组成部分，它有“货名”“计算标准”和“等级”三个项目，如表12-3所示。

表 12-3 货物分级表

货名	等级	计算标准
农业机械（包括拖拉机）	W/M	9
棉布及棉织品	M	10
小五金及工具	W/M	10
玩具	M	20
棉布及棉织品	M	10

（2）根据商品的等级和计费标准，在航线费率中查出这一商品的基本费率，如上例中棉布及棉织品到东非港口的费率为 443.00 港元。（详见表 12-7：中国—东非航线等级费率表）

（3）查出该商品本身所经航线和港口的有关附加费率。

（4）商品的基本费率和附加费率之和即为该商品每一运费吨的单位运价。

（5）以该商品的计费重量或体积乘以单位运价即可得总运费金额。

（二）节省运费的技巧

（1）如果是大客户，可以直接同船公司签约，申请优惠运价。

（2）申报不同货名所得到的运价不同。多数船公司对货品分开收费。有的货物可以有不同的归类办法。如柠檬酸，可以呈报其是食品类，因为它是制作饮料的一种原料，也可以呈报其是化工原料。这两种品名的运价差别可以多达 200 美金。

（3）如果不赶船期，可以选择慢船或非直达船。当然这必须是在不影响准时到达的前提下。

三、班轮运费的实验项目

（一）实验项目一

（1）包装货物体积的计算必须准确，精打细算，你的运费将大大下降。因为整箱装运最节约运费，不足一箱和超过一箱都将增加企业的成本，造成不必要的浪费，下面的例子可以向你解释为什么。

在 2021 年 5 月，某国外客户向 A 公司下了 1×40'H 集装箱的产品的订单，由于产品的包装为新的包装，A 公司在下了订单 1 个月后还不能得到确切的装箱尺寸。由于工厂估算装箱尺寸时都是以箱子的内径为准，实际上，外径比内径都大了 0.5 厘米，由此造成所有货物生产完毕，计算总体积时，才发现共多出 10CBM。

A 公司将此情况告诉国外客户，客户表示多出的货物他们不要了，他们不可能为了 10CBM 的货物再支付运费。A 公司提出可否由其支付海运费，将货物运至目的港。可是客户还是不同意，因为多余的货为拼箱出运，客户还要在目的港重新办理清关手续。A 公司只得要求仓库在装箱时注意节省空间，务必尽可能地多装货物，最后此高柜比平时的柜子多装了 4CBM 的货物，将存货减到最少。至于留下的存货，A 公司在以后的订单中，以低廉的价格卖给了其他客户。

从案例中我们知道 A 公司因此遭受 6CBM 货物降价的损失，增加了生产成本。一般出口部门的业务人员对产品成本的控制都非常重视，但是对运输环节如何节省运费则关注不够。其实，现在产品价格越来越透明，在运输环节讲究技巧可以节省不少费用。否则，辛辛苦苦从产品成本上省下来的利润就算是交给运输公司了。

（2）根据已知条件，计算海运费。

上海运往肯尼亚蒙巴萨港口“门锁”（小五金）一批计 100 箱。每箱体积为 20 厘米×530 厘米×540 厘米。每箱重量为 25 千克，燃油附加费为 40%，蒙巴萨港口拥挤附加费为 10%，试计算该货物的运费。(门锁的货运等级见表 12-6 货物分级表。)

①中国—东非航线等级费率表如表 12-4 所示。

表 12-4　中国—东非航线等级费率表　　港币：元

等级（class）	费率（rates）
1	243. 00
2	254. 00
3	264. 00
4	280. 00
5	299. 00
6	314. 00
7	341. 00
8	367. 00
9	404. 00
10	443. 00
11	477. 00
20	1，120. 00
Ad　Val	290. 00

② 基本港口：路易港（毛里求斯）、达累斯萨拉姆（坦桑尼亚）、蒙巴萨（肯尼亚）等。

（3）填写运费通知（表 12-5）。

表 12-5 运费通知（1）

货代负责的单证之出口十联单——第三联

<table>
<tr><td colspan="3">SHIPPER</td><td colspan="2">D/R NO.</td><td>抬头</td></tr>
<tr><td colspan="3">CONSIGNEE</td><td colspan="3">集装箱货物托运单</td></tr>
<tr><td colspan="3">NOTIFY PARTY</td><td colspan="2">运费通知（1）</td><td>第三联</td></tr>
<tr><td colspan="3">PRE-CARRIAGE BY PLACE OF RECEIPT</td><td colspan="3"></td></tr>
<tr><td colspan="3">OCEAN VESSEL VOY. NO. PORT OF LOADING</td><td colspan="3"></td></tr>
<tr><td colspan="4">PORT OF DISCHARGE PLACE OF DELIVERY</td><td colspan="2">FINAL DESTINATION FOR THE MERCHANT'S RETERENCE</td></tr>
<tr><td>CONTAINER NO.</td><td>SEAL NO.</td><td>NO. OF CONTAINERS OR PKGS</td><td>KIND OF PACKAGES DESCRIPTION OF GOODS</td><td>GROSS WEIGHT</td><td>MEASUREMENT</td></tr>
<tr><td colspan="2">TOTAL NUMBER OF CONTAINERS OR PACKAGES (IN WORDS)</td><td></td><td colspan="3">SAY ________ ONLY</td></tr>
<tr><td>FREIGHT & CHARGE</td><td>REVENUE TONS</td><td>RATE</td><td>PRE</td><td>PREPAID</td><td>COLLECT</td></tr>
<tr><td rowspan="2">EX. RATE</td><td>PREPAID AT</td><td colspan="2">PAYABLE AT</td><td colspan="2">PLACE OF ISSUE</td></tr>
<tr><td>TOTAL PREPAID</td><td colspan="2">NO. OF ORIGINAL B/L THREE</td><td colspan="2"></td></tr>
</table>

（二）实验项目二

运费计算不仅仅出现在货主与货运代理的货运业务中，当进出口商之间进行交易磋商时，贸易术语之间的换算也需要计算运费。请完成如下贸易术语的换算。

某公司出口货物共 200 箱，对外报价为每箱 438 美元 CFR 马尼拉，菲律宾商人要求将价格改报为 FOB 价，试求每箱货物应付的运费及应改报的 FOB 价为多少？（已知该批货物每箱的体积为 45 厘米×35 厘米×25 厘米，毛重为 30 千克，商品计费标准为 W/M，基本运费为运费每吨 100 美元，到马尼拉港需加收燃油附加费 20%，货币附加费 10%，港口拥挤费 20%。）

四、实验的组织形式与要求

（一）实验的组织形式

（1）在教师指导下，根据提供的资料在规定的时间内，按要求完成实验任务。

(2) 在专业实验室，利用网络收集真实的运输费用资料，了解最新行情，反复练习。

(3) 到校外实验基地观摩。

(二) 实验要求

每个学生认真独立完成每个实验项目，完成的内容真实并具有可行性。

第四节 装船出运实验

一、装船出运实验目的

货物装船出运是 FOB、CFR、CIF 贸易术语项下，出口商在装运港完成交货的最后一步，货主要节省费用，很重要的一点就是要了解货运代理运输的操作流程。实验的目的是掌握装船的步骤，能审核提单，并及时缮制有效的装船通知。

二、装船出运操作步骤

(一) 报关后装载

集装箱集港后报关，船公司将集装箱装到船上。如果忽略装船前的一些细节，会造成更多的费用；更大的麻烦是会由此造成船期的延误。例如，报关顺利与否直接关系到费用问题。如果报关延误而没有赶上船期的话，在码头的超期存放费是一个不小的数目。

(二) 签发大副收据

装船完毕后，由船长或大副根据装货的实际情况签发大副收据，作为换取海运提单的凭据。

(三) 换取提单

凭大副收据向船公司或其代理换取“清洁的、已装船的海运提单”，如果要求签发运费已付提单，必须先向船公司或其代理缴付海洋运费。

(四) 装运通知

按国际惯例装船后，出口商要及时发出装船通知 (shipping advice) 以便进口商办理备款、赎单、进口报关和接货等手续，尤其是FOB或CFR合同，及时有效的装船通知更具有特殊意义，是进口商按时投报的依据。装船通知包括合同号、信用证号码、品名、数量、金额、包装件数、唛头、船名、航班次、开船日、预计抵港日、目的港代理人等。有时L/C要求提供发送证明，如传真报告书，发函底单等，注意在信用证要求的时间内办理。

三、实验项目

（一）案例分析

货物的装运要严格按照信用证的规定，对于涉及装运的条款，如转船、分批装运等条款应根据国际商会《跟单信用证统一惯例》（UCP600）规定。请分析如下案例：

（1）某出口公司收到国外来证，货物为40 000个打火机，总价值为4万美元，允许分批装运，采用海运方式。后客户来传真表示急需其中10 000个（总数量的1/4）打火机，要求改用空运方式提前装运，并提出这部分货款采用电汇方式（T/T）在发货前汇至我方。遇到此类问题该怎么办？

（2）某进出口公司于202×年6月与香港某公司签订进口五套德国设备合同，合同价格条件为CFR湛江，装运港是德国汉堡，装运期为开出信用证后90天内。公司于7月25日开出信用证，信用证的转运港为香港，10月18日香港公司发来装船通知，11月上旬香港公司将全套议付单据寄交开证行，该公司业务员审核发现，提单通知人是卸货港的外运公司，未注明转运港，认为问题不大，接受了单据，并议付了货款。请问该业务员的处理对吗？应该如何处理？

（二）缮制提单（具体填制方法见第16章）

（1）根据第211页信用证的内容缮制提单（表12-6）并填写装运通知（表12-7）。

（2）其他资料。

①合同S/C2021019项下一批出口货物——山苍子油，数量14.4MT，CIFHAMBURG SHIPMENT BEFORE JUNE. 30. 2021，货已备妥并办完商检、产地证手续。

②船舶为中远公司“胜利轮”，航次VH-07861。

③船方确认货物进港及装船日期为2021年6月17日和18日。

④提单号码为DR-0219。

表 12-6 提单

1. Shipper Insert Name, Address and Phone			B/L No. 中远集装箱运输有限公司 COSCO CONTAINER LINES TLX: 33057 COSCO CN FAX: +86 (021) 6545 8984 **ORIGINAL** Port-to-Port or Combined Transport BILL OF LADING
2. Consignee Insert Name, Address and Phone			
3. Notify Party Insert Name, Address and Phone (It is agreed that no responsibility shall attach to the Carrier or his agents for failure to notify)			
			Received in external apparent good order and condition except as otherwise noted. The total number of packages or unites stuffed in the container, The description of the goods and the weights shown in this Bill of Lading are Furnished by the Merchants, and which the carrier has no reasonable means of checking and is not a part of this Bill of Lading contract. The carrier has Issued the number of Bills of Lading stated below, all of this tenor and date, one of the original Bills of Lading must be surrendered and endorsed or signed against the delivery of the shipment and where upon any other original Bills of Lading shall be void. The Merchants agree to be bound by the terms and conditions of this Bill of Lading as if each had personally signed this Bill of Lading. See clause 4 on the back of this Bill of Lading (Terms continued on the back Hereof, please read carefully). * Applicable Only When Document Used as a Combined Transport Bill of Lading.
4. Combined Transport *		5. Combined Transport *	
Pre - carriage by		Place of Receipt	
6. Ocean Vessel Voy. No.		7. Port of Loading	
8. Port of Discharge		9. Combined Transport *	
		Place of Delivery	

Marks & Nos. Container / Seal No.	No. of Containers or Packages	Description of Goods (If Dangerous Goods, See Clause 20)	Gross Weight KGS	Measurement
Description of Contents for Shipper's Use Only (Not part of This B/L Contract)				
10. Total Number of containers and/or packages (in words)				
Subject to Clause 7 Limitation				

11. Freight & Charges	Revenue Tons	Rate	Per	Prepaid	Collect
Declared Value Charge					

Ex. Rate:	Prepaid at	Payable at	Place and date of issue
	Total Prepaid	No. of Original B (s) /L	Signed for the Carrier, COSCO CONTAINER LINES
LADEN ON BOARD THE VESSEL			
DATE		BY	

表 12-7　装运通知

SHIPPING ADVICE

MESSRS:　　　　　　　　　　　　　　　　　　　　INV No.

DATE:

DEAR SIRS,

RE: ______________________

AS REQUESTED BY THE ABOVE CREDIT, WE HEREBY DECLARE THAT THE FOLLOWING GOODS HAVE BEEN SHIPPED TODAY:

COMMODITY:

QUANTITY:

VALUE:

CONVEYANCE:

PORT OF LOADING:

DESTINATION:

INSURANCE:

CONSIGNEE:

SHIPPING MARK:

四、实验的组织形式与要求

（一）实验的组织形式

（1）在教师的指导下，根据提供的资料，在规定的时间内按要求完成实验任务。

（2）更换商品资料，在专业实验室重复上述练习。

（3）到校外实验基地观摩。

（二）实验要求

每个学生认真独立完成每个实验项目，完成的内容真实并具有可行性。

第十三章
进出口商品检验流程实验

《中华人民共和国进出口商品检验法》规定，凡属于“实行检验商品种类表”中需要法定检验和合同或信用证规定由商检机构检验出证的出口商品，出口单位在装运前必须到商检机构申请检验。检验合格，商检机构在出口货物报关单上加盖放行章，海关凭以放行，非法定检验但须商检出证的商品，没有经过商检机构检验和发放相应证书，银行不予结汇。可见商品检验在进出口贸易中的重要。在实验过程中，引导学生发挥主观能动性，与教师及同学沟通交流，培养学生为中国特色社会主义共同理想而奋斗的信念和信心，在互动中感悟社会主义核心价值观。

第一节　出口商品检验流程实验

一、出口商品检验实验的目的

根据国家进出口商品检验法的规定，法定检验检疫的出口货物的发货人或其代理人应当在检验检疫机构规定的地点和期限内向出入境检验检疫机构报检，未经检验合格，不准出口，所以，实验的目的是掌握进出口商品报检的一系列程序和操作。

国家质检局制定了《出入境检验检疫报检员管理规定》，自 2003 年 1 月 1 日起，对报检员资格实行统一考试制度，参加考试人员考试合格取得“报检员资格证”后，方可办理报检员注册手续，自此商品报检工作规范化、制度化，对报检人员提出了更高的要求。

二、出口商品检验实验的内容

（一）出口商品检验的一般程序

（1）出口商填写“出口商品检验申请表”，以书面方式向商检部门提出商品检验申请。

（2）商检部门接受出口商商品检验申请，对出口商品进行检验。

（3）签发证书：经口岸检验检疫机关查验货证相符，且符合检验检疫要求的予以签发通关单（表13-5）或换发检验检疫证书（表13-6）。

（二）报检时应提供的单证、资料

（1）出口销售合同或销售确认书。

（2）信用证及或有关函电。

（3）厂检结果单、出口商品预验结果单、出口商品检验换证凭单等。

（4）凭样品成交的，须提供样品。

（5）出口危险货物时，必须提供“出境货物运输包装性能检验结果单”正本和“出境危险货物运输包装使用鉴定结果单”正本。

（6）属于必须向商检机构办理卫生注册和出口商品质量许可证的商品，报检时必须提供商检机构签发的卫生注册证书或出口质量许可证编号和厂检合格单。

（7）出境特殊物品的，根据法律法规规定应提供有关审批文件。

（三）出口商品报检的时间

（1）属于法定检验范围的出口商品，发货人应当于接到合同或信用证后备货出口前，在商检机构规定的地点和期限内向商检机构报检。

（2）属于在产地检验后需要在口岸换证出口的商品，发货人应在商检机构所规定的期限内向口岸商检机构报请查验换证。

（3）盛装危险货物出口的包装容器以及属于法定检验范围内的出口商品包装容器，包装生产企业应在将包装容器交付有关商品生产企业使用之前向商检机构申报性能检验；在装货出口前，出口经营单位应向商检机构申报使用鉴定。

（4）对装运出口易腐烂变质的食品，冷冻品的船舱、集装箱等运载工具，承运人、装箱单位或代理人必须在装运前向商检机构申请清洁、卫生、冷藏、密固等适载检验。

（四）根据提供的资料填写报检委托书和出口货物报检单

1. 实验项目一

上海诚信进出口公司签订了一笔山苍子油的出口合同，货物已备妥，请以该公司业务员的身份报检。

（1）上海诚信进出口公司资料。

地址：上海市南京路55号

邮编：210001

法人代表：张小均

业务联系人：陈敏

联系电话：021-48128021

企业性质：私营有限责任公司

（2）供应商——贵州香料厂资料。

地址：贵阳市三桥路15号

邮编：550009

法人代表：李军

业务联系人：王琦

联系电话：0851-4700321

企业性质：私营有限责任公司

（3）LITSEA CUBEBA OIL（山苍子油）的商品编码为33012950。

（4）空白单据：表13-1报检委托书；表13-2出境货物报检单；表13-3商业发票；表13-4装箱单。

（5）根据第206页销售合同和第211页信用证内容，制作全套报检所需单证（报检委托书、出境货物报检单、商业发票、装箱单），要求格式清楚、内容完整。

2. 实验项目二

通过对一些具体商品的模拟报检，让学生了解我国进出口商品检验检疫的相关规定和操作。

（1）请查阅相关资料，了解出口食品生产企业应怎样办理卫生注册和登记？哪些出口食品属于报检范围？出口食品申请报检有哪些规定？以罐头食品出口为例进行模拟训练。

（2）假定一批采用木箱包装的货物出口到美国，企业应该考虑如下问题：出口货物的木质包装是否要报检？对输往美国、加拿大和输往欧盟的货物木质包装各有什么规定？

（3）我国是一个玩具的生产和出口大国，对出口玩具的检验有特殊规定，请问列入出口玩具报检范围的有哪些？出口玩具的报检应注意哪些问题？要提供哪些资料？

表 13-1　报检委托书

<table>
<tr><td colspan="6">报 检 委 托 书</td></tr>
<tr><td colspan="6">出入境检验检疫局：</td></tr>
<tr><td colspan="6">本委托人声明，保证遵守《中华人民共和国进出口商品检验法》《中华人民共和国进出境动植物检疫法》《中华人民共和国国境卫生检疫法》《中华人民共和国食品卫生法》等有关法律、法规的规定和检验检疫机构制定的各项规章制度。如有违法行为，自愿接受检验检疫机构的处罚并负法律责任。
本委托人所委托受委托人向检验检疫机构提交的“报检单”和随附各种单据所列内容是真实无讹的。具体委托情况如下：</td></tr>
<tr><td>本单位将于</td><td></td><td>年</td><td></td><td colspan="2">月进/出口如下货物：</td></tr>
<tr><td>品　　名：</td><td colspan="5"></td></tr>
<tr><td>数（重）量：</td><td colspan="5"></td></tr>
<tr><td>合　同　号：</td><td colspan="5"></td></tr>
<tr><td>信用证号：</td><td colspan="5"></td></tr>
<tr><td colspan="6"></td></tr>
<tr><td>特委托</td><td colspan="2"></td><td>（地址）：</td><td colspan="2"></td></tr>
<tr><td colspan="3"></td><td colspan="3">代表本公司办理本批货物所有的检验</td></tr>
<tr><td colspan="6">检疫事宜，请贵局按有关法律规定予以办理</td></tr>
<tr><td colspan="3">委托单位名称（签章）：</td><td colspan="3">受委托单位名称（签章）：</td></tr>
<tr><td>单位地址：</td><td colspan="2"></td><td>单位地址：</td><td colspan="2"></td></tr>
<tr><td>邮政编码：</td><td colspan="2"></td><td>邮政编码：</td><td colspan="2"></td></tr>
<tr><td>法人代表：</td><td colspan="2"></td><td>法人代表：</td><td colspan="2"></td></tr>
<tr><td>本批货物业务联系人：</td><td colspan="2"></td><td>本批货物业务联系人：</td><td colspan="2"></td></tr>
<tr><td>联系电话（手机）：</td><td colspan="2"></td><td>联系电话（手机）：</td><td colspan="2"></td></tr>
<tr><td>企业性质：</td><td colspan="2"></td><td>企业性质：</td><td colspan="2"></td></tr>
<tr><td>日　　期：</td><td colspan="2">年　　月　　　日</td><td>日　　期：</td><td colspan="2">年　　月　　日</td></tr>
<tr><td>本委托书有效期至</td><td colspan="5">年　　月　　日</td></tr>
</table>

表 13-2　出境货物报检单

中华人民共和国出入境检验检疫

出境货物报检单

报检单位(加盖公章)：				＊编　号	
报检单位登记号：		联系人：	电话：	报检日期：　年　月　日	
发货人	(中文)				
	(外文)				
收货人	(中文)				
	(外文)				

货物名称（中/外文）	H. S. 编码	产地	数/重量	货物总值	包装种类及数量

运输工具名称号码		贸易方式		货物存放地点	
合同号		信用证号		用途	
发货日期		输往国家（地区）		许可证/审批号	
启运地		到达口岸		生产单位注册号	
集装箱规格、数量及号码					

合同、信用证订立的检验检疫条款或特殊要求	标 记 及 号 码	随附单据（划“✓”或补填）	
		□合同 □信用证 □发票 □换证凭单 □装箱单 □厂检单	□包装性能结果单 □许可/审批文件 □ □

需要证单名称（划“✓”或补填）				＊检验检疫费	
□品质证书	__正__副	□动物卫生证书	__正__副	总金额（人民币元）	
□重量证书	__正__副	□植物检疫证书	__正__副		
□数量证书	__正__副	□熏蒸/消毒证书	__正__副	计费人	
□兽医卫生证书	__正__副	□出境货物换证凭单	__正__副		
□健康证书	__正__副	□		收费人	
□卫生证书	__正__副	□			

报检人郑重声明：	领 取 证 单	
1. 本人被授权报检。 2. 上列填写内容正确属实，货物无伪造或冒用他人的厂名、标志、认证标志，并承担货物质量责任。 签名：____________	日期	
	签名	

注：有“＊”号栏由出入境检验检疫机关填写	◆国家出入境检验检疫局制
	[1-2（2021. 1. 1）]

表 13-3　商业发票

<table>
<tr><td colspan="6">SHANGHAI CHENGXIN IMPORT AND EXPORT CORP.
35 NANJING ROAD, SHANGHAI
TEL：0086-021-48128021　FAX：0086-021-48128022</td></tr>
<tr><td colspan="6">COMMERCIAL INVOICE</td></tr>
<tr><td colspan="2" rowspan="2">TO</td><td colspan="2">NO.</td><td colspan="2">DATE</td></tr>
<tr><td colspan="2">S/C NO.</td><td colspan="2">L/C NO.</td></tr>
<tr><td colspan="2">TRANSPORT DETAILS</td><td colspan="4">TERMS OF PAYMENT</td></tr>
<tr><td>Marks and Numbers</td><td>Description of Goods</td><td colspan="2">Quantity</td><td>Unit Prices</td><td>Amount</td></tr>
<tr><td></td><td></td><td colspan="2"></td><td></td><td></td></tr>
<tr><td colspan="6">Total：
SAY TOTAL：</td></tr>
</table>

表 13-4　装箱单

<table>
<tr><td colspan="6">SHANGHAI CHENGXIN IMPORT AND EXPORT CORP.
35 NANJING ROAD, SHANGHAI
TEL：0086-021-48128021　FAX：0086-021-48128022</td></tr>
<tr><td colspan="6">PACKING LIST</td></tr>
<tr><td colspan="2" rowspan="2">To</td><td colspan="2">Invoice No.</td><td colspan="2">Date</td></tr>
<tr><td colspan="2"></td><td colspan="2"></td></tr>
<tr><td>Marks and Numbers</td><td>Description of Goods</td><td>Package</td><td>G. W</td><td>N. W</td><td>Meas.</td></tr>
<tr><td></td><td></td><td></td><td></td><td></td><td></td></tr>
<tr><td colspan="6">Total：
SAY TOTAL：</td></tr>
</table>

表 13-5　出境货物通关单

中华人民共和国出入境检验检疫

出境货物通关单

编号：

<table>
<tr><td colspan="3">1. 发货人</td><td rowspan="3">5. 标记及号码</td></tr>
<tr><td colspan="3">2. 收货人</td></tr>
<tr><td colspan="2">3. 合同/信用证号</td><td>4. 输往国家或地区</td></tr>
<tr><td colspan="2">6. 运输工具名称及号码</td><td>7. 发货日期</td><td>8. 集装箱规格及数量</td></tr>
<tr><td>9. 货物名称及规格</td><td>10. H.S.编码</td><td>11. 申报总值</td><td>12. 数/重量、包装数量及种类</td></tr>
<tr><td colspan="4">（出入境检验检疫局检验检疫专用章）
上述货物业经检验检疫，请海关予以放行。
本通关单有效期至　　　　年　　月　　日
签字：　　（负责人签名）　　日期：　　年　　月　　日</td></tr>
<tr><td colspan="4">13. 备注</td></tr>
</table>

① 货物通关　　印刷流水号：　　［2-2（2021. 1. 1）］

表 13-6 检验检疫证书——品质证书

中华人民共和国出入境检验检疫

ENTRY-EXIT INSPECTION AND QUARANTINE
OF THE PEOPLE'S REPUBLIC OF CHINA

正 本
ORIGINAL

编号 No.:

品 质 证 书

INSPECTION CERTIFICATE OF QUALITY

发 货 人
Consignor
收 货 人
Consignee

品名 Description of Goods	标记及号码 Mark & No.

报检数量/重量
Quantity/Weight Declared
包装种类及数量
Number and Type of Packages
运输工具
Means of Conveyance
检验结果:
RESULTS OF INSPECTION:

IN ACCORDANCE WITH THE RELEVANT STANDARD, THE REPRESENTATIVE SAMPLE WERE DRAWN AT RONDOM AND INSPECTED WITH RESULTS AS FOLLOWS:

THE QUALITY OF THE GOODS IS IN CONFORMITY WITH THE RELEVANT REQUIREMENTS.

印章 Official Stamp	签证地点 Place of Issue 授权签字人 Authorized Officer	签证日期 Date of Issue 签　名 Signature

我们已尽所知最大能力实施上述试验，不能因我们签发本证书而免除卖方或其他方面根据合同和法律所承担的产品质量责任和其他责任。

All inspections are carried out conscientiously to the best of our knowledge and ability. This certificate does not in any respect absolve the seller and other related parties from his contractual and legal obligations especially when product quality is concerned.

三、出口商品检验实验的要求和控制

（一）实验地点

在专业实验室进行模拟报检训练，商检局参观，或到企业实际演练。

（二）要求和控制

（1）在了解我国商检法对具体商品监管的相关规定的基础上，根据提供的资料模拟出口商品报检的过程。

（2）提供的空白表格表13-5、表13-6，在实际业务中由商检局缮制，可以不要求作为实验内容，但它们是企业用于报关和结汇的主要凭证之一。如果信用证对商品的检验有特殊要求，在申请商检时，要考虑最终获取的证书内容必须与信用证的要求一致，所以在填写检验申请表时应据此添加检验申请的内容。

第二节 原产地证明书

一、原产地证明书实验的目的

一般原产地证书和普惠制原产地证书都是一种证明商品的原产国别的一种证书。普惠制原产地证书是当商品出口到给予普惠制的国家时所提供的原产地证书，出具普惠制原产地证书，出口商品能享受优惠的进口关税，增强其竞争力，出口企业应充分利用进口国给予的优惠，扩大市场份额。

出具一般原产地证书则是便于进口国海关进行贸易统计，实行数量限制，控制从特定国家进口及实行差别关税待遇，实际业务中常常有进口商要求提供一般原产地证。

二、原产地证明书实验的内容

（一）普惠制原产地证书（FORM A）的填制

1. 普惠制原产地证书的签发程序

我国普惠制原产地证书（FORM A）的签发机关是进出口商品检验局。进出口商品检验局根据外贸进出口公司的申请，签发普惠制原产地证书。商检局签发普惠制原产地证书的基本程序是：

（1）进出口公司根据合同或信用证填写普惠制原产地证书（FORM A）及其申请书。

（2）货物装运出口（报关）前，外贸公司持填好的普惠制原产地证书、普惠制原产地证书申请书以及其他必要单据资料到商检局办理普惠制原产地证书签发手续。

（3）商检局按外贸公司的申请，对公司提交的普惠制原产地证书、普惠制原产地证书申请书以及其他资料进行审核，如无误，即在普惠制原产地证书上签字盖章，将其退给外贸公司。

2. 申请签发普惠制原产地证明书应提供的单证和资料

在外贸业务中，外贸公司向商检局申请签发普惠制原产地证明书除须向商检局提供填好的普惠制原产地证书和普惠制原产地证书申请书外，还需根据情况提供下列单证资料：

（1）正式的出口商业发票、装箱单各一份。

（2）产品成本明细单（出口含有进口成分的产品时提供）。

（3）来料凭证（出口来料加工方式生产的商品时提供）。

（4）出口合同、信用证、提单等（商检机构认为必要时提供）。

3. 普惠制产地证书的填制（具体填制方法见第 16 章）

请继续以业务员身份，根据以下申请普惠制产地证明书的资料完成规定训练项目。

（1）第 207 页进出口合同、第 211 页信用证。

（2）表 13-3 商业发票，表 13-4 装箱单。

（3）其他资料：

申请日期：2021 年 10 月 10 日。

申请单位注册号：5201047856。

证书号：23120208765。

其他资料请自拟。

（4）空白单据：表 13－7 普惠制产地证书申请书；表 13－8 普惠制产地证书（FORM A）。

（二）普通原产地证

我国普通原产地证主要由出口商应进口商的要求向商检局或贸促会请求签发。

1. 原产地证签发程序

（1）进出口公司根据合同或信用证填写原产地证书及其申请书。

（2）货物装运出口（报关）前，外贸公司持填好的原产地证书、原产地证书申请书及其他必要单据资料到商检局或贸促会办理原产地证书签发手续。

（3）商检局或贸促会根据外贸公司的申请，对公司提交的原产地证书、原产地证书申请书以及其他资料进行审核，如无误，在原产地证书上签字盖章，将其还给外贸公司。

2. 申请签发原产地证明书应提供的单证与资料

（1）原产地证明书申请书一份。

（2）原产地证明（certificate of origin）一套。

（3）商业发票、装箱单各一份。

3. 原产地证明书的填制（具体填制方法见第 16 章）

根据所给资料，以上海诚信进出口公司业务员身份，模拟完成原产地证明书的填制。

（1）表 12-2 进出口合同、表 12-3 L/C（假定进口商接受一般原产地证）。

（2）表 13-3 商业发票，表 13-4 装箱单（上一节已完成的）。

（3）其他资料：

①申请单位注册号——1003605647；　②证书号——12340071320；

③发票号——S/C2021020；　④发票日期——2021 年 10 月 3 日；

⑤发票（FOB）总值——USD103 910. 00；　⑥拟出运日期——2021 年 10 月 17 日；

⑦申请日期——2021 年 10 月 6 日。

（4）空白单据：表 13-9 一般原产地证申请书、表 13-10 原产地证书。

表 13-7　普惠制产地证书申请书

普惠制产地证书申请书

FORM A　　　　　　　　　　NO.

本人郑重声明：

本人是正式被授权代表出口单位办理和签署本申请的；

本申请书及普惠制产地证格式 A 所列内容正确无误；如发现弄虚作假，冒充格式 A 所列货物，擅改证书，自愿接受签证机关的处罚并负法律责任。现将有关情况申报如下：

<table>
<tr><td colspan="2">申请单位</td><td colspan="2"></td><td colspan="2">联系人电话</td><td colspan="2"></td></tr>
<tr><td colspan="2">商品名称
（中英文）</td><td colspan="2"></td><td colspan="2">HS 税目号
（以六位数码计）</td><td colspan="2"></td></tr>
<tr><td colspan="3">商品（FOB）总值（以美元计）</td><td colspan="3"></td><td>发票号</td><td></td></tr>
<tr><td>最终消费国</td><td colspan="2"></td><td colspan="3">证书种类画“✓”</td><td>加急证书</td><td>普通证书</td></tr>
<tr><td colspan="3">货物拟出运日期</td><td colspan="5"></td></tr>
<tr><td colspan="8">贸易方式和企业性质（请在适处画“✓”）</td></tr>
<tr><td>正常贸易 C</td><td>来料加工 L</td><td>补偿贸易 B</td><td>中外合资
H</td><td>中外合作
Z</td><td>外商独资
D</td><td>零售
Y</td><td>展卖
M</td></tr>
<tr><td></td><td></td><td></td><td></td><td></td><td></td><td></td><td></td></tr>
<tr><td colspan="3">包装数量或毛重或其他数量</td><td colspan="5"></td></tr>
<tr><td colspan="8">原产地标准：
本项商品系中国生产，完全符合该给惠国给惠方案规定，其原产地情况符合以下第__1__条；
1.“P”（完全国产，未使用任何进口原料）；
2.“W”其 HS 税目号为________；
3.“F”（对加拿大出口产品，其进口成分不超过产品出厂价值的 40%）。
本批产品系：1. 直接运输从 ________ 到 ________；
2. 转口运输从 ________ 中转国（地区）________ 到 ________，</td></tr>
<tr><td colspan="8">申请人说明
申请单位：（盖章）
申请人：（签名）
电　话：
日　期：　　年　月　日</td></tr>
</table>

现提交中国出口商品发票副本一份，普惠制产地证明书格式 A（FORM A）一正二副，以及其他附件，请予审核签证。

注：凡含有进口成分的商品，必须按要求提交“含进口成分受惠商品成本明细单”。

表 13-8 普惠制产地证书（FORM A）

ORIGINAL

<table>
<tr><td colspan="3">1. Goods consigned from (Exporter's business name, address, country)</td><td colspan="3" rowspan="2">Reference No.

GENERALIZED SYSTEM OF PREFERENCES
CERTIFICATE OF ORIGIN
(Combined declaration and certificate)

FORM A

Issued in THE PEOPLE'S REPUBLIC OF CHINA
(country)

See Notes overleaf</td></tr>
<tr><td colspan="3">2. Goods consigned to (Consignee's name, address, country)</td></tr>
<tr><td colspan="3">3. Means of transport and route (as far as known)</td><td colspan="3">4. For official use</td></tr>
<tr><td>5. Item number</td><td>6. Marks and numbers of packages</td><td>7. Number and kind of packages; description of goods</td><td>8. Origin criterion (see Notes overleaf)</td><td>9. Gross weight or other quantity</td><td>10. Number and date of invoices</td></tr>
<tr><td colspan="3">11. Certification
It is hereby certified, on the basis of control carried out, that the declaration by the exporter is correct.</td><td colspan="3">12. Declaration by the exporter
The undersigned hereby declares that the above details and statements are correct, that all the goods were Produced in
(country)
and that they comply with the origin requirements specified for those goods in the Generalized System of Preferences for goods exported to
____
(importing country)</td></tr>
<tr><td colspan="3">Place and date, signature and stamp of certifying authority</td><td colspan="3">Place and date, signature and stamp of authorized signatory</td></tr>
</table>

表 13-9　一般原产地证明书/加工装配证明书申请书

一般原产地证明书/加工装配证明书

申请书

申请单位注册号：　　　　　　　　　　　　　　证书号：

申请人郑重声明：

本人正式代表本企业办理和签署本申请书。

本申请书及一般原产地证明书，加工装配证明书所列内容正确无误，如发现弄虚作假，冒充证书所列货物，擅改证书，自愿接受签证机关的处罚并负法律责任，现将有关情况申报如下：

<table>
<tr><td>企业名称</td><td colspan="2"></td><td>发 票 号</td><td colspan="2"></td></tr>
<tr><td>商品名称</td><td colspan="2"></td><td>HS 编码（六位）</td><td colspan="2"></td></tr>
<tr><td colspan="2">商品（FOB）总值（美元）</td><td></td><td>最终目的国/地区</td><td colspan="2"></td></tr>
<tr><td>拟出运日期</td><td></td><td>转口国（地区）</td><td colspan="3"></td></tr>
<tr><td colspan="6">贸易方式和企业性质（请在适处画“✓”）</td></tr>
<tr><td colspan="2">一 般 贸 易</td><td colspan="2">三 来 一 补</td><td colspan="2">其 他 贸 易 方 式</td></tr>
<tr><td>中资企业</td><td>外资企业</td><td>中资企业</td><td>外资企业</td><td>中资企业</td><td>外资企业</td></tr>
<tr><td></td><td></td><td></td><td></td><td></td><td></td></tr>
<tr><td colspan="2">包装数量或毛重或其他数量</td><td colspan="4"></td></tr>
<tr><td colspan="2">证书种类（画“✓”）</td><td colspan="2">一般原产地证明书</td><td colspan="2">加工装配证明书</td></tr>
<tr><td colspan="6">现提交中国出口货物商业发票副本一份，一般原产地证明书/加工装配证明书一正三副，以及其他附件　　份，请予审核签证。

申请单位盖章：　　　　　　　　申领人（签名）
电　话：
日　期：　　　年　月　日</td></tr>
</table>

表 13-10 原产地证书

ORIGINAL

<table>
<tr><td colspan="2">1. Exporter</td><td colspan="3" rowspan="2">Certificate No.

CERTIFICATE OF ORIGIN
OF
THE PEOPLE'S REPUBLIC OF CHINA</td></tr>
<tr><td colspan="2">2. Consignee</td></tr>
<tr><td colspan="2">3. Means of transport and route</td><td colspan="3" rowspan="2">5. For certifying authority use only</td></tr>
<tr><td colspan="2">4. Country / region of destination</td></tr>
<tr><td>6. Marks and numbers</td><td>7. Number and kind of packages; description of goods</td><td>8. H. S. Code</td><td>9. Quantity</td><td>10. Number and date of invoices</td></tr>
<tr><td colspan="2">11. Declaration by the exporter
The undersigned hereby declares that the above details and statements are correct, that all the goods were produced in China and that they comply with the Rules of Origin of the People's Republic of China.</td><td colspan="3">12. Certification
It is hereby certified that the declaration by the exporter is correct.</td></tr>
<tr><td colspan="2">Place and date, signature and stamp of authorized signatory</td><td colspan="3">Place and date, signature and stamp of certifying authority</td></tr>
</table>

三、出口商品检验实验的组织和控制

（一）实验组织

由于不同给惠国的给惠方案不同，组织学生查找欧盟的方案，以某一商品为线索，通过了解和学习，把理论知识逐渐应用到业务中。

（二）实验要求

要自始至终严格要求学生，并让每个学生独立完成模拟实验项目。

第三节 进口商品检验流程实验

一、进口商品检验实验的目的

（1）根据国家进出口商品检验法的规定，法定检验检疫的进口商品，未经检验或经检验不合格，不许销售和使用，所以，进口检验是进口合同履行必不可少的环节。

（2）进口商品实施检验，能把好进口商品质量关，既可保障进口商的权益，又能有效维护国家和国内消费者的利益，因此要重视进口商品的检验。

二、进口商品检验实验的内容

进口商品检验的一般程序如下：

（一）进口商或其代理人先向卸货口岸或到达站的出入境检验检疫机构报检

（1）检验检疫机构受理报检，转施检部门签署意见，计收费，对来自疫区的、可能传播检疫传染病、动植物疫情和可能夹带有害物质的入境货物的交通工具或运输包装实施必要的检疫、消毒、卫生除害处理后，签发“入境货物通关单”（入境废物、活动物除外）供报检人办理海关的通关手续。

（2）货物通关后，需在检验检疫机构规定的时间和地点到指定的检验检疫机构对货物实施检验检疫。

（3）经检验检疫合格的，签发“入境货物检验检疫证明”放行；不合格的，签发检验检疫处理通知书，需要索赔的签发检验检疫证书。

（二）入境报检应提供的单证

进口商品在报检时，除填写入境货物报检单外，还需按检验要求出具下列单证：

（1）一般应提供外贸合同、发票、提单、装箱单等有关单证。

（2）申请品质、规格、安全检验的，还应提供国外的检验证书、使用说明书以及有关标准和技术资料。凭样成交的，应提交成交样品。

（3）申请重量鉴定的，应提交国外的重量、水分检验证书和重量明细单。申请木材材积鉴定的，应提供国外的材积明细单。

（4）入境动植物及其产品，除提供外贸合同、发票、产地证书外，还必须提供输出国官方的检疫证书；需办理入境审批手续的，还应提供入境动植物检疫许可证。

（5）来自美国、日本、欧盟和韩国的入境货物报检时，应按规定提供有关包装情况的证书和声明。

（三）入境货物报检单的填制

根据所给资料，以上海诚信进出口公司业务员身份，模拟完成货物入境单的填制。

表 13-11 进口合同

上海诚信进出口公司
SHANGHAI CHENGXIN IMPORT ANG EXPORT CORP.
35 NANJING ROAD, SHANGHAI
TEL：0086-021-48128021 FAX：0086-021-48128022

合 同
CONTRACT

卖方 SELLER：
SAMSONG TECHWIN CO., LTD
KANGHWAMUN BLDG, SEOUL, KOREA

编号 NO.：DLQ930
日期 DATE：Feb. 28, 2021
地点：SHANGHAI, CHINA

买方 BUYER：
SHANGHAI CHENGXIN IMPORT ANG EXPORT CORP.
35 NANJING ROAD, SHANGHAI
TEL：0086-021-48128021 FAX：0086-021-48128022

买卖双方同意以下条款达成交易：
This contract is made by and agreed between the BUYER and SELLER, in accordance with the terms and conditions stipulated below.

1. 品名及规格
Commodity & Specification： SAMSUNG DIGITAL CAMERA DIGIMAX I6

2. 数量
Quantity： 2000SET

3. 单价及价格条款
Unit Price & Trade Terms： USD320/SET FOBFUSAN, KOREA

4. 金额
Amount：USD640 000. 00

允许 溢短装，由卖方决定
With More or less of shipment allowed at the sellers' option.

5. 总值
Total Value
USD SIX HUNDRED AND FOURTY THOUSAND ONLY.
6. 包装
Packing
PACKED IN CARTONS.
7. 唛头
Shipping Marks：AT THE SELLER'S OPTION.
8. 装运期
Time of Shipment：NOT LATER THAN OCT. 30，2021.
9. 装运港及目的地
Port of Loading & Destination
From：FUSAN，KOREA
To：SHANGHAI PORT，CHINA
10. 保险
Insurance：TO BE COVERED BY THE BUYER.
11. 付款方式
Terms of Payment：D/P AT SIGHT.
12. 备注
Remarks

The Buyer
SHANGHAI CHENGXIN IMPORT& EXPORT CORP.
(signature)

The Seller
SAMSONG TECHWIN CO.，LTD
(signature)

其他资料：
No. & date of Invoice：HSC060723 SEPT. 23，2021
Shipment by S/S：VICTORY M25
Date ofB/L：OCT. 6，2021.
Shipping Marks：CXCO
SHANGHAI
NO. 1-100
Packing：20set in a carton.
Gross weight：10kgs.
Measurement：20×20×15cm
H. S. Code：90065300

三、进口商品检验实验的组织和控制

（一）实验组织

以小组的形式，在了解我国商检法对具体商品监管的相关规定的基础上，根据提供的资料模拟进口商品报检的过程。

（二）实验控制

自始至终严格要求学生，并让每个学生独立完成模拟实验项目，教师根据实验日志和入境货物报检单填制情况评定学生成绩。

表 13-12　入境货物报检单

中华人民共和国出入境检验检疫

入境货物报检单

报检单位（加盖公章）：　　　　　　　　　　　　　　　　　　　　　　　＊编　号

报检单位登记号：　　　　　联系人：　　　　　电话：　　　　　　　　　　报检日期

收货人	（中文）		企业性质（画“√”）	□合资□合作□外资
	（外文）			
发货人	（中文）			
	（外文）			

货物名称(中/外文)	H.S.编码	原产国(地区)	数/重量	货物总值	包装种类及数量
运输工具名称号码				合同号	

贸易方式		贸易国别(地区)		提单/运单号	
到货日期		启运国家(地区)		许可证/审批号	
卸毕日期		启运口岸		入境口岸	
索赔有效期至		经停口岸		目的地	
集装箱规格、数量及号码					

合同订立的特殊条款以及其他要求		货物存放地点	
		用　途	自营自销
随附单据(画“√”或补填)	标记及号码	＊外商投资财产(画“√”)	□是□否
□合同　□到货通知 □发票　□装箱单 □提/运单　□质保书 □兽医卫生证书　□理货清单 □植物检疫证书　□磅码单 □动物检疫证书　□验收报告 □卫生证书　□ □原产地证　□ □许可/审批文件　□		＊检验检疫费	
		总金额（人民币元）	
		计费人	
		收费人	
报检人郑重声明： 1. 本人被授权报检。 2. 上列填写内容正确属实。 签名：＿＿＿＿＿＿		领取证单	
		日期	
		签名：	

注：有“＊”号栏由出入境检验检疫机关填写　　　　　　　　　　◆国家出入境检验检疫局制

［1-1（2021. 1. 1）］

第十四章 进出口报关技能训练

报关是指进出口货物收货人、发货人、进出境运输工具负责人、进出境物品的所有人或其他的代理人向海关办理货物、物品或运输工具进出境手续的全过程。

进出境货物的通关，一般来说，可分为四个基本环节，即申报、查验、征税和放行。本章实验以“立德树人”为核心的教学目标，引导学生树立正确的法治观念，做到诚信守法。

第一节 进出口报关基本流程的训练

一、训练的目的

（1）使学生掌握进出口报关的基本流程。

（2）使学生熟练掌握进出口报关的技巧。

二、训练的基本内容

（一）一般进口货物的报关

1. 进口报关的主要步骤

（1）了解外贸管制政策。例如：冷轧不锈钢带经查编码为 72202090，需办理特定商品进口登记证明。

（2）根据有关资料，填写进口货物报关单并录入电脑。

（3）凭进口货物报关单、提单正本、装箱单、发票、特定商品登记证明原件到现场海关交单办理进口申报。

（4）收到海关查验通知单,陪同海关关员查货(如果没有查验通知的,可以不予查验)。

（5）计算税费，取得税款缴纳凭证并在规定期限内缴纳进口税费。

（6）凭报关单和完税凭证向现场海关申请放行，海关在报关单上签章放行。

2. 填制报关单的注意事项

（1）委托外贸公司进口，首先确定贸易方式为“一般贸易”，其对应的征免性质为“一般征税”。

（2）海运的运输方式申报为“江海”，运输工具名称在 B/L 中找。

（3）件数、包装种类、毛重、净重等包装资料在装箱单（packing list）里查找。

（4）经营单位填报有进出口经营权的外贸公司，收货单位填报实际收货的企业。

（5）现在办理此类填制报关单及录入电脑手续，原则上全部由代理报关公司完成，但原始资料由公司自行提供。填制的内容及报关单电脑录入的内容，公司须认真核对，因为若是公司提交的单证及资料有问题，其法律责任原则上由公司自行承担；若是录入有误而发生问题，则原则上由报关公司负责。

3. 训练内容

（1）背景资料。

贵州无线电厂是一家民营企业，该厂向日本订购了冷轧不锈钢带一批，委托贵州外贸进出口公司于 2004 年 8 月 25 日向广州海关办理报关手续。

（2）训练具体单证资料见表 14-1、表 14-2、表 14-3。

（3）根据所提供的资料模拟进口报关并填写进口货物报关单（表 14-4）。

（4）报关单参考答案如表 14-5 所示。

表 14-1 商业发票

YUASA TRADING CO., LTD

COMMERCIAL INVOICE

To:	GUIZHOU FOREIGN TRADE IMP & EXP CORP. 100BEIJING ROAD, GUIYANG, GUIZHOU, CHINA	Invoice No.: Invoice Date: S/C No.: S/C Date:	1190 AUGUST 12, 2021 04YN050-ES0072JP-1
From:	YOKOHAMA, JAPAN	To:	GUANGZHOU, CHINA
Letter of Credit No.:	093LC0400263	Issued By:	THE AGRICULTURAL, BANK OF CHINA GUIZHOU BRANCH

Marks and Numbers	Number and kind of package Description of goods	Quantity	Unit Price	Amount
04YN050-ES0072JP-1 GUANGZHOU C/NO. 1-5	STAINLESS STEEL STRIP SPEC: JIS G4313 SUS301-CSP-3/4H SIZE: (MM) 0.5×300×COIL DELIVERY ALLOWANCE: +/-10% PACKING; COILI. D. ABOUT300MM COIL WEIGHT ABOUT 1-3KGS/M MANUFACTURER'S EXPORT PACKING MANUFACTURER: NIPPON KINZOKU CO., LTD. -E. & O. E. - YUASA TRADING CO., LTD MANAGER	3 217KGS	@ US $3 470	US $11 162.99

TOTAL: 3 217KGS US $11 162.99

SAY TOTAL: UNITED STATES DOLLARS ELEVEN THOUSAND ONE HUNDRED AND SIXTY TWO CENTS NINETY NINE ONLY

表 14-2　装箱单

ISSUER YUASA TRADING CO., LTD 13-10, NIHONBASHI-ODENMACHO CHUO-KU. TOKYO103. JAPAN			装箱单 **PACKING LIST**			
TO GUIZHOU FOREIGN TRADE IMP & EXP CORP. 100 BEIJING ROAD. GUIYANG, GUIZHOU CHINA			INVOICE NO. 1190		DATE AUGUST 12, 2021	
Marks and Numbers	Number and kind of package Description of goods	Quantity	Package	G. W	N. W	Meas.
04YN050- ES0072JP-1 GUANGZHOU C/NO. 1-5	STAINLESS STEEL STRIP SPEC. JIS G4313 SUS301-CSP-3/4H SIZE (MM) 0.5×300×COIL	5 CASE		3 349KGS	3 217KGS	
	TOTAL:	FIVE (5) CASES		3 349KGS	3 217KGS	
SAY TOTAL:		FIVE (5) CASES				
DELIVERY ALLOWANCE: +/-10% PACKING: COIL I. D. ABOUT 300MM COIL WEIGHT ABOUT 1-3KGS/MM IN WIDTH MANUFACTURER'S STANDARD EXPORT PACKING MANUFACTURER: NIPPON KINZOKU CO., LTD YUASA TRADING CO., LTD						

表 14-3 海运提单

1. Shipper Insert Name, Address and Phone YUASA TRADING CO. LTD		B/L No. YSHI03208				
2. Consignee Insert Name, Address and Phone TO ORDER		中远集装箱运输有限公司 COSCO CONTAINER LINES TLX: 33057 COSCO CN FAX: +86 (021) 6545 8984 ORIGINAL				
3. Notify Party Insert Name, Address and Phone (It is agreed that no responsibility shall attach to the Carrier or his agents for failure to notify) GUIZHOU FOREIGN TRADE IMP & EXP CORP. 100 BEIJING ROAD, GUIYANG, GUIZHOU CHINA		Port-to-Port or Combined Transport BILL OF LADING RECEIVED in external apparent good order and condition except as other-Wise noted. The total number of packages or unites stuffed in the container, The description of the goods and the weights shown in this Bill of Lading are Furnished by the Merchants, and which the carrier has no reasonable means of checking and is not a part of this Bill of Lading contract. The carrier has Issued the number of Bills of Lading stated below, all of this tenor and date, One of the original Bills of Lading must be surrendered and endorsed or sig-Ned against the delivery of the shipment and whereupon any other original Bills of Lading shall be void. The Merchants agree to be bound by the terms and conditions of this Bill of Lading as if each had personally signed this Bill of Lading. SEE clause 4 on the back of this Bill of Lading (Terms continued on the back Hereof, please read carefully). * Applicable Only When Document Used as a Combined Transport Bill of Lading.				
4. Combined Transport *	5. Combined Transport *					
Pre - carriage by	YOKOHAMA CFS	Place of Receipt				
6. Ocean Vessel Voy. No. "YONG AN CHENG" 348	7. Port of Loading YOKOHAMA, JAPAN					
8. Port of Discharge GUANGZHOU, CHINA	9. Combined Transport * Place of Delivery GUANGZHOU CFS					
Marks & Nos. Container/Seal No.	No. of Containers or Packages	Description of Goods (If Dangerous Goods, See Clause 20)		Gross Weight Kgs	Measurement	
04YN050-ES0072 JP-1 GUANGZHOU C/NO. 1-5	5 CASES	STAINLESS STRIP "FREIGHT PREPAID"		3 349KGS	1. 305M3	
		Description of Contents for Shipper's Use Only (Not part of This B/L Contract)				
10. Total Number of containers and/or packages (in words) FIVE (5) CASES ONLY Subject to Clause 7 Limitation						
11. Freight & Charges Declared Value Charge	Revenue Tons	Rate	Per	Prepaid	Collect	
Ex. Rate:	Prepaid at TOKYO, JAPAN	Payable at	Place and date of issue TOKYO, JAPAN AUG22, 2021			
	Total Prepaid	No. of Original B(s)/L THREE (3)	Signed for the Carrier, COSCO CONTAINER LINES			

LADEN ON BOARD THE VESSEL

DATE AUG 22 2021 BY

表 14-4　进口货物报关单

中华人民共和国海关进口货物报关单

预录入编号：　　　　　　　　　　　　　　　　　　海关编号：

<table>
<tr><td>境内收货人</td><td colspan="2">进境关别</td><td colspan="2">进口日期</td><td colspan="2">申报日期</td><td colspan="2">备案号</td></tr>
<tr><td>境外发货人</td><td colspan="2">运输方式</td><td colspan="2">运输工具名称及航次号</td><td colspan="2">提运单号</td><td colspan="2">货物存放地点</td></tr>
<tr><td>消费使用单位</td><td colspan="2">监管方式</td><td colspan="2">征免性质</td><td colspan="2">许可证号</td><td colspan="2">启运港</td></tr>
<tr><td>合同协议号</td><td colspan="2">贸易国（地区）</td><td colspan="2">启运国（地区）</td><td colspan="2">经停港</td><td colspan="2">入境口岸</td></tr>
<tr><td>包装种类</td><td>件数</td><td>毛重（千克）</td><td>净重（千克）</td><td>成交方式</td><td>运费</td><td colspan="2">保费</td><td>杂费</td></tr>
<tr><td colspan="9">随附单证及编号</td></tr>
<tr><td colspan="9">标记唛码及备注</td></tr>
<tr><td>项号</td><td>商品编号</td><td>商品名称及规格型号</td><td>数量及单位</td><td>单价/总价/币制</td><td>原产国（地区）</td><td>最终目的国（地区）</td><td>境内目的地</td><td>征免</td></tr>
<tr><td colspan="9"></td></tr>
<tr><td colspan="9">特殊关系确认：　　　　　价格影响确认：　　　　　支付特许权使用费确认：
公式定价确认：　　　　　暂定价格确认：　　　　　自报自缴：</td></tr>
<tr><td colspan="3">报关人员
报关人员证号
电话
申报单位</td><td colspan="3">兹申明对以上内容承担如实申报、依法纳税之法律责任
申报单位（签章）</td><td colspan="3">海关批注及签章</td></tr>
</table>

表 14-5 进口货物报关单

中华人民共和国海关进口货物报关单

预录入编号：　　　　　　　　　　　　　　海关编号：

进口口岸	广州海关	备案号	进口日期	申报日期
			2004.08.25	2004.08.25
经营单位	贵州外贸进出口公司	运输方式	运输工具名称	提运单号
		江海	YONG AN CHENG/348	YSHI 03208
收货单位	贵州无线电厂	贸易方式	征免性质	征税比例
		一般贸易	一般征税	
许可证号		起运国（地区）	装货港	境内目的地
		日本	横滨	贵州贵阳
批准文号		成交方式	运费	保费	杂费
		CIF			
合同协议号	04YN050-ES0072JP-1	件数	包装种类	毛重（千克）	净重（千克）
		5	木箱	3 349	3 217
集装箱号		随附单据		用途
		7:44013-04-02021		外贸自营内销
标记唛码及备注	04YN050-ES0072JP-1 GUANGZHOU N/W KGS G/W KGS C/NO.1-5			

项号	商品编号	商品名称、规格型号	数量及单位	原产国(地区)	单价	总价	币制	征免
1	72202090	冷轧不锈钢带	3 217千克	日本	USD3470/MT	11 162.99	USD	照章
		STAINLESS STEEL STRIP						

税费征收情况

录入员	录入单位	兹申明以上申报无效并承担法律责任	海关审单批注及放行日期(签章)
JX010	机械进出口		审单 / 审价
报关员		申报单位(签章) 贵州外贸进出口公司	征税 / 统计
单位地址	贵州贵阳北京路100号		查验 / 放行
邮编		电话	填制日期

（二）暂准进出口货物的报关业务

美国森瑞公司因要参加由上海市对外经济贸易委员会在上海展览馆举办的电子产品展览（展览日期：2021 年 9 月 1 日至 2021 年 9 月 5 日），委托上海昌容报关公司办理有关展览事宜的一切手续。上海展出后该批货又应邀到青岛展览，在青岛展出期间，整流器及变压器无偿赠送给青岛海林公司，其余货品在展览结束后退回美国。进境供展览使用的产品如表 14-6 所示。

表 14-6　货物明细单

品名规格	数量	单价	总价	币制
整流器	120 台	3	360	USD
变压器	150 台	5	750	USD
开关	10 000 个	0. 1	1 000	USD

1. 上海展出手续

（1）进境展览由境内展出单位的上级主管部门审批。上海市对外经济贸易委员会举办的展览，由商务部或上海市人民政府审批。所有的展品，均属于暂时进口货物。

（2）凭商务部或上海市人民政府的有关批件、展品清单及其他展出资料到上海海关展览物品主管部门虹桥办事处备案。

（3）物品到港后，填写进口货物报关单录入电脑申报，电子通关。

（4）向虹桥办事处提交进口货物报关单、装箱单、发票、提货单等有关单证。

（5）提供担保（缴纳与该批货物应交税款等额的保证金或提供担保函）。

（6）取得海关签章的提货单并据以提货。

（7）在布置展出时，陪同海关查验，负责搬移货物，拆开包装或重封包装。

2. 青岛展出手续

（1）凭青岛展出单位上级主管部门的批件、展出清单及其他资料到青岛海关备案。

（2）向青岛海关提前报关转关或向上海海关申请办理直接转关的转关运输手续。

（3）在青岛海关办理展出手续，展览结束后再以转关运输的方式转运至上海到虹桥办事处办理有关手续。

3. 赠送手续

（1）属于经贸往来的无偿赠送的物品，要由上海市对外经济贸易委员会上级主管部门审批，要办理有关机电产品进口批件，并应照章纳税。

（2）凭上述批件办理报关手续，填写进口货物报关单，并预录入，按一般贸易方式以进口 CIF 价格作为完税价格缴纳进口关税及增值税。

4. 展览品复运出境手续

（1）凭原进口货物报关单向上海海关办理展品的离境出口手续，该批货物最晚应于 2004 年 12 月 5 日运出境（进境展览品应在展览会结束之日起 3 个月内复运出境）。

（2）凭已办结海关手续的有关单证及担保收据向上海海关办理撤销担保手续，已缴保证金的，如数退还。

三、训练的组织形式与要求

（一）训练组织形式

将学生分为若干模拟业务小组，利用提供的资料，在老师讲解的基础上进行模拟训练。

（二）训练要求

联系当地一家进出口公司，让学生进行观摩，以增加进出口报关基本流程的感性认识。

第二节　进出口报关单填制训练

一、训练的目的

（1）使学生了解报关单的填制方法。

（2）使学生掌握报关单的填制规范。

二、训练的内容

进出口货物报关单是报关单位向海关办理货物进出境手续的主要单证。按照《中华人民共和国进出口货物报关单填制规范》的要求，完整、准确、有效地填制进出口货物报关单是学生模拟报关员所必备的基本技能。

（一）货物进口报关单

1. 训练背景资料

一飞科技（深圳）有限公司是一家深圳特区的港资公司，主要生产电脑周边产品，产品 100%外销。外商公司为一飞科技（香港）有限公司。

2021 年 8 月 2 日，一飞科技（香港）有限公司接到美国 LAKE 公司的一批订单，订单内容为：雷克兰（LAKE）公司向一飞（香港）有限公司订购数码相机镜头/电脑用——2 000PCS，单价 USD4. 00/PC FOB 深圳，交货日期最晚不得超过 2021 年 12 月 31 日。

一飞科技（香港）有限公司公司将该订单安排给一飞科技（深圳）有限公司负责生产及进出口事宜。

2. 报关业务要点

（1）向公司工程部取得数码相机镜头的零件表及产地、单价等资料。

（2）正确查找商品编码，办理合同备案手续。

（3）办理料件进口手续。

3. 填制报关单要点

（1）备案号为海关核发的登记手册编号。如果是 EDI 合同，则为海关核发的 EDI 电子账册编号。

（2）以自带方式从罗湖海关申报进口料件的，运输工具名称栏填报为“自带”。

（3）三资进料的，贸易方式填报为“进料对口”，其对应的征免性质为“进料加工”。

（4）三资企业进口保税料件的，其用途填报为“加工返销”。

（5）报关单中的项号、商品编码、商品名称、规格型号、原产国（地区）、单价、币制照海关合同备案的内容填报。

（6）因为是保税料件，征免一栏填报为“全免”。

4. 料件进口其他资料

单片数字集成电路 8 000 片，单价 USD0. 17/PC CIF 深圳，H.S.CODE：85422199

单层双面空白印刷电路板 2 000 片，单价 USD0. 22/PC CIF 深圳 H.S.CODE：85340090

镜头 2 000 个，单价 USD0. 45/PC CIF 深圳，H. S. CODE：90020009

商品毛重：22KGS；净重：21KGS；件数：1。

进口时间：2021-9-12；备案号：C53054300115；用途：加工返销。

5. 填写进口报关单（表 14-4 进口货物报关单）

（二）货物出口报关单

在上一步骤的基础上，将生产的成品出口。

1. 办理成品出口流程

货物备好—到外汇管理部门领取出口收汇核销单—填制并打印出口货物报关单—备好其他单证资料—到口岸海关申报—放行。

2. 申报所需资料

（1）加工贸易登记手册。

（2）已打印好的出口货物报关单。

（3）海关需要的其他业务单证。

（4）出口收汇核销单。

3. 填制报关单时的注意事项

（1）以汽车运输的，运输方式填报为“汽车”，运输工具名称填报汽车的内地车牌号（在 H2000 系统下，打印时直接输入汽车的十位数海关编码，会自动生成相应的汽车车牌）。

（2）批准文号栏填报出口收汇核销单号码。使用出口收汇核销单前，应先在中国电子口岸网站上备案，否则报关单发送至海关会因“无外汇核销单数据”而退单。

4. 办理合同核销手续

合同到期后一个月内，将加工贸易登记手册及该合同所有进出口单据整理并计算核销表，向主管海关核销（有国内购料的，需提供购料发票；有余料的，余料转至下一个合同或退运出境或补证补税；有废料的，按海关批准的处理方式处理，无回收利用价值的，可予以免税，有回收价值的，应按规定照章纳税）。经海关批准予以核销的，凭海关签发的“台账核销联系单”到中国银行办理台账核销手续。

5. 填写出口货物报关单补充资料

备案号：C53054300115；出口时间：2021-11-03。

批准文号：999061423。

运输方式：汽车运输；运输工具名称：粤 ZH0023。

H.S.CODE：90021190. 90。

数量：2 000 个；单价 USD4. 00/PC FOB 深圳；纸箱包装，件数：4；毛重：74 千克；净重：70 千克。

6. 填写出口货物报关单（表 14-7）

三、训练的组织形式与控制要求

（一）组织形式

首先分小组进行练习，最好以 3 人一组，团队合作有利于发现问题和解决问题，基本掌握后，改为独立练习。

（二）要求

在老师指导下，学生先熟悉报关单的填制规范，再反复进行模拟训练。

表 14-7　出口货物报关单

中华人民共和国海关出口货物报关单

预录入编号：　　　　　　　　　　　　　　　　　　　　　　海关编号：

<table>
<tr><td colspan="2">出口口岸</td><td colspan="2">备案号</td><td>出口日期</td><td>申报日期</td></tr>
<tr><td colspan="2">经营单位</td><td colspan="2">运输方式</td><td>运输工具名称</td><td>提运单号</td></tr>
<tr><td colspan="2">发货单位</td><td colspan="2">贸易方式</td><td>征免性质</td><td>结汇方式</td></tr>
<tr><td>许可证号</td><td colspan="2">运抵国（地区）</td><td colspan="2">指运港</td><td>境内货源地</td></tr>
<tr><td>批准文号</td><td colspan="2">成交方式</td><td>运费</td><td>保费</td><td>杂费</td></tr>
<tr><td>合同协议号</td><td colspan="2">件数</td><td>包装种类</td><td>毛重（千克）</td><td>净重（千克）</td></tr>
<tr><td>集装箱号</td><td colspan="4">随附单据</td><td>生产厂家</td></tr>
<tr><td colspan="6">标记唛码及备注</td></tr>
<tr><td colspan="6">项号　商品编号　商品名称、规格号　数量及单位　最终目的国（地区）　单价　总价　币制　征免</td></tr>
<tr><td colspan="6"></td></tr>
<tr><td colspan="6">税费征收情况</td></tr>
<tr><td colspan="2">录入员　　录入单位</td><td colspan="2">兹声明以上申报无讹并承担法律责任</td><td colspan="2">海关审单批注及放行日期（签章）
审单　　　　审价</td></tr>
<tr><td colspan="4" rowspan="2">报关员
单位地址　　　　　　申报单位（签章）
邮编　　　电话　　　填制日期</td><td colspan="2">征税　　　　统计</td></tr>
<tr><td colspan="2">查验　　　　放行</td></tr>
</table>

第三节 进出口关税的核算与完税操作训练

一、训练的目的

（1）使学生了解进出口关税的计征标准。

（2）使学生掌握进出口关税的计算。

二、训练的基本内容

目前，我国对进口关税采用的计征标准主要有：从价关税、从量关税、复合关税等。

（一）进口从价关税的计算

1. 计算公式

进口货物应纳关税税额=完税价格×适用的进口关税税率

$$完税价格=CIF.$$

或 $$完税价格=\frac{FOB价格+运费}{1-保险费率}$$

或 $$完税价格=\frac{CFR价格}{1-保险费率}$$

2. 计算程序

（1）按照归类原则确定税则归类，将应税货物归入恰当的税目税号。

（2）根据原产地原则，确定应税货物所适用的税率。

（3）根据完税价格审定办法和规定，确定应税货物的完税价格。根据汇率使用原则，将外币折算成人民币。

（4）按照计算公式正确计算应征税款。

3. 训练内容

某公司从韩国购进一批日本产轿车，成交价格共 FOB Pusan 120 000 美元，另付港商佣金额3%（以 FOB 计算，非买方佣金），运费 50 000 美元，保险费率 0.3%。汽车的规格为 4 座位，气缸容量 2 000CC，请计算进口关税。已知：商品税则号为 87032314；原产国日本适用最惠国税率为 34.2%（1 美元=8.00 元人民币）。

（二）进口从量关税的计算

1. 计算公式

进口货物应纳关税税额=进口货物数量×适用的单位税额

2. 计算程序

（1）按照归类原则确定税则归类，将应纳税货物归入恰当的税目税号。

（2）根据原产地原则，确定应纳税货物所适用的税率。

（3）确定其实际进口量。

（4）根据完税价格审定办法和规定，确定应纳税的完税价格。

（5）根据汇率使用原则，将外币折算成人民币。

（6）按照计算公式正确计算应征税款。

3. 训练内容

某外贸公司从国外购进日本产的彩色胶卷 30 000 卷（1 卷=0.0577 5 平方米），规格为 35/16，税则税号为 37025410，经海关审定其成交价格 CIF 广州 30 000 美元，请计算应纳进口关税税款，已知：商品税则税号为 37025410；原产国日本适用最惠国税率 120 元/平方米（1 美元=8.00 元人民币）。

（三）进口复合关税的计算

1. 计算公式

进口货物应纳关税税额=完税价格×适用的进口关税税率+进口货物数量×适用的单位税额

2. 计算程序

（1）按照归类原则确定税则归类，将应纳税货物归入恰当的税目税号。

（2）根据原产地原则，确定应税货物所适用的税率。

（3）确定其实际进口量。

（4）根据完税价格审定办法和规定，确定应税货物的完税价格。

（5）根据汇率使用原则，将外币折算成人民币。

（6）按照计算公式正确计算应征税款。

3. 训练内容

中国某外贸公司从日本购进广播级录像机 10 台（税则税号为 85211011），经海关审定其成交价格为 2 500 美元/台，要求计算进口关税税款（假定 1 美元=8.00 元人民币）。已知：广播级录像机归入税号 85211011；原产国日本适用最惠国税率：每台完税价格低于或等于 2 000 美元时，执行单一从价税，税率为 30%；每台完税价格高于

2 000 美元时，每台征收 4 382 元从量税，另加 3%的从价税。

（四）出口从价关税的计算

1. 计算公式

（1）出口关税的计算公式。

出口货物应纳关税额=出口货物完税价格×出口关税税率

$$出口货物完税价格=\frac{FOB\ 价格}{1+出口关税税率}$$

（2）减税出口货物关税的计算公式。

出口关税应纳税额=出口货物完税价格×减税出口关税税率

$$出口货物完税价格=\frac{FOB}{1+出口关税税率}$$

2. 计算程序

（1）按照归类原则确定税则归类，将应税货物归入恰当的税目税号。

（2）根据完税价格审定办法和规定，确定应税货物的完税价格。

（3）根据汇率使用原则，将外币折算成人民币。

（4）按照计算公式正确计算应征出口关税税款。

3. 训练内容

某进出口公司出口锌砂 300 吨到日本，经海关审定成交价格为 FOB 上海 600 美元/吨。锌砂的出口关税税率为 30%，经国家批准准予减按 5%的税率出口。要求计算应纳出口关税（假设 1 美元=8. 00 人民币）。已知：商品税则税号 26080000；该出口货物适用的关税税率为 30%，请计算完税价格。

三、训练项目的组织形式与控制要求

（一）训练组织形式

在教师的指导下，学生分为若干模拟业务小组（公司），各小组分别根据训练要求分散训练。

（二）控制要求

各小组独立完成计算题，教师对学生的模拟训练要不断总结，纠正存在的问题，反复进行模拟训练。

第四节 外汇核销和出口退税训练

一、训练的目的

（1）使学生了解出口核销流程。

（2）使学生熟悉出口退税程序和退税额的计算。

二、训练的基本内容

出口收汇核销主要以出口收汇核销单为依据，核销单是由外汇管理局制发的有统一编号及使用期限的重要凭证。出口单位凭出口核销单向海关办理出口报关，向外汇指定银行办理出口收汇，向外汇管理局办理核销，向税务机关和对外贸易经济委员会办理出口退税和出口贴息申报。

（一）出口核销训练

1. 出口核销程序

①出口企业凭有关材料向外汇管理局申领出口核销单。②办妥相关手续后，外汇管理局发放空白出口收汇核销单，核销统一编号。③出口企业凭借报关单及核销单等有关文件向海关办理报关手续。④海关放行后，在核销单及出口报关单上盖放行章，并退给出口企业。⑤出口企业在报关后60天内，将出口报关单、出口收汇核销单及发票交外汇管理局备案。⑥出口企业向银行办理交单结汇，并在所提交的汇票和发票上注明核销单编号。⑦收汇后，银行在出口收汇核销结汇水单/收账通知（简称出口收汇核销专用联）上填写核销单号并交出口企业。⑧出口企业持注有核销单号的出口收汇核销专用联到外汇管理局办理核销手续。⑨外汇管理局核销后，在核销单上盖“已核销”章，并将核销单和报关单的出口退税专用联退给出口企业。⑩出口企业向税务机构申请办理退税手续，税务机构核实后向出口企业退税。

2. 出口核销单的填写

一般出口企业只填写出口核销单第三部分“出口退税专用联”，其中单位代码指出口企业税务登记代码。

（二）训练内容

宏昌国际有限公司出口食品 400 箱，总价 11 200 美元，单位代码 00000003－8，收汇方式 L/C，报关日期 2021 年 9 月 10 日，预计收汇日期 2021 年 10 月 15 日，请填写出口核销单（表 14－8）。

表 14－8　出口收汇核销单

出口收汇核销单
存根
（黔）编号

出口单位：
单位代码：
出口币种总价：
收汇方式：
预计收款日期：
报关日期：
备注：
此单报关有效期截止到

出口收汇核销单
（黔）编号

<table>
<tr><td colspan="5">出口单位：</td></tr>
<tr><td colspan="5">单位代码：</td></tr>
<tr><td rowspan="2">银行签审</td><td>类 别</td><td>币种金额</td><td>日 期</td><td>盖 章</td></tr>
<tr><td></td><td></td><td></td><td></td></tr>
<tr><td colspan="5">海关签注栏：</td></tr>
<tr><td colspan="5">外汇局签注栏
年　月　日（签章）</td></tr>
</table>

出口收汇核销单
出口退税专用
（黔）编号

<table>
<tr><td colspan="3">出口单位：</td></tr>
<tr><td colspan="3">单位代码：</td></tr>
<tr><td>货物名称</td><td>数量</td><td>币种总价</td></tr>
<tr><td></td><td></td><td></td></tr>
<tr><td colspan="3">报关单编号：</td></tr>
<tr><td colspan="3">外汇局签注栏
年　月　日（签章）</td></tr>
</table>

（三）出口退税训练

1. 出口退税需提供的单证

出口企业向主管退税的税务机关申请退税，提供以下单证：外销发票、出口货物报关单（出口退税联）、国内购货发票——增值税专用发票（税款抵扣联）和/或消费税税收（出口产品专用）缴款书、银行结汇水单、出口收汇和核销单（出口退税专用联）。

2. 出口退税计算

（1）贵州鸿运外贸进出口公司从红星化工厂购进一批化妆品并全部出口，购进单价为 50 元，数量为 2 000 支，税额为 7 000 元，发票税票齐全。该化妆品的消费税税率为 30%，增值税税率为 17%，退税税率为 9%，请计算该批化妆品的应退税额。

（2）贵州某进出口公司以“进料加工”方式进口料件一批，进料前已到税务机关和海关办理了备案和保税监管手续，转售加工时办理了“计算税金但不入库”手续。料件销售额为 100 万元，收回成品的进价为 200 万元，税率为 17%，退税税率为 9%，税票、发票和“进料加工”贸易申报表齐全有效。请计算该企业进料加工复出口货物的应退税额。

注：销售进口料件的应交税额=销售进口的金额×税率-海关已对进口料件实征增值税款

出口退税额=出口货物的应退税额-销售进口料件的应交税额

三、训练项目的组织形式与控制要求

（一）训练组织形式

在教师的指导下，学生分为若干模拟业务小组进行训练。

（二）训练要求

教师对学生的模拟训练不断总结，纠正存在的问题，反复进行模拟训练。

第十五章 国际货运保险实验

在国际贸易中，货物一般都要经过长途运输、装卸和储存等环节，遇到各种风险而遭受损失的可能性较大。为了在货物遭受损失时能得到经济补偿，就需办理货物运输保险。

国际货物运输保险的种类很多，包括海上货物运输保险、陆上货物运输保险、航空货物运输保险和邮包运输保险，其中以海上货物运输保险起源最早，历史最悠久。陆上、航空等货物运输保险都是在海上货物运输保险的基础上发展起来的，其基本原则、保险公司保障的范围等基本一致。

通过本章实验实现对学生的风险教育、道德教育、市场教育及政策教育，引导学生坚定诚信原则，增强学生的文化自信。

第一节 国际货运保险基本操作实验

一、实验目的

（1）使学生了解国际货运保险的基本程序。
（2）使学生掌握国际货运保险的操作技巧。

二、国际货运保险基本流程

（1）在 CIF 成交方式下，当出口商基本确定船次和船期时，即可以开始投保。出口货物的投保，一般采取逐笔投保的方式，即每发生一笔国际货运业务，出口商即向保险公司办理一次投保手续。在投保时，出口商首先据实填写投保单，如货物的名称和数量、保险金额、装船船只名称、航程起讫地点、启运日期、保险险别等，并附有关单据（如信用证、提单等）一并交保险公司。在投保时，还应注意合同中的保险条款。

（2）保险险别是确定保险人承担责任范围大小及投保人交付保险费多少的依据，不同的保险险别，保险人所承担的责任不同，投保人所交纳的保险费也有差异，基于上述原因，投保人在投保时，应根据具体情况选择合适的险别，以达到既节省保险费支出，又能获得足够的经济保障的目的。选择保险险别时应考虑的主要因素有：货物本身的状况、包装情况、运输情况等。

（3）保险金额是投保人对保险标的的实际投保金额，是计算保险费的基础，也是在保险标的受损时，保险人承担赔偿责任的最高金额。在国际货物运输业务中，保险金额一般是以被保险货物的发票金额为基础确定的，在投保人向保险公司办理了相关投保手续，并被保险公司接受后，必须交纳保险费。

（4）投保人交付保险费可与保险公司签订保险合同，保险合同是以保险单或者保险凭证的形式表现出来的，因此，保险单证是保险人与被保险人之间订立的保险合同的证明。在保险标的受损后，保险单是被保险人行使索赔权，保险人履行赔偿义务的依据。

（5）在 FOB、CFR、FCA、CPT 的成交方式下，出口商在货物出运当日给进口商发送装船通知，进口商根据装船通知的具体内容向当地的保险公司投保，确保货物的安全。

实验项目：根据第 206 页销售合同内容和第 211 页信用证内容模拟投报。

货物运输保险投保单见表 15-2，其他资料自拟。

三、保险费的缴纳实验

（一）海上运输货物保险金额的计算

1. CIF 价格条件下保险金额的计算

（1）计算公式。

$$保险金额=CIF 价格\times(1+加成率)$$

（2）思考题：某出口商品的 CIF 价格为 500 美元，加 10%投保，其保险金额应为多少？

2. CFR 价格条件下保险金额的计算

（1）公式推导。

由于海上货物运输保险金额是以 CIF 价格为计算基础的，因此，买方投保时需要首先将 CFR 价格换算成 CIF 价格，然后再加成计算保险金额。CFR 价格换算成 CIF 价格的计算公式是：

$$CIF=\frac{CFR}{1-（1+加成率）×保险费率}$$

这个公式是由下列演算得出的：

$$\because \quad CIF=CFR+保险费$$
$$=CFR+（保险金额×保险费率）$$
$$=CFR+［CIF（1+加成率）］×保险费率$$
$$CIF-［CIF（1+加成率）×保险费率］=CFR$$
$$CIF［1-（1+加成率）×保险费］=CFR$$
$$\therefore \quad CIF=\frac{CFR}{1-（1+加成率）×保险费率}$$

（2）思考题：某公司出口一批商品到欧洲某港口，原报 CFR 欧洲某港口，总金额为 10 000 美元，投保一切险（保险费率为 0.6%）及战争险（保险费率为 0.04%），保险加成率为 10%，如果买方要求卖方按 CIF 价格加成 10%代办投保，请计算保险金额是多少？

（二）海上运输货物保险费的计算

1. CIF 价格条件下保险费的计算

CIF 价格并不等于保险金额，因此计算保险费的公式为

$$保险费=CIF×（1+加成率）×费率$$

实验内容：某贸易公司出口 10 箱玉器到日本，CIF 价为 300 000 美元，投保海洋运输货物一切险，附加战争险、罢工险，总保险费率为 4%，买方要求按 CIF 价加二成投保，求应交多少保险费？

2. CFR 价格改为 CIF 价格的保险费的计算

CFR 价格条件下，如果买方要求卖方代为办理保险，那么保险费的计算公式为

$$保险费=\frac{CFR×（1+加成率）×费率}{1-（1+加成率）×费率}$$

实验内容：某公司出口 1 000 箱畜产品到香港，CFR 价格为 40 000 美元，买方要求卖方代办海上运输货物一切险，费率为 0.9%，加成 10%投保，请计算应交多少保险费？

3. FOB 价格改为 CIF 价格的保险费的计算

其计算公式为

$$保险费=\frac{FOB×（1+加成率）×费率}{1-（1+加成率）×费率}$$

实验内容：某进出口公司出口茶叶 5 000 箱运往英国，FOB 价格为 100 000 美元，买方要求某进出口公司代为办理海上运输货物一切险，附加战争险，费率为 1.03%，加成 10%投保，请计算应交多少保险费？

四、实验的组织形式与控制要求

（一）实验的组织形式

教师以案例教学法进行示范讲解，在此基础上，学生分为若干业务小组进行模拟训练。

（二）实验要求

使学生熟悉保险的基本程序，掌握国际货运保险的基本计算方法。以业务小组为单位进行练习，最后由教师点评判分。

第二节 保险单填制的实验

一、实验目的

（1）了解保险单的种类。

（2）掌握保险单的填制方法。

二、实验的基本内容

（一）信用证方式下保险单填制的要点

1. 发票号码（invoice No.）

按本批货物的发票号如实填列。

2. 保险单号码（policy No.）

由保险公司编列。

3. 被保险人（insured）和背书（endorsement）

被保险人又称抬头。在 CIF 或 CIP 条件下，出口货物都是由出口商办理投保，因此除非信用证另有规定，都以信用证受益人为投保人，并在保险单背面进行背书转让。该栏目有如下几种填写方法：

（1）被保险人通常填写出口人名称，并由出口人作空白背书，以表示保险权益的转让。

（2）如信用证规定被保险人为受益人以外的某公司或某银行，保险单应直接打该公司或银行名称。如信用证规定在被保险人名前注有“to the order of …”，保险单也应照加，受益人不背书。

（3）如信用证要求保险单做成“to order”，保险单可照打，并由受益人背书。

（4）如信用证规定被保险人做成“to order of bearer”，保险单可照打，或在“to order of”之后注明受益人名称。

（5）在 FOB 或 CFR 价格条件下，如国外买方委托卖方代办保险，被保险人栏可做成买方“××公司”。

4. 标记（marks & Nos.）

原则上应注明原运输标记，并与发票和提单相符。也可采取保险公司的做法只填写“As per Invoice No. ×××”。因为发生保险索赔时，除了要提供保险单，还需提供发票等单据。若是集装箱装运，则须打上“CONTAINER SHIPMENT”的字样。如无唛头时，可填写“N/M”。

5. 包装与数量（quantity）

有包装的要注明包装件数；裸装或要注明本身件数；散装或要注明净重。

6. 保险货物（description of goods）

本栏填写的内容应与发票和提单相同，允许使用货名统称。

7. 保险金额（amount insured）和总保险金额（total amount insured）

（1）保险金额填小写金额，如“USD250.00”；总保险金额为大写累计金额，如“U.S. DOLLARS TWO HUNDRED AND FIFTY ONLY”。大小写金额应保持一致。

（2）保险金额的加成百分比应严格按信用证或合同规定掌握，如没有具体规定，应按 CIF 或 CIP 价格的 110%投保。

8. 保费（premium）和费率（rate）

这两栏通常不注明具体数字而分别注明“As arranged”（按约定）。

9. 装载运输工具（per conveyance S.S.）

（1）海运方式下填写船名和航次，如“Longhua V. 103”。

（2）铁路运输填写“By railway”。

（3）航空运输填写“By Air”。

10. 开航日期（Slg. on or abt）

本栏目填写本批货物运输单据的日期，如海运可以只填写“As per B/L”.

11. 起讫地点（From… To…）

在“From”之后填写装运港（地）名称，在“To”之后填写目的港（地）名称，并与提单或其他运输单据相符。

12. 承保险别（conditions）

栏目应按信用证规定的保险险别填列。

13. 勘查理赔代理人（agent）

这是指货物出险是负责检验、理赔的承保人的代理人。

14. 赔付地点（claim payable at）

本栏目包括保险赔款支付地点和赔付的货币两项内容，按信用证规定填写。信用证如无规定，应填写目的港名称。如信用证规定了赔付的货币名称，本栏应填写“At…（目的港）in …（货币名称）”。

15. 出单日期和地址（dated at）

保单的出单日期不应晚于提单日期。根据“UCP600”的规定，银行拒绝接受晚于提单日期签发的保险单。保单的地址应为保险公司所在地。

16. 保险公司签章（authorized signature）

保险单由保险公司或其代理人签章。在实践中，保险公司在向投保人提供空白保单时就已签章。

（二）保险单的背书问题

保险单和提单一样，是可以进行转让的单据，转让的方法是由被保险人（受益人）按信用证规定在正本保单背面背书后将保险单随其他单据（特别是海运提单）一起交议付银行，再转交进口商。一旦出现保单中列明的风险，由进口商持保单向保险公司索赔。根据国际保险行业的习惯，保险单经被保险人背书后，即随同被保险货物权利的转移而自动转让给受让人，事先事后均不需通知保险人。所以，出口公司只要在保险单背面背书后，就算履行了转让手续。背书的作用主要在于使保险单的转让得以实现。

保险单的背书需在保险单的正本上进行。背书的方式分为记名背书和空白背书两种。除非信用证另有规定，保险单多为空白背书。信用证往往规定“blank endorsed ”或是“endorsed in blank”，其背书做法是：在正本保险单的背面注明被保险人的名称（公司名称和经理签名，或经办人的签名，实际操作：盖上公司英文章，再在其下盖上经理的章）。

如是中性保险，该保险单的转让无须作任何背书。

信用证中关于保险单背书的举例：

（1）如信用证规定保险单“Made out to order”，则在保险单被保险人一栏内填写

"To Order"，同时由出口公司（受益人）在保险单背面进行空白背书。

（2）如信用证规定以买方的名义投保"Made out in name of the buyer"，则在保险单被保险人一栏内先填上受益人的名称，然后再填上"Held to the order of ××× Ltd."，出口公司无须背书。

（3）信用证要求第三者投保，即中性投保，不表明具体的名称，则在保险单被保险人一栏内填上"To whom it may concern"。意思是"和谁有关，被保险人就是谁"，出口公司无须背书。

（三）托收方式下保险单的缮制

无论是在信用证还是在托收方式下，保险单的特点、作用和意义，乃至许多方面都是一样的。因此，这里仅就与信用证方式下保险单的缮制要求不同之处（相同方面请参阅以上说明）进行说明如下：

（1）托收方式下，保险单的填制依据：按合同或进口商指示填制。

（2）托收方式下保险单的填制：保险单也由出口商填制，各栏目内容的文字表述也要基本与其他单证一致。托收方式下保险单的填制依据不是信用证，而是出口合同或进口商的指示。但是，其中一些内容与信用证方式下的保险单的填写方法相同（参阅以上"保险单的填制"说明）。因此，这里仅就那些不同部分做如下说明：

①投保人/被保险人（insured）和背书（endorsement）：在 CIF 或 CIP 条件下，出口货物都是由出口商办理投保，因此，投保人为出口商，并在保险单背面进行空白背书后转让给进口商。

②标记（marks and Nos.）：此栏内容应按合同填写，和发票、提单及其他单据上的标记一致。如无唛头时可填写"N/M"。

③货物描述（description of goods）：可按发票中描述的商品名称填制，也可填制货物的统称并与其他单据填写的相同栏目内容一致。

④承保险别（conditions）：本栏是保险单的核心内容。出口公司一般不填写，由保险公司加盖险别章，但要按照出口合同对险别的要求填。出口公司应向保险公司说明。

⑤赔付地点（claim payable）：按合同和提单填写。赔付地点应填目的港名称。赔付货币按投保金额货币。如本栏应填写"At… <u>（目的港）</u> in … <u>（货币名称）</u>"。

⑥保险单的签发日期和地点（date and place）：保险单的签发日期一般要在提单或其他运输单据签发日期之前，最迟可与上述单据出单日期同一天。

⑦其余栏目内容与信用证方式下的填法相同，请参阅该部分说明。

（四）实验内容

1. 保险单的填制（1）

根据下述给出的条件缮制一份保险单据

1. 信用证资料：

L/C NO. A66789

APPLICANT: XYZ COMPANY, NEW YORK

BENEFICIARY: ABC COMPANY, NANJING

SHIPMENT FROM NANJING TO NEW YORK

MERCHANDISE: GIRLS' SKIRTS, CIF NEW YORK

TTL AMOUNT: USD50,000.00

DOCUMENTS REQUIRED: FULL SET (2/2) OF INSURANCE POLICY IN DUPLICATE IN NEGOTIABLE FORM BLANK ENDORSED FOR 110 PERCENT OF INVOICE VALUE COVERING OCEAN TRANSPORTATION CLAUSES ALL RISKS, STRIKES, RIOTS AND CIVIL COMMOTIONS CLAUSES OF PICC, INCL. WAREHOUSE TO WAREHOUSE, I.O.P. CLAIMS PAYABLE AT NEW YORK IN THE CURRENCY OF L/C.

信用证未对保险单据作任何其他规定。

2. 附加信息：

发票号码：JS66/2005

发票显示：

DESCRIPTIONS: GIRLS' SKIRTS, 100 CARTONS, CIF NEW YORK, TTL AMT: USD50,000.00

提单显示：

PORT OF LOADING: NANJING　　VESSEL: FREEDOM V.123

PORT OF DISCHARGE: NEW YORK　　ON BOARD DATE: JAN.3, 2005

SHIPPING MARKS: SKIRTS-NEW YORK

保险单据的投保日期与提单的装船日期同。

保险单填制的范例如表 15-1 所示。

表 15-1 保险单范例

PICC 中国人民财产保险股份有限公司
PICC Property and Casualty Company Limited
总公司设于北京 一九四九年创立
Head Office: BEIJING Established in 1949

货物运输保险单 CARGO TRANSPORTATION INSURANCE POLICY

发票号码：
INVOICE NO. **JS66/2005**

保险单号次：
POLICY NO PYIE20043201930000146

被保险人：
(INSURED) **ABC COMPANY, NANJING**

中国人民财产保险股份有限公司（以下简称本公司）要求，以被保险人向本公司缴付约定的保险费为对价，按照本保险单列明条款承保下述货物运输保险，特订立本保险单。
THIS POLICY OF INSURANCE WITNESSES THAT PICC PROPERTY AND CASUALTY COMPANY LIMITED(HEREINAFTER CALLED "THE COMPANY") AT THE REQUEST OF THE INSURED AND IN CONSIDERATION OF THE AGREED PREMIUM PAID TO THE COMPANY BY THE INSURED UNDERTAKES TO INSURE THE UNDERMENTIONED GOODS IN TRANSPORATION SUBJECT TO THE CONDITIONS OF THIS POLICY AS PER THE CLAUSES PRINTED BELOW.

标 记 Marks & Nos.	包装及数量 Quantity	保险货物项目 Description of Goods	保险金额 Amount Insured
SKIRTS—NEW YORK	**100 CARTONS**	**GIRLS' SKIRTS**	**USD55,000.00**

总保险金额：
TOTAL AMOUNT INSURED： **SAY U. S. DOLLARS FIFTY FIVE THOUSAND ONLY**

保费 启运日期 装载运输工具
PREMIUM：**AS ARRANGED** DATE OF COMMENCEMENT：**JAN. 3, 2005** PER CONVEYANCE：**S.S.FREEDOM V.123**

自： 至：
FROM： **NANJING** TO： **NEW YORK**

CONDITIONS：

COVERING OCEAN TRANSPORTATION CLAUSES ALL RISKS, STRIKES RIOTS AND CIVIL COMMOTIONS CLAUSES OF PICC(1/1/1981), INCL.WAREHOUSE TO WAREHOUSE. I.O.P

所保货物如发生保险单项下可能引起索赔的损失，应立即通知本公司或下述代理人查勘。如有索赔，应向本公司提交正本保险单（本保险单共有 **2** 份正本）及有关证件。如一份正本已用于索赔，其余正本自动失效。
IN THE EVENT OF LOSS OR DAMANGE WHICH MAY RESULT IN A CLAIM UNDER THIS POLICY, IMMEDIATE NOTICE MUST BE GIVEN TO THE COMPANY OR AGENT AS MENTIONED. CLAIMS, IF ANY, ONE OF THE ORIGINAL POLICY WHICH HAS BEEN ISSUED IN **TWO** ORGINALS TOGETHER WITH THE RELEVANT DOCUMENTS SHALL BE SURRENDERED TO THE COMPANY. IF ONE OF THE ORIGINAL POLICY HAS BEEN ACCOMPLISHED, THE OTHERS TO BE VOID.
SURVEY TO BE CARRIED OUT BY A LOCAL COMPETENT SURVEYOR. CLAIM DOCUMENTS TO BE MAILED TO THE UNDERWRITER, WE SHALL EFFECT PAYMENT BY REMITTANCE TO THE CLAIMANT.

LIBERTY MUTUAL INSURANCE COMPANY
NEW YORK TEL.212-333-6666

中国人民财产保险股份有限公司南京市分公司
PICC Property and Casualty Company Limited
Nanjing Branch

赔款偿付地点：
CLAIM PAYABLE AT **NEW YORK (IN USD)**

日期：
DATE： **JAN. 3, 2005**

林 达 之
Authorized Signature

地址： 南京市石鼓路 25 号
ADD： No.25# Shi Gu Road, Nanjing, China
邮编（POST CODE）： 210029

电话（TEL）： 0086-25-86521049
传真（FAX）： 0086-25-84404593
电子信箱（E-MAIL）：

2. 保险单的填制（2）

1. 资料

我国广东省机械进出口公司（GUANGDONG MACHINERY IMPORT & EXPORT CORP.）向荷兰罗纳因贸易公司出口不锈钢铲头（stainless scoop）12 000 件，每件 9.60 美元，CIF 鹿特丹、纸箱包装，每箱 12 件。合同规定投保一切险和战争险，运输标志为：

F. V.

ART NO：9099

ROTTERDAM

NOS：1-1000

该货物于 2022 年 3 月 20 日在广州装“东方”号轮运往鹿特丹

商业发票号：NM134

合同号：05MP561009

信用证号：T-027651

2. 要求

根据以上条件填制投保单及保险单（见表 15-2、表 15-3）。

三、实验的组织形式与控制要求

（一）实验的组织形式

教师指导，学生分为业务小组训练。

（二）实验要求

针对每个业务小组的模拟训练，教师给予评判。

表 15-2　货物运输保险投保单

PICC 中国人民保险公司 上海分公司

The People's Insurance Company of China, Shanghai Branch

货物运输保险投保单

APPLICATION FORM FOR CARGO TRANSPORTATION INSURANCE

被保险人

Insured :--

发票号(INVOICE NO.)

合同号(CONTRACT NO.)

信用证号(L/C NO.)

发票金额(INVOICE AMOUNT) ____________________________ 投保加成(PLUS) ________________%

兹有下列货物向　　　　投保。(INSURANCE IS REQUIRED ON THE FOLLOWING COMMODITIES:)

标　记 MARKS & NOS.	数量及包装 QUANTITY	保险货物项目 DESCRIPTION OF GOODS	保险金额 AMOUNT INSURED

启运日期:　　　　　　　　　　　　　　　　装载运输工具:

DATE OF COMMENCEMENT____________________________ PER CONVEYANCE:________________

自　　　　　　　　经　　　　　　　　　　　　至

FROM________________ VIA ________________________________ TO______________

提单号:　　　　　　　　　　　　　　　　赔款偿付地点

B/L NO.:______________________________________ CLAIM PAYABLE AT___________________________

投保险别:(PLEASE INDICATE THE CONDITIONS &/OR SPECIAL COVERAGES:)

请如实告知下列情况:(如“是”在[]中打“√”“不是”打“×”) IF ANY, PLEASE MARK“√”OR “×”

1. 货物种类:　袋装[　]　散装[　]　冷藏[　]　液体[　]　　活动物　　　机器/汽车[　]　危险品等级[　]
GOODS: BAG/JUMBO　BULK　REEFER　LIQUID　LIVEANIMAL　MACHINE/AUTO　DANGEROUS CLASS

2. 集装箱种类:　普通[　]　　开顶[　]　　框架[　]　　平板[　]　　冷藏[　]
CONTAINER:　ORDINARY　　OPEN　　FRAME　　FLAT　　REFRIGERATOR

3. 转运工具:　海轮[√]　飞机[　]　驳船[　]　火车[　]　汽车[　]
BY TRANSIT:　SHIP　PLANE　BARGE　TRAIN　TRUCK

4. 船舶资料:　　　　船籍[　　　　]　　　船龄[　　　　]
PARTICULAR OF SHIP:　　REGISTRY　　　AGE

备注:被保险人确认本保险合同条款和内容已经完全了解。　投保人(签名盖章)APPLICANTS' SIGNATURE

THE ASSURED CONFIRMS HEREWITH THE TERMS AND CONDITIONS OF THESE INSURANCE CONTRACT FULLY UNDERSTOOD

电话:(TEL)

地址:(ADD)

投保日期:DATE ---

表 15-3 保险单

中国人民保险公司

PICC The People's Insurance Company of China

总公司设于北京 一九四九年创立

Head Office Beijing Established in 1949

货物运输保险单

CARGO TRANSPORTATION INSURANCE POLICY

发票号(INVOICE NO.) 保单号次

合同号(CONTRACT NO.) POLICY NO.

信用证号(L/C NO.)

被保险人:

INSURED:

中国人民保险公司(以下简称本公司)根据被保险人的要求，由被保险人向本公司缴付约定的保险费，按照本保险单承保险别和背面所载条款与下列特别条款承保下述货物运输保险，特立本保险单。

THIS POLICY OF INSURANCE WITNESSES THAT THE PEOPLE'S INSURANCE COMPANY OF CHINA (HEREINAFTER CALLED "THE COMPANY") AT THE REQUEST OF THE INSURED AND IN CONSIDERATION OF THE AGREED PREMIUM PAID TO THE COMPANY BY THE INSURED, UNDERTAKES TO INSURE THE UNDERMENTIONED GOODS IN TRANSPORTATION SUBJECT TO THE CONDITIONS OF THIS OF THIS POLICY AS PER THE CLAUSES PRINTED OVERLEAF AND OTHER SPECIAL CLAUSES ATTACHED HEREON.

标 记 MARKS&NOS	包装及数量 QUANTITY	保险货物项目 DESCRIPTION OF GOODS	保险金额 AMOUNT INSURED

总保险金额

TOTAL AMOUNT INSURED: ____________________

保费: PERMIUM: AS ARRANGED　启运日期 DATE OF COMMENCEMENT: ________　装载运输工具: PER CONVEYANCE: ________

自 FROM: ________　经 VIA ________　至 TO ________

承保险别:

CONDITIONS:

所保货物,如发生保险单项下可能引起索赔的损失或损坏,应立即通知本公司下述代理人查勘。如有索赔,应向本公司提交保单正本(本保险单共有　　份正本)及有关文件。如一份正本已用于索赔，其余正本自动失效。

IN THE EVENT OF LOSS OR DAMAGE WITCH MAY RESULT IN A CLAIM UNDER THIS POLICY, IMMEDIATE NOTICE MUST BE GIVEN TO THE COMPANY'S AGENT AS MENTIONED HEREUNDER. CLAIMS, IF ANY, ONE OF THE ORIGINAL POLICY WHICH HAS BEEN ISSUED IN ORIGINAL(S) TOGETHER WITH THE RELEVANT DOCUMENTS SHALL BE SURRENDERED TO THE COMPANY. IF ONE OF THE ORIGINAL POLICY HAS BEEN ACCOMPLISHED. THE OTHERS TO BE VOID.

中国人民保险公司

The People's Insurance Company of China

赔款偿付地点

CLAIM PAYABLE AT ____________

出单日期

ISSUING DATE ____________

____

Authorized Signature

第十六章
国际贸易单证缮制训练

在国际贸易中，买卖双方对货物的交接和货款的结算，是通过各种单据的转移来实现的。在出口业务中，货物装运后，卖方必须按合同或信用证的规定，向买方提供有关的单证，作为履行交货任务和收取货款的凭证，即出口货物结汇单证。一笔交易最终是通过买卖各种单据来完成的。尽管这些单证的性质和作用各异，但综合起来能完整地反映一批商品从数量、规格、质量、包装、价值到运输方式等全部内容。从这种意义上讲，国际贸易就是单证的买卖。本章将引入法治观念及风险防范意识教育，为学生树立正确的人生观、价值观。

第一节　出口单证缮制的训练

一、缮制出口结汇单证训练的目的

（1）让学生懂得单证在国际贸易中的重要作用。
（2）培养学生能正确缮制单证的能力。

二、缮制出口结汇单证的要求

出口结汇单证的缮制有两个依据：一是买卖合同；二是信用证。如果采用的付款方式为托收，出口商就要按照进口商在合同中的要求或用其他方式发出的指示来制作单证。出口结汇单证一般要求单单一致、单证一致、单货一致、单同一致。在信用证方式下，则更强调单据与信用证的一致和单据与单据的一致。

在出口业务中，制单结汇是最后一个环节，也是最重要的一个环节，因为这关系到能否安全及时收回货款。

信用证项下的单据有的是受益人制作的，有的是其他相关部门签发的，但其他部门签发的单据也是按照受益人的指示来填制的。例如，提单虽由货代或船公司填制，再由船公司签发，但填制时是按照受益人的指示即“海运委托书”来填写的。从这个意义上讲，可以说所有单据都是由受益人填制的，所以，受益人在最初审核信用证时，就要考虑将来各种单据能否做到“单证一致，单单一致”。

三、信用证中特殊英文表述及商务含义

（一）解读信用证中特殊英文表述并领会其中的商务含义

“APPLICANT”，即开证申请人，一般为进口人，发票要以其为抬头。

“ISSUING / OPENING BANK”，即开证行，一般为进口地银行，也是出口人开具汇票的受票人。

“BENEFICIARY”，即受益人，一般为出口人。

“ADVISING BANK”，即通知行，出口地银行，也有可能成为将来的议付行。

“NEGOTIATING BANK”，即议付行，出口地银行，是受益人向其提交单证的银行。

“PAYING BANK”，即付款行，是具有付款义务的银行，一般为开证银行。在保兑信用证条件下保兑行也是付款行。

“REIMBURSING BANK”，即偿付行，实际付款银行。

“CONFIRMING BANK”，即保兑行，一般为出口地的通知行，当它对信用证加保后即成为保兑行。

“FORM OF DOC.CREDIT”，即信用证的类型；说明信用证为哪种类型，是否为不可撤销信用证等。

“DATE OF ISSUE”，即开证日期；汇票中一般要填写开证日期。

“EXPIRY”，即有效期；指信用证的有效期，即受益人须在该天或之前将所要求的单证在指定的地点交给银行。

“AMOUNT”，即总金额，也称信用金额，是受益人能够通过信用证从开证行获得的最大金额。信用证是按照合同开立的，一般情况下，信用证金额与合同一致。如合同中有溢短装条款，信用证金额就应允许有相应幅度的增减，否则，如受益人多装货物，不但拿不到多装的那部分货物的货款，而且单证也有不符点。

“AVAILABLE WITH / BY”，即由某银行议付，一般为通知行。如本条款为“……BY ANY BANK”，受益人可将单证提交给任何一家自己选定的银行。

"DRAFTS AT"，即汇票期限，该条款之后一般跟"SIGHT"或"××× DAYS SIGHT"，表示需开具即期或远期汇票。

如后面跟有"QUOTING NO. AND DATE OF THIS LC AND NAME OF LC ISSUING BANK"表示汇票中要注明信用证号、信用证开证日期和信用证开证银行名称。

"DRAWEE（FULL ADRESS）：ISSUING BANK FOR FULL INVOICE VALUE"，表示汇票受票人为开证银行，金额为发票金额。

"PARTIAL SHIPMENT"，即分批装运，表示是否允许分批装运。

"TRANSSHIPMENT"，即转船，表示是否允许转船。

"LOADING IN CHARGE"，即装运港，表示出口货物起运港名称。

"FOR TRANSPORT TO"，即运至某目的港，表示货物运往之后所示的目的港。

"LATEST DATE OF SHIP"，即最迟船期，表示货物装船的最后期限，提单签发日期不能迟于该日期。

"DESCRIPT. OF GOODS"，即货物描述，表示所有单证中的货物名称都要这样写。

"PRICE TERM"，即价格条款，表示发票中单价条款"UNIT PRICE"中所用贸易术语要这样写。

"DOCUMENTS REQUIRED"，即所需单据，表示受益人所需要向议付银行提交的单证如下。

"3/3 SET OF ORIGINAL CLEAN ON BOARD OCEAN BILLS OF LADING"，即全套正本已装船清洁海运提单，表示受益人需提交全套正本已装船清洁海运提单，即三份正本提单，且提单上需注明"ON BOARD"字样，没有任何说明货物或包装有什么问题的文字批注。

"MADE OUT TO ORDER OF SHIPPER"，表示提单收货人（consignee）栏目里填写"TO ORDER OF SHIPPER"这几个英文单词；表示"凭发货人（出口人）的指示"，意味着提单控制在出口人手中，由出口人"BLANK ENDORSED"空白背书才能转让。

"FREIGHT PREPAID"，即运费已付，表示提单上要注明"FREIGHT PREPAID"字样，意指海运费已交船公司。这要与单价条款中所用贸易术语相一致，即 CFR / CIF 时才这样写。

"FREIGHT COLLECTED"，即运费到付，表示提单上要注明"FREIGHT COLLECTED"字样，意指海运费等要货到目的港时才付，即由进口人支付，只有在 FOB 条件下才这样写。

"NOTIFY PARTY"，即被通知人，表示提单的被通知人栏目如何填写，一般为 APPLICANT 开证申请人。

四、结汇单据的缮制

（一）汇票的缮制

1. 信用证方式下汇票的填写方法

（1）出票依据（drawn under）。在信用证方式下，出票依据是汇票中的主要项目之一，在缮制汇票时不可漏填。如信用证中规定了具体要求，应按信用证规定的填写。如信用证未做规定，在“Drawn under”后填写开证行名称；在“L/C No.”后填写信用证号；在“Dated”后填写开证日期。

（2）“payable with interest @—% per annum ”表示“年息”（annual interest）。按信用证要求填写。如信用证无利息条款则不填。

（3）号码（No.）一般填写发票号码，便于存档待查。

（4）金额（amount）。

金额分两栏，分别填写大写和小写金额。“Exchange for”后的阴影部分填写小写金额。金额数要保留两位小数点（如“USD58，765.05”）。“The sum of”后的阴影部分填写大写金额。大写的货币名称要按信用证上的填写，如美元应写“SAY UNITED STATES DOLLARS FIFTY EIGHT THOUSAND SEVEN HUNDRED AND SIXTY FIVE AND CENTS FIVE ONLY”，其中：“DOLLAR”要填写复数形式“DOLLARS”。在大写数字前加“SAY”和大写数字后加“ONLY”字样。小数点后数字的写法有以下几种：①“CENTS FIVE”；②“POINT ZERO FIVE”。汇票金额大、小写要一致。不得涂改，不允许加盖校对章。除非另有规定，汇票金额应与发票金额一致。信用证方式下，汇票金额不得超过信用证规定的金额。如信用证规定允许金额有一定幅度的增减，则汇票金额不得超过信用证规定的最高金额。

（5）出票日期、地点。出票日期一般由议付银行在寄单之前打上。出票日期不得迟于信用证的有效期，不得早于提单的签发日期，可与提单日期同为一天。出票地点一般是印在汇票上的，通常就是议付地点。

（6）付款期限（time of payment），即汇票中的“At______Sight”。付款期限视信用证的规定来填写。其具体填写方法有：

即期汇票（sight draft）：在“At”和“Sight”之间填入“ ××× ”或“—”或星号等。注意此处不得留空。

远期汇票（time draft）：根据信用证的期限填写，一般直接填入如“At ×× days sight of …”。如信用证另有期限和起算时间，其填写方法一般有如下三种：

①At ×× days after sight（出票后若干天付）；

②At ×× days after date of draft（见票后若干天付）；

③At ×× days after date of B/L（提单日后若干天付）。计算汇票的时间，不包括见票日，即算尾不算头。

（7）受款人（pay to the order of）。

此栏一般应填信用证中的受款人。信用证支付方式下的汇票多以议付行的指示为受款人。例如“PAY TO THE ORDER OF BANK OF CHINA，GUIZHOU BRANCH”。议付行往往也是受益人的开户行。

（8）在“To...”之后填写受票人（drawee）名称和地址，受票人亦即付款人。在信用证付款方式下，开证行为付款人，若无特殊规定，可直接填写开证行的名称和地址。

如信用证规定以通知行为付款人（信用证中常规定：“drawn... yourselves”），则应填入通知行的名称和地址。

（9）出票人签章（signature of the drawer）。

出票人签章在汇票的右下角的空白处。汇票的出票人即信用证的受益人，签章的文字要与信用证规定的受益人名称绝对一致。一般应先盖公司的英文章于上方，下方再由出口公司经理签字，或由经理授权的制单员签名。

汇票样本请参阅表 16-3。

2. 托收方式下汇票的缮制

在托收方式下，汇票的缮制要求稍有不同，具体说明如下：

（1）出票依据（drawn under）：开证日期、信用证号不填。

（2）汇票号码（No.）：一般填写发票号码，以便于存档待查。

（3）付款期限（time of payment）：汇票中的“At______ Sight”。付款期限按合同托收期限填写，如即期：“At D/P at sight Sight”或远期“At D/P 30 Days Sight”。

（4）受款人（pay to the order of）：应填出口人。但在实践中一般填托收行。

（5）“To...”填写受票人（drawee）名称和地址：在托收方式下，应填进口商名称及其详细地址。

（6）出票人签章（signature of the drawer）：在汇票右下角的空白处。汇票的出票人即出口商签章，签章的文字要与合同中的出口商名称一致。一般应先盖公司的英文章于上方，下方再由出口公司经理签字，或由经理授权的制单员签名。

（二）商业发票的制作

1. 信用证方式下商业发票的内容和缮制方法

（1）出票人（issuer）：填写出口商的名称和地址。

（2）发票名称：在出口业务中，出口人出具的发票一定要标明商业发票“COMMERCIAL INVOICE”或发票“INVOICE”的字样。

（3）收货人（To）：发票的收货人即为抬头人或受票人。在信用证业务中，按“UCP600”的规定，除非信用证另有规定，商业发票必须作成以开证申请人为抬头。但在信用证被转让的情况下，允许用第一受益人代替原信用证申请人。

（4）发票号（invoice No.）：由出口公司编制，不能漏填。

（5）发票日期（invoice date）：按“UCP600”规定，发票的签发日期可早于信用证的开证日期，但不能晚于汇票日期和信用证的有效期。

（6）信用证号（L/C No.）、合同号（S/C No.）和合同日期（S/C Date）：照实填写。尤其是在信用证付款而不要求出具汇票的情况下，发票一定要注明信用证号码，此时，发票作为付款的依据，起到了替代汇票的作用。

（7）运输标志（marks and numbers）：信用证如规定有唛头，须按信用证规定缮制。信用证规定唛头上的件数往往为“1-UP”。缮制唛头时应写上实际装运的数量。信用证如没有规定唛头：属于集装箱货物，卖方按实际装箱的唛头缮制；属于散装货物或其他包装，则在此栏打上“N/M”字样；集装箱货物运输，可以不用制作唛头，直接填写集装箱号。

（8）包装种类和件数、货物的描述（number and kind of package，description of goods）：此栏一般包括合同中的品名、品质、数量和包装条款。

根据“UCP600”的规定：商业发票中的货物描述必须符合信用证中的描述。而在所有其他单据中，除装箱单或重量单外，货物的描述可使用统称，不得与信用证中货物的描述有抵触。这就要求发票中对货物的描述要用全称，且需与信用证的规定完全一致。任何省略或增加品名的字或句，都会造成单据表面不符。即使信用证中有错字、漏字，也只能将错就错照写。

信用证所列货物的规格，须在发票上充分表示出来。如信用证与合同规定有出入，应以信用证为准；信用证所列货物的规格即使有明显差错，也不可按习惯缮制单据，应要求修改信用证；信用证用文字说明货物规格的，发票上也应做出与信用证完全相符的说明。如某进出口公司收到国外来证品名为绣花台布，并要求“pieces are to be made unjoined”（各块台布不能连接在一起）。公司在缮制发票时，未将上述要求在发票上表示出来，单据寄到开证行时，遭到拒付。

商业发票上必须表明商品的包装和件数，关于包装的种类和件数的打法如下：

以件数或个数计价的货物，允许只列出件数和包装条件，如：“5 000pcs ”。

以箱数计价的货物，允许只列出箱数，如：“500CTNS”。

以重量计价的货物，必须列明净重，如：“1 000KGS ”。

（9）数量（quantity）：货物的数量和计量单位，要与信用证中的计量单位一致。

（10）单价（unit price）：此栏包括币值、单位金额、计量单位和贸易术语。填写的顺序如：USD200. 00 PER SET CIF LONDON 或 CIF LONDON USD200. 00/SET。价格应按信用证上的规定在发票上表示。如来证贸易术语有变形应照打。例如，信用证规定贸易术语为“CIF LONDON Liner Terms”，则在发票上对贸易术语的描述不能省去“Liner Terms”。

（11）金额（amount）。

除非信用证另有规定，发票的总值应与汇票金额一致。如信用证规定汇票金额为发票金额的 80%，余下的 20%为电汇支付，则汇票金额应按发票总额的 80%缮制。

如信用证的总金额是按含佣价计算的，则发票、汇票上的总金额也应按含佣价总额计算，不要减佣。待收汇后再把佣金回付给买方。

如信用证单价为含佣价（CIFC），但总额已预扣佣金，则在发票 CIFC 总金额之下要减去佣金（Less x%），以 CIF 价作为发票、汇票的最高金额。

（12）出票人盖章签字。根据“UCP600”的解释，商业发票无须签字，但信用证如果要求“Signed Commercial Invoice”，则受益人须在票面下方签字。在制单实务中，出票人须在发票下方空白处盖上公司的英文章并在其下盖上公司法人的私章或制单员的私章。如信用证要求手签的，就要用手签。

发票样本请参阅表 16-4。

2. 托收方式下商业发票的缮制

在托收方式下，商业发票的作用和意义与信用证项下的是一样的。这里仅就缮制要求的不同之处说明如下：

（1）收货人（to）：在托收方式下，商业发票必须以买方（进口商）为抬头。

（2）发票日期（invoice date）：不能晚于汇票日期，不应迟于提单的签发日期。

（3）信用证号（L/C No.）、合同号（S/C No.）和合同日期（S/C Date）：信用证号处填写如：“D/P at sight”，要与汇票一致。其他照实填写。

（4）运输标志（marks and numbers）：按合同填写。如合同未规定唛头，货物用集装箱运输，卖方可按实际集装箱设计的唛头缮制；如合同规定有唛头，又采用集装箱运输，可在按合同填制的唛头下方加填集装箱号；如合同未规定唛头，或属于散装货物或其他包装，则在此栏打上“N/M”。

（5）包装种类和件数、货物的描述：此栏一般按合同中的品名、品质、数量和包装条款填写。

（6）金额（amount）：要按提单中实际装货数量计算。

（三）海运提单的缮制

1. 信用证方式下海运提单的内容及缮制方法

（1）托运人（shipper），即发货人，一般此栏填写发货人的名称和地址。如信用证规定发货人是受益人以外的第三者，此栏不可填写受益人，可填写国内运输机构，注意不可填写国外客户（买方）。只有在 FOB 条件下，卖方采用“先收款后发货”的方式的情况下，由国外客户（买方）和承运人订立运输合同，才可接受国外客户作为发货人。这种提单称为第三方提单“THIRD PARTY B/L”或称为中性提单“NEUTRAL B/L”。这种提单往往在信用证和合同中都做相应的规定“THIRD PARTY B/L ACCEPTABLE”。根据“UCP600”第十四条的规定：“在任何单据中注明的托运人或发货人无须为信用证的受益人。”

（2）收货人（consignee）：提单的抬头。有记名抬头、不记名抬头和指示抬头三种填制方法。其写法有：

“Delivery to ××× only”（交付某某）

“To bearer”（凭来人）

“To order”（凭指示）

“To ××× 's order”或“To the order of ××× ”（凭某某的指定）。

对信用证进行审核时，应认真审核提单条款中“made out ⋯ ⋯”之后的文字说明，这些文字说明将填入收货人栏目。对于受益人来说，一般可接受的填写方法为“To order”或“To order of shipper”等字样，后由受益人空白背书，控制权在受益人手中。如进口商为ABC Company，本栏要求填写“To order of ABC Company”，就意味着提单凭进口商的指示并由他背书转让，货权由进口商控制，这对出口商是极为不利的。如要求填写“To the order of the opening bank”，受益人要酌情考虑是否接受，这样填写后提单由开证行控制，这是开证行在规避自己的风险，银行信用比商业信用高，只要信用证中所要求的单据和条件受益人都能做得到，此要求可接受。

（3）被通知人（notify party）：此栏是货物到达目的港船方发送到货通知的对象。这一内容的填写可完全按信用证填写。

（4）提单的其他栏目。

货物名称（description of goods）：既要符合信用证，又要与发票及其他单据一致。货物名称可使用统称，但不得与发票中的货物名称有任何抵触。

唛头与件数（marks and Nos）：按信用证规定填写，应与发票一致。如信用证无规定时，集装箱货物，可按发票上的唛头填写或填写集装箱号；如无唛头又是散装货，则写上“N/M”。

运费与费用（freight and charges）：应按信用证填写并与发票相一致，在CIF、CFR条件下，应填写“Freight paid”或“Freight prepaid”；在FOB条件下，填写“Freight collect/Freight to be collected”。

提单签发地点与时间（place and date of issue）：指承运人接管货物的地点与时间。提单签发日期除收妥备运提单外均为装船完毕日期。装船日期不能迟于信用证规定的装运期。根据有关的国际惯例规定，提单签发日为货物装船完毕的日期，银行接受签发日期早于信用证开证日期的提单，提单签发地点应与装运港一致。

承运人签字（signed for the Carrier）：提单须注明承运人名称，并由承运人或其代理人、船长或其代理人签字方能生效。根据“UCP600”的解释，明确签字可用手签、传真、打透花字、盖章、符号或任何其他机械电子证实的方式。以上任何人的签字或证实均须表明其身份。对此，提单签署的具体要求是：

①由承运人、船长、船东、多式运输经营人签发提单时表明为承运人（carrier）。

②由承运人、船长、船东、多式联运经营人的代理签署时，须有代理的具名（as agent），还须表明被代理人的名称和身份“Carrier：×××公司”，即表明“As Agent for the Carrier：××× Cop.”。

提单的份数［No. of Original B(s)/L］，信用证项下提单正本份数一定要按信用证规定的份数出具，并用英文大写数字填写。一般船公司只出具三份正本提单，如信用证规定“Full（3/3）set of Bs/L”，就要提交三份正本提单。

提单样本请参阅表16-5。

2. 托收方式下海运提单的缮制

在托收方式下，提单的特点、作用和意义与信用证都是一样的。这里仅就与信用证方式下提单的缮制要求不同之处说明如下：

（1）托运人（shipper）：此栏填写出口商的名称和地址。

（2）收货人（consignee）：其填写方法可完全参照信用证下海运提单的缮制方法。但填写依据不是信用证，而是合同或进口商的指示。托收是商业信用，出口商的风险较大，所以该栏绝不可填写进口商的名称。最好填写为“To Order of Shipper”。由出口商空白背书，提单的控制权在托运人的手中。

（3）被通知人（notify party）：此栏可填写进口商的名称、详细地址和电话号码等。

（4）货物名称（description of goods）：要与发票及其他单据一致。货物名称可使用统称，但不得与发票中的货物名称有抵触。

（5）唛头与件数（marks and Nos）：应与发票一致。

（6）运费与费用（freight and charges）：应按合同填写，不要与贸易术语相抵触。

（四）原产地证明书的制作

1. 一般原产地证书的内容和缮制方法（样单参阅表16-1）

（1）出口商（exporter）：填写信用证的受益人或合同中的卖方。要列明出口商的名称和详细地址、国别/ 地区。

（2）收货人（consignee）：应填最终收货人的名称、地址、国别/ 地区。收货人根据要求可以是信用证的开证申请人、提单的被通知人或是信用证规定的特定收货人。如为托收方式一般填写合同中的买方。

（3）运输方式和路线（means of transport and route）。本栏目填写的内容有：①运输方式和路线，即起运地至目的地“From … to…”；②运输方式如“by Sea/by Sea Freight/by Vessel”“by Air”“by Railway”等；③转运地：如“via Hong Kong”或“W/T Hong Kong”。转运地如不明确，也可只填“With Transshipment to”例如“ON MARCH 31, 2021 BY SEA FROM HAIKOU TO NEW YORK W/T HONGKONG”。

（4）目的地国家或地区名称（country /region of destination）：填该批货物的最终运抵目的地的国家或地区名称，与最终收货人所在国一致。一般将目的地和国名一起列出，如“NEW YORK，USA”。

（5）仅供签证机构使用（for certifying authority use only）：此栏出口商不填，专供签证机构在必要时加注某项声明。

（6）运输标志（marks and numbers）：此栏应与发票和运输单据上所表示的内容完全一致。如无运输标志则填“N/M”。

（7）包装种类和件数、货物描述（number and kind of packages, description of goods）：本栏目填写的内容有：①包装种类和件数，要表示实际货物包装的单位名称和正确的数量，同时在数量后用括号再加注其小写的数量。如散装货，在表示重量的文字后加上“In Bulk”，表示散装。②商品具体名称，按信用证规定填写。如信用证规定的商品名称过繁，此处可填商品的统称，但不能与信用证和其他单据相矛盾。③如信用证要求加注信用证号码或其他类似的内容等，可在此栏空白处填写。④在本栏结尾加注结束符。如打“ **** ”。

（8）商品 H. S 税目号（H.S.cods）：应按《协调商品名称及编码制度》规定的四位数字及税目号四位数字填写，总共为八位数。应与报关单相同栏目一致。如果一份证书包括几种商品，应将相应的不同编码分别列出。

（9）数量（quantity）：以货物的计量单位填制，即量值加上计量单位，如“300 SETS”。以重量单位计量的，应注明毛重或净重。

（10）发票号和发票日期（number and date of invoice）：与商业发票的同类内容完全一致。

（11）出口商声明（declaration by the exporter）：要求申请企业在本栏签字盖章（要中英文对照的图章），其企业的签字人必须事先在署机构办理登记注册，签字不能与盖章重叠，并填制签署日期和地点。申报日期不得早于发票日期。

（12）签证机构证明（certification）：签证机构签字和盖章，并填写签署地点和日期。本栏日期不得早于 11 栏日期。签字也不能与盖章重叠。

2. 普惠制原产地证明书（GSP form A）的填制（样单参阅表 16-2）

普惠制原产地证明书共有 12 项栏目，各栏内容和填写方法与一般原产地证书基本相同。缮制时可参照一般原产地证书填写。但个两证书不同的地方有：①普遍惠制原产地证明 FORM A 中有商品序号（Item Number）栏而一般原产地证书没有。②普惠制原地产证明书有“原产地标准”（origin criterion）栏，而一般原产地证书有商品编码（H. S. Code）栏。普惠制原产地证明书的标准栏是国外海关审核的重点栏目。如果本商品完全是出口国自产商品，则填代号“P”，至于在出口国加工或含有部分进口成分，要参照该证书的背面解释以及按有关规定填制，或与当地出入境检验检疫局联系。③两证下方的盖章签字处位置刚好反。

另外，保险单的内容和缮制请见第 15 章。

表 16-1　一般原产地证明书样单

ORIGINAL

1.Exporter CHINA NATIONAL NONFERROUS MENTALS I/E CORP., GUIZHOU BRANCH 36 ZUNYI ROAD，GUIYANG，GUIZHOU，CHINA TEL: 0851-5852037　FAX: 0851-5877462	Certificate No. **CERTIFICATE OF ORIGIN OF THE PEOPLE'S REPUBLIC OF CHINA**
2.Consignee JAMES　KING AND CO.INC. 19939 SW CIPOLE ROAD SHERWOOD,OREGON 97140 U.S.A TEL: 00966-1-4659220　FAX: 00966-1-4659213	
3.Means of transport and route FROM HUANGPU PORT CHINA TO　PORTLAND,OREGON , USA BY SEA FREIGHT	5.For certifying authority use only
4.Country / region of destination UNITED STATES OF AMERICA	

6.Marks and numbers	7.Number and kind of packages; description of goods	8.H.S.Code	9.Quantity	10.Number and date of invoices
N/M CONTAINER NO. KNLU32438/20'/1063	NO.200 MANIFEST BOXES IN 367 PAPER BOXES 3670EA NO.2800 REFLECTOR BARS IN 464 PAPER BOXES 37120EA NO.284SL REFLECTOR ANGIE LEFT IN 116 PAPER BOXES 4640EA NO.284SR REFLECTOR ANGIE RIGHT IN 116 PAPER BOXES 4640EA TOTAL 1063 PAPER BOXES	2021.1011	1063 PAPER BOXES	GB99-16-I DEC.,28,2021
WE HEREBY CERTIFY THAT GOODS EXPORTED ARE WHOLLY OF CHINESE ORIGIN. * * * * * * * * * * * * * * * * *				

11.Declaration by the exporter	12.Certification
The undersigned hereby declares that the above details and statements are correct, that all the goods were produced in China and that they comply with the Rules of Origin of the People's Republic of China. （出口公司盖章处） GUIYANG, CHINA　DEC.,28, 2021 -- Place and date, signature and stamp of authorized signatory	It is hereby certified that the declaration by the exporter is correct. （贸促会签证机关盖章签字处） GUIYANG, CHINA　DEC., 28,2021 -- Place and date, signature and stamp of certifying authority

表 16-2 普惠制原产地证明书 FORM A 样单

ORIGINAL

1. Goods consigned from (Exporter's business name, address, country)
CHINA NATIONAL NONFERROUS MENTALS
I/E CORP., GUIZHOU BRANCH
36 ZUNYI ROAD, GUIYANG, GUIZHOU, CHINA
TEL: 0851-5852037 FAX: 0851-5877462

Reference No.

GENERALIZED SYSTEM OF PREFERENCE

CERTIFICATE OF ORIGIN

(Combined Declaration and Certficate)

FORM A

Issued in **THE PEOPLE'S REPUBLIC OF**
(country)

See Notes overleaf

2. Goods consigned to (Consignee's name, address, country)
JAMES KING AND CO.INC. 19939 SW
CIPOLE ROAD SHERWOOD,OREGON 97140 U.S.A
TEL: 00966-1-4659220 FAX: 00966-1-4659213

3 Means of transport and route (as far as known)
FROM HUANGPU PORT TO PORTLAND, OREGON,U.S.A. BY SEA

4. For official use

5. Item number	6. Marks and numbers of packages	7. Number and kind of packages; description of goods	8. Origin criterion (see Notes overleaf)	9. Gross weight or other quantity	10. Number and date of invoices
	N/M	N/MNO.200 MANIFEST BOXES IN 367 PAPER BOXES 3670EA			
	CONTAINER NO. KNLU32438/20'/1063	NO.2800 REFLECTOR BARS IN 464 PAPER BOXES 37120EA NO.284SLEFLECTORANGIE LEFT IN 116 PAPER BOXES 4640EA NO.284SR REFLECTOR ANGIE RIGHT IN 116 PAPER BOXES 4640EA TOTAL 1063 PAPER BOXES	"P"	1 200KGS	GB99-16-I DEC.,28,2021

* * * * * * * * * * * * * * * * *

11. Certification
It is hereby certified, on the basis of control carried out, that the declaration by the exporter is correct.

Place and date, signature and stamp of certifying authority

12. Declaration by the exporter
The undersigned hereby declares that the above details and statements are correct, that all the goods were produced in

CHINA
(country)

and that they comply with the origin requirements specified for those goods in the Generalized System of Preferences for goods exported to

U.S.A
(importing country)

Place and date, signature and stamp of authorized signatory

五、出口结汇单证缮制训练项目

（一）出口结汇单证制作训练一：审证制单

要求：认真阅读信用证，结合前面所学制单知识，根据信用证要求，缮制所需单据。

目的：熟悉信用证的特殊英文表述，结合贸易原理知识，掌握证中各制单条款要求，培育单据制作能力。

训练具体内容：根据信用证的内容缮制下列单据（空白单证见第 17 章）：

1. Signed Commercial Invoice
2. Bill of Exchange
3. B/L
4. Packing List
5. CERTIFICATE OF ORIGIN GSP FORM A.

（信用证样单 1 ）

ISSUE OF A DOCUMENTARY CREDIT

ISSUING BANK：ASAHI BANK LTD.，TOKYO
SEQUENCE OF TOTAL：1/1
FORM OF DOC. CRDIE：IRREVOVABLE
DOC. CREDIT NUMBER：ABL-AN107
DATE OF ISSUE：20210405
EXPIRY：DATE 20210615 PLACE CHINA
APPLICANT：ABC. CORPORATION，OSAKA，JAPAN
BENEFICIARY：SHANGHAI TEXTILES IMP. AND EXP. CORPORATION 27 ZHONGSHAN ROAD，SHANGHAI，CHINA
AMOUNT：USD8，245.00（SAY US DOLLARS EIGHT THOUSAND TWO HUNDRED AND FOURTY FIVE ONLY.）
AVAILABLE WITH/BY：ASAHI BANK LTD. NEW YORK BRANCH BY NEGOTIATION
DRAFTS AT：DRAFTS AT SIGHT FOR FULL INVOICE VALUE
DRAWEE：ASAHI BANK LTD.，TOKYO
PARTIAL SHIPMENTS：ALLOWED
TRANSSHIPMENT：ALLOWED
LOADING IN CHARGE：SHANGHAI PORT
FOR TRANSPORT TO…：OSAKA，JAPAN
LATEST DATE OF SHIP：20210531
DESCRIPT. OF GOODS：100% COTTON TOWEL AS PER S/C. NO. SH107，
PACKING：190PCS/CTN

ART NO.	QUANTITY	UNIT PRICE
F2388 (0428)	3 000 PIECES	USD 1.00
T4939 (0427)	3 000 PIECES	USD 1.00
K5306 (0429)	2 000 PIECES	USD 1.25

PRICE TERM: CIF OSAKA

DOCUMENTS REQUIRED: 1) 3/3 SET OF ORIGINAL CLEAN ON BOARD OCEAN BILLS OF LADING MADE OUT TO ORDER OF SHIPPER AND BLANK ENDORSED AND MARKED " FREIGHT PREPAID" NOTIFY APPLICANT (WITH FULL NAME AND ADDRESS)

2) ORIGINAL SIGNED COMMERCIAL INVOICE IN 5 FOLD

3) INSURANCE POLICY OR CERTIFICATE IN TWO FOLD ENDORSED IN BLANK, FOR 110PCT OF THE INVOICE VALUE COVERING THE INSTITUE CARGO CLAUSES (A), THE INSTITUTE WAR CLAUSES, INSURANCE CLAIMS TO BE PAYABLE IN JAPAN IN THE CRRENCY OF THE DRAFTS.

4) CERTIFICATE OF ORIGIN GSP FORM A. IN 1 ORIGINAL AND 1 COPY.

5) PACKING LIST IN 3 FOLD

ADDITIONAL COND.: 1. T. T. REIMBURSEMENT IS PROHIBITED.

2. THE GOODS TO BE PACKED IN EXPORT STRONG COLORED CARTONS.

3. SHIPPING MARKS: ITOCHU
OSAKA
NO. 1-800

DETAILS OF CHARGES: ALL BANKING CHARGES OUTSIDE JAPAN INCLUDING REIMBURSEMENT COMMISSION ARE FOR ACCOUNT OF BENEFICIARY.

PRESENTATION PERIOD: DOCUMENTS TO BE PRESENTED WITHIN 15 DAYS AFTER THE DATE OF SHIPMENT, BUT WITHIN THE VALIDITY OF THE CREDIT.

CONFIRMATION: WITHOUT

INSTRUCTIONS: THE NEGOTIATION BANK MUST FORWARD THE DRAFTS AND ALL DOCUMENTS BY REGISTERED AIRMAIL DIRECT TO US IN TWO CONSECUTIVE LOTS, UPON RECEIPT OF THE DRAFTS AND DOCUMENTS IN ORDER, WE WILL REMIT THE PROCEEDS AS INSTRUCTED BY THE NEGOTIATING BANK.

发票号码	SH-2575	发票日期	APR. 20 2021	FORM A. 号码	SH8/27685/1007
单位毛重	25KGS	单位净重	23KGS	单位尺码	(60×20×50) CM
船名	DIEK335 V. 007	原材料情况	完全自产品	集装箱号	SOCU1285723/20' MAKU5879523/20
提单号码	KFT2582588	提单日期	MAY 15, 2021	保险单号码	PIC20217814

(二) 出口结汇单证制作训练二：审证制单

要求：认真阅读信用证，结合前面所制单知识，根据信用证要求，缮制所需单据。

目的：熟悉信用证的特殊英文表述，结合贸易原理知识，掌握信用证中各制单条款要求，培育单据制作能力。

训练具体内容：根据信用证样单 2 的内容缮制下列单据（空白单证见第 17 章）。

1. Signed Commercial Invoice
2. Bill of Exchange
3. B/L
4. Packing List

（信用证样单 2）

A Documentary Letter of Credit

FIRST BANGKOK CITY BANK LTD. HEAD OFFICE
20 YUKHON 2 ROAD, BANGKOK 10100, THAILAND
P. P. BOX 75 BANNGKOK 10501 THAILAND
BANGKOK Nov. 13, 2021
THIS CREDIT IS SENT TO THE ADVISING BANK BY AIRMAIL
IRREVOCABLE DOCUMENTARY CREDIT
NO. 001-10397-2021
ADVISING BANK:
BANK OF CHINA, QINGDAO, CHINA
APPLICANT:
NAN HENG INTERNATIONAL TRADE CO.,
104/4 LARDP RD. WANGT
BANGKAPI. BKK
BENEFICIARY
SHANDONG IMP/EXP CORP.
62, JIANGXI RD. QINGDAO
CHINA
AMOUNT: USD6622
(US DOLLAR (SIX THOUAND SIX HUNDRED TWENTY-TWO ONLY)
CFR BANGKOK
EXPIRY DATE: JAN. 15, 2022
DEAR SIRE
WE HEREBY ISSUE AN IRREVOCABLE DOCUMENTARY CREDIT IN YOUR FAVOUR WHICH IS AVAILABLE BY NEGOTIATION OF YOUR DRAFT (S) AT SIGHT DRAWN ON US, FOR 100% INVOICE VALUE MARKED AS DRAWN UNDER THIS CREDIT ACCOMPANIED BY THE FOLLOWING DOCUMENTS:
—SIGNED COMMERCIAL INVOICE IN 9 COPIES, MENTIONING SEPARATELY FOB VALUE, FREIGHTER CHARGE.

SHIPMENT FROM CHINA TO BANGKOK
LATEST DEC. 31, 2021
PARTIAL SHIPMENT:: PERMITTED
TRANSSHIPMENT: PERMITTED
SPECIAL CONDITIONS: ALL DOCUMENTS MENTIONING THIS CREDIT NUMBER
ALL CHARGES INCURRED OUTSIDE THAILAND ARE FOR BUYER'S ACCOUNT
NEGOTIATIONS UNDER THIS CREDIT ARE RESTRICTED TO THE ADVISING BANK
INSTRUCTIONS TO NEGOTIATING BANK:
1. THE AMOUNT OF EACH DRAWING MUST BE ENDORSED ON THE REVERSE HEREOF.
2. ALL DOCUMENTS AND DRAFTS ARE TO BE DESPATCHED IN TWO SETS BY CONSECUTIVE AIRMAILS TO US.
3. PLEASE CLAIM REIMBURSEMENT BY METHOD MARKED
X□ BY DEBITING OUR ACCOUNT WITH YOU
X□ BY DRAWING ON FIRST BANGKOK CITY BANK LTD.

WE HEREBY AGREE WITH THE DRAWER, ENORSERS AND BONA FIDE HODERS THAT DRAFTS DRAWN AND NEGOTIATED IN CONFORMITY THE WITH TERMS OF THIS CREDIT WILL BE DULY HONOURED ON PRESENTATION AND THAT DRAFTS ACCEPTED WITHIN THE TERMS OF THIS CREDIT WILL BE DULY HONOURED AT MATURITY.

—FULL SET OF CLEAN ON BOARD OCCEAN BILLS OF LADING IN TRIPLICATE WITH TWO NON-NEGOTIABLE COPIES MADE OUT TO THE ORDER OF FIRST BANGKOK CITY BANK LTD., BANGKOK, NOTIFY APPLICANT AND MARKED FREIGHT PREPAID. —PACKING LIST IN SIX COPIES. EVIDENCING SHIPMENT OF 900 DOZ. TRI-CIRCLE BRAND BRASS PADLOCKS DETAILS AS PER ORDER DATED NOV. 9, 2021. (S/C NO. 89A15AAL5029)	YOURS FAITHFULLY FORFIRST BANGKOK CITY BANK LTD.

（三）训练三：审证制单

要求：认真阅读信用证，结合前面所制单知识，根据信用证要求，缮制所需单据。

目的：熟悉信用证的特殊英文表述，结合贸易原理知识，掌握信用证中各制单条款要求，培育单据制作能力。

训练具体内容：根据信用证样单 3 的内容缮制下列单据（空白单证见第 17 章）：

1. Signed Commercial Invoice
2. Bill of Exchange
3. B/L
4. Packing List
5. Insurance Policy

六、训练组织形式与要求

（1）形式：运用电子设备，以电子单证的形式制作单证，教师先讲解、示范，然后布置模拟训练作业，学生提交填制好的电子单证或打印书面的单证，供教师审查和提问。

（2）要求：要求学生正确填写各种单证中的每一项内容。

（信用证样单3）

A Documentary Letter of Credit

THE BANK OF TOKYO, LTD. NAGOYA OFFICE
P. O. BOX 240, NAGOYA- NAKA, NAGOYA
460- 91 JAPAN
PLACE AND DATE OF ISSUE
NAGOYA, OCT. 6, 2021
CREDIT NUMBER
052- LC - 153639
This credit refers to our preliminary advice cable of today.
IRREVOCABLE DOCUMENTARY CREDIT
EXPIRY DATE AT COUNTER OF NEGOTIATION
BANK JAN. 15, 2022
APPLICANT
TOYOHANM AND CO., LTD.
56, NISHIKI 6- CHOME, NAKAKU
NAGOYA, JAPAN
BENEFICIARY
SHANDONG ZHONGHUA TEXTILES I/E CORP.
12, ZHENJIANG ROAD, QINGDAO, P. R. OF
CHINA
ADVISING BANK
BANK OF CHINA, SHANGDONG BRANCH
62-ZHONGSHAN LU, QINGDAO
SHANDONG PROV., P. R. OF CHINA
AMOUNT USD66, 500.00
CREDIT AVAILABLE WITH FREELY NEGOTIABLE
BY ANY BANK BY NEGOTIATION AGAINST
PRESENTATION OF THE DOCUMENTS DETAILED
HEREIN AND OF YOUR DRAFT (S) AT SIGHT FOR
FULLINVOICE COST
DRAWN ON THE BANK OF TOKYO, LTD.
NEW YORK AGENCY, NEW YORK, N. Y.
PARTIAL SHIPMENTS ALLOWED
TRANSSHIPMENT PROHIBITED
SHIPMENT FROM CHINESE PORTS TO KOBE.
—SIGNED COMMERCIAL INVOICE IN TRIPLICATE
INDICATING THE CREDIT NUMBER.
—MARINE INSURANCE POLICY OF CERTIFICATE
IN DUPLICATE, ENDORSED IN BLANK, FOR 110%
OF THE INVOICEVALUE INCLUDING: OCEAN MARINE
CARGO CLAUSES (ALL RISKS), OCEAN MARINE CARGO
WAR RISK CLAUSES AND OCEAN MARINE CARGO
STRIKES RISKS AND CIVIL COMMOTIONS CLAUSES
OF THE PEOPLE'S INSURANCE COMPANY OF CHINA
INCLUDING WAREHOUSE TO WAREHOUSE CLAUSE,
CLAIMS PAYABLE IN JAPAN IN CURRENCY OF DRAFTS.
—FULL SET OF CLEAN ON BOARD COMBINED
TRANSPORT BILL OF LADING ISSUED BY
SINOTRANS DATED NOT LATER THAN DEC. 31,
2021 MADE OUT TO ORDER OF SHIPPER AND
ENDORSED IN BLANK, MARKED " FREIGHT
PREPAID" NOTIFY APPLICANT. NON - NEGOTIABL
B / L IN TWO COPIES.
—COPY OF BENEFICIARY'S CABLE OR FAX TO
THE APPLICANT ADVISING CONTRACT NO., L / C
NO., AMOUNT, QUANTITY OF CARGO SHIPPED
G. W. AND N. W. . B / L NO., NAME, VOYAGE NO
OF STEAMER AND DATE OF SHIPMENT.
—PACKING LIST IN TRIPLICATE.
—BENEFICIARY'S CERTIFICATE STATING THAT
ALL NON- NEGOTIABLE SHIPPING DOCUMENTS
HAVE BEEN HANDED TO SINOTRANS. FOR
TRANSMISSION TO THE SUMITOMO WAREHOUSE
CO., LTD., JAPAN.
—BENEFICIARY'S CERTIFICATE STATING THAT
G. S. P. CERTIFICTE OF ORIGIN FORM A H.S.NO.
6302 BY CHINESE GOVERNMENT AND / OR
CUSTOMS STATING FULL DETAILS AND L / C NO.
HAVE BEEN SENT DIRECTLY TO APPLICANT
IMMEDIATELY AFTER SHIPMENT
COVERING:
7 000 PCS OF 100% COTTON QUILT CASE D / NO
7834 145 X 195CM USD4.60 PER PC. COTRACT
NO. 92AB23M
7 000 PCS 100% COTTON QUILT CASE. D/NO.
7835 150 X 200CM USD4.90 PER PC. CONTRACT
NO. 92AB24
TRADE TERMS: C. I. F. KOBE
SPECIAL CONDITIONS: COPIES OF INVOICE
AND PACKING LIST AND B/L MUST BE SENT
TO APPLICANT DIRECTLY AND BENEFICIARY'S
CERTIFICATE TO THIS EFFECT REQUIRED.
THE GOODS MUST BE SHIPPED BY CONTAINER
AND B/L MUST SHOW THIS EFFECT.
REIMBURSEMENT CLAIMS BY TELECOMMUNI-
CATIONS ARE PROHIBITED.
ALL BANKING CHARGES (INCLUDING ADVISING
COMMISSION, PAYMENT COMMISSION, AND/OR
NEGOTIATION COMMISSION, REIMBURSEMENT
COMMISSION) OUTSIDE JAPAN ARE FOR ACCOUNT
OF BENEFICIARY
THE NEGOTIATION BANK MUST SEND THE DRAFTS
TO THE DRAWEE BANK AND ALL DOCUMENTS TO
US BY REGISTERED AND IN TWO CONSECUTIVE LOTS

第二节 进口单证的审核训练

一、进口单证的审核训练的目的

（1）了解进口单证与出口单证的关系，懂得进口单证的重要性。培养学生进口业务的操作能力。

（2）使学生学会如何审核国外受益人提交的全套进口单证。

二、进口单证审核的内容

（一）进口单证的审核

开证银行收到国外受益人提交的汇票及单据后，应根据信用证的具体规定及国际惯例“UCP600”，对单据和信用证进行审核。（根据“UCP600”，开证行有七个工作日的审核期）。如果审核无误，开证行即付款或承兑汇票，并通知开证申请人付款赎单。开证申请人在确认单据内容无误的情况下，向开证银行付款赎单。

审单是一项技术性很强的工作，是信用证支付方式中最重要、最复杂的一个环节，单据是否与信用证内容相符，直接关系到进口商的利益。因此，开证行与进口商必须谨慎小心地审单，只有单单相符，单证相符，才能付款。

（二）审核进口单证的要点

1. 汇票审核要点

（1）出票地点应是出票人所在城市名称。

（2）出票日期不得晚于交单期和信用证的有效期。

（3）出票人的名称与受益人名称是否一致。

（4）汇票期限是否符合信用证规定。

（5）汇票大小写金额是否一致。

（6）信用证项下汇票的付款人应是银行，而不应是开证申请人。

（7）汇票金额与发票金额是否一致。

（8）汇票金额是否超过信用证的金额。

（9）汇票要显示开证行名称、开证日期、信用证编号、审核汇票是否已包含这些内容。

（10）审核背书是否正确。

2. 发票审核要点

（1）审核发票是不是受益人出具的。一般发票无须签字，但信用证要求，出单人必须签字。

（2）除非另有规定，发票的抬头人必须是开证申请人。

（3）发票的货物描述与信用证的货物描述是否一致。

（4）发票上的唛头与其他单据上的唛头是否一致。

（5）发票金额与汇票金额是否一致。

（6）除非另有规定，发票金额不得超过信用证金额。

（7）发票上使用的货币是否与信用证的一致。

（8）如果信用证要求出具证明发票，审核发票是否已满足该要求。

（9）审核发票份数是否与信用证规定相符。

（10）审核正本发票上是否标明“original”（正本）字样。

3. 单审核要点

（1）审核提交的提单是否为全套正本单据。

（2）收货人的填写方法是否符合信用证的要求。

（3）审核发货人或其代理人的名称。

（4）被通知人的名称和地址是否与信用证的规定一致。

（5）审核装卸港是否与信用证规定一致。

（6）审核提单上的唛头与其他单据上的唛头是否一致。

（7）审核提单上的货物描述是否与信用证一致。按“UCP600”的规定，提单上的货物描述可用统称，但不得与信用证的规定相抵触。

（8）关于运费支付的批注是否与信用证要求一致。

（9）审核提单是否属于清洁提单。

（10）审核提单上的其他内容是否符合“UCP600”的规定。

4. 保险单审核要点

（1）保险单的名称是否符合信用证的要求。

（2）保险人应是保险公司、保险商或其代理人，而不是保险经纪人。

（3）唛头、包装及数量、货物描述是否与其他单据一致。

（4）保险险别、保险金额和保险单据上填写的货币是否符合信用证的规定。

（5）需要背书时，是否已正确地背书。

（6）审核装卸港、转运港是否与提单一致。

（7）保险单的签发日期或保险责任生效日期最迟不得晚于提单的签发日期。

三、训练项目

根据信用证，审核汇票、发票、提单和保险单。

要求：认真阅读信用证，结合前面所学知识，根据信用证严格审核其他单据。

目的：熟悉信用证开证的特殊英文表述，理解它与单据的关系和对单据的要求，培养进口业务实际操作能力。

训练具体内容：根据以下信用证的内容审核下列单据，将不符点找出来。

（一）信用证

YZYZ

FROM：ICBKCNBJ

INDUSTRIAL AND COMMERCIAL BANK OF CHINA（HEAD OFFICE）BEIJING

TO：CCBKCNB. IGLZ

INDUSTRIAL AND COMMERCIAL BANK OF CHINA（GUIZHOU PROVINCE BRANCH） GUIYANG

TIK （TESTKEY RESULT）070 343 TESTED ON 21/11/05

DATE：1105

MT TLX：TESTABLE TELEX FREE FORMAT

PR：NORMAL

：20 / TRANSACTION REFERENCE NUMBER：WIL983284

：79X/NARRATIVE

ORIGINATOR：KEYBUS33SEA

KEYBANK NATIONAL ASSOCIATION

SEATTLE，WA

MT700：ISSUE OF A DOCUMENTARY CREDIT

: 27 / SEQUENCE OF TOTAL : 1 / 1
: 40A/FORM OF DOCUMENTARY CREDIT : IRREVOCABLE
: 20 / DOCUMENTARY CREDIT NUMBER : WIL983284
: 31C/ DATE OF ISSUE : 21/11/03
: 31D/DATE AND PLACE OF EXPIRY : 00/01/30 CHINA
: 50 / APPLICANT : JAMES KING AND CO., INC.
19939 SW CIPOLE ROAD
SHERWOOD, OREGON 97140 USA
: 59 /BENEFICIARY : CHINA NATIONAL NONFERROUS METALS
I/E GUIZHOU CO.
6-2 ZUN YI ROAD, GUIYANG
GUIZHOU 550002, PR. CHINA
: 32B/CURRENCY CODE AMOUNT : USD 75, 552.00
: 39A/PERCENTAGE CREDIT AMT TOLERANCE: 10 / 10
: 41D/ AVAILABLE WITH …BY …NAME/AD: ANY BANK BY NEGOTIATION
: 42C/DRAFT AT … : 30 DAYS AFTER B/L DATE
: 420/DRAWEE NAME AND ADDRESS : KEYBANK NATIONAL ASSOCIATION
: 43P/PARTIAL SHIPMENT : PERMITED
: 43T/TRANSSHIPMENT : PERMITED
: 44A/ON BOARD/DISP/TAKING CHARGE : CHINA
: 44C/FOR TRANSPORTATION TO : PORTLAND, OREGON U.S.A.
: 44C/LATEST DATE OF SHIPMENT : 21/12/28
+MERCHANDISE AS PER PURCHASE ORDER NO. 6301
+3960EA OF NO. 200 MANIFEST BOXES AT USD2.96/EA TOTAL USD 11, 721.00
+39010EA OF NO. 284SL REFLECTOR ANGIE LEFT AT USD1.78/EA TOTAL USD8, 686.40
+1880EA OF NO. 284SL REFLECTOR ANGIE RIGHT AT USD1.78/EA TOTAL USD8, 686.40
+TOTAL USD75, 552.00
46A/DOCUMENTS REQUIRED:
+SIGNED COMMERCIAL INVOICE IN ORIGINAL AND THREE COPIES CERTIFYING THAT EACH ITEM IS PROMINENNTLY MARKED WITH THE COUNTRY OF ORIGIN PER U. S. CUSTOMS REGULATIONS.
+FULL SET OF CLEAN ON BOARD OCEAN BILL OF LADING PLUS ONE NON-NEGOTIABLE COPY ISSUED TO THE ORDER OF SHIPPER, BLANK ENDORSED, MARKED FREIGHT PREPAID AND DATEDNOT LATER THAN DECEMBER 28, 2021, NTIFY JAMES KING AND CO., INC., 19939 SW CIPOLE ROAD, SHERWOOD, OREGON 97140 AND L. D. TONSAGER, PO BOX 55517, PORTLAND, OREGON 97238 USA.
+PACKING LIST IN TRIPLICATE.
+ INSPECTION CERTIFICATE IN DUPLICATE.
+ INSURANCE POLICY OR CERTIFICATE FOR 110 PERCENT INVOICE VALUE WITH CLAIMS

PAYABLE IN THE USA INCLUDING MARINE CARGO CLAUSES, ALL RISKS, WAR RISKS, STRIKES, RIOTS AND CIVIL COMMOTION CLAUSES.

: 47A/ADDITIONAL CONDITIONS:

+ USD35, 00 WILL BE CHARGED TO THE BENEFICIARY FOR OUR HANDLING NON-CONFORMING DOCUMENTS AND/OR REQUEST TO WAIVE DISCREPANCIES . THIS DOES NOT MEAN THAT DISCREPANCIES WILL BE WAIVED BY US.

+ ACCEPTANCE COMMISSION FOR THE ACCOUNT OF THE APPLICANT AND DISCOUNT CHARGES ARE FOR THE ACCOUNT OF THE BENEFICIARY. PAYMENT WILL BE EFFECTED 30DAYS AFTER BILL OF LADING DATE. BENEFICIARY MAY REQUEST PAYMENT AT SIGHT IN WHICH CASE. DISCOUNT CHHARGE AT THE PREVAILING RATES SHALL BE DEDUCTED FROM THE PROCEEDS.

+ DRAFTS AND DOCUMENTS MUST BE PRESENTED IN ENGLISH.

: 71B/CHARGE : ALL BANKING CHARGES OTHER THAN OURS ARE FOR THE ACCOUNT OF THE BENEFICIARY.

: 48 / PERIOD FOR PRESENTATION: DOCUMENTS MUST BE PRESENTED WITHIN 21 DAYS AFTER THE DTAE OF ISSUE OF THE TRANSPORT DOCUMENT (S) BUT WITHIN THE VALIDITY OF THE CR EDIT.

: 49/CONFIRMATION INSTRUCTIONS: WITHOUT .

: 73 /INSTRUCS TO PAY/ACCPT/NEGOT BA:

NEGOTIATIONS MUST BE NOTED ON THE REVERSE OF THIS ADVICE BY THE BANK EFFECTING SUCH NEGOTIATIONS. WE ENGAGE WITH DRAWERS, ENDORSERS, AND BONAFIDE HOLDER THAT DRAFTS IN CONFORMANCE WITH THE ITEMS OF THIS CREDIT WILL BE HONORED UPON PRESENTATION TO THE DESIGNATED PAYING BANK.

+DOCUMENTS MUST BE DISPATCHED TO KEYBANK NATIONAL ASSOCIATION, INTERNATIONAL DIVISION, 700 FIFTH AVENUE, 52ND FLOOR, SEATTLE, WASHINGTON 98104 USA BY COURIER IMMEDIATELY AFTER NEGOTIATION. WE WILL REIMBURSE YOU IN ACCORDANCE WITH YOUR INSTRUCTIONS UPON RECEIPT OF DOCUMENTS IN STRICT COMPLIANCE WITH THE CREDIT ITEMS.

: 57D/ADVISE THOUGH: INDUSTRIAL AND COMMERCIAL BANK OF CHINA, GUIZHOU BRANCH GUIZHOU, PR. CHINA

TRAILER BLOCK:

: MAC / MESSAGE AUTHENTICATION CODE: FA606195

: CHK / CHECKSUM RESULT : 67E23CAF8FD4

+ - + - + - + - + - + - + -END OF FORWARDED MESSAGE - + - + - + - + - + - +

表 16-3　汇票

BILL OF EXCHANGE

凭 Drawn Under　KEYBANK NATIONAL ASSOCIATION　GB99-16-1

日期 Date　21/11/03　22/01/30 CHINA　@　%　按　息　付款

号码 No.　WIL983284　汇票金额 Exchange for　**USD71,554.40**　南京 Nanjing

见票 at　------------　日后(本汇票之副本未付)付交 sight of this FIRST of Exchange (Second of Exchange Being unpaid) Pay to the order of　INDUSTRIAL AND COMMERCIAL BANK OF CHINA GUIZHOU BRANCH

金额 the sum of　U.S.DOLLARS SEVENTY ONE THOUSAND FIVE HUNDRED FIFTY FOUR POINT FOUR ZERO ONLY.

此致 To　,
KEYBANK NATIONAL ASSOCIATION

CHINA NATIONAL NONFERROUS
METALS I/E GUIZHOU CO.,
6-2　ZUN YI ROAD, GUIYANG,
GUIZHOU, 550002.PR. CHINA

表 16-4　发票

CHINA NATIONAL NONFERROUS METALS

I/E CORPORATION GUIZHOU BRANCH

COMMERCIAL INVOICE

To: JAMES KING AND CO.INC. 19939 SW CIPOLE ROAD SHERWOOD,OREGON 97140 U.S.A

Invoice No.: GB21-16-I

Invoice Date: DEC.28, 2021

S/C No.: GB21-16

S/C Date: FEB.18,2021

From: HUANGPU PORT, CHINA TO PORTLAND, OREGON, U.S. A

Letter of Credit No.: WIL983284 NOV. 15,2021

Marks and Numbers	Number and kind of package Description of goods	Quantity	Unit Price	Amount
			CIF PORTLAND OREGON,USA	
N/M CONTAINER NO. KNLU32438/20'/1063	NO.200 MANIFEST BOXES IN 367 PAPER BOXES	3670EA	USD2.96/EA	USD10,863.20
	NO.2800 REFLECTOR BARS IN 464 PAPER BOXES	37120EA	USD1.19/EA	USD44,172.80
	NO.284SL REFLECTOR ANGIE LEFT IN 116 PAPER BOXES	4640EA	USD1.78/EA	USD8,259.20
	NO.284SR REFLECTOR ANGIE RIGHT IN 116 PAPER BOXES	4640EA	USD1.78/EA	USD8,259.20
	TOTAL 1063 PAPER BOXES			

TOTAL: 1063 PAPER BOXES USD71,554.40

SAY TOTAL: U.S.DOLLAR SEVENTY ONE THOUSAND FIVE HUNDRED FIFTY FOUR POINT FOUR ZERO ONLY.

CHINA NATIONAL NONFERROUS METALS I/E CORP.
GUIZHOU BRANCH
张宏

表 16-5 海运提单

1. Shipper Insert Name, Address and Phone CHINA NATIONAL NONFERROUS MENTALS I/E CORP., GUIZHOU BRANCH	**B/L No.** SCOISG7564
2. Consignee Insert Name, Address and Phone TO ORDER OF SHIPPER	中远集装箱运输有限公司 COSCO CONTAINER LINES TLX: 33057 COSCO CN FAX: +86(021) 6545 8984 ***ORIGINAL***
3. Notify Party Insert Name, Address and Phone **(It is agreed that no responsibility shall attach to the Carrier or his agents for failure to notify)** JAMES KING AND CO. INC. 19939 SW CIPOLE ROAD SHERWOOD, OREGON 97140 USA	Port-to-Port or Combined Transport **BILL OF LADING** RECEIVED in external apparent good order and condition except as other-Wise noted. The total number of packages or unites stuffed in the container,The description of the goods and the weights shown in this Bill of Lading are Furnished by the Merchants, and which the carrier has no reasonable means of checking and is not a part of this Bill of Lading contract. The carrier hasIssued the number of Bills of Lading stated below, all of this tenor and date,One of the original Bills of Lading must be surrendered and endorsed or signed against the delivery of the shipment and whereupon any other original Bills of Lading shall be void. The Merchants agree to be bound by the terms and conditions of this Bill of Lading as if each had personally signed this Bill of Lading. SEE clause 4 on the back of this Bill of Lading (Terms continued on the back Hereof, please read carefully). *Applicable Only When Document Used as a Combined Transport Bill of Lading.

4. Combined Transport * Pre - carriage by	**5. Combined Transport*** Place of Receipt
6. Ocean Vessel Voy. No. TIAN XIANG NO. 1	**7. Port of Loading** HUANGPU PORT, CHINA
8. Port of Discharge PORTLAND, OREGON, U. S. A.	**9. Combined Transport *** Place of Delivery

Marks & Nos. Container / Seal No.	No. of Containers or Packages	Description of Goods (If Dangerous Goods, See Clause 20)	Gross Weight Kgs	Measurement
N/M CONTAINER NO. KNLU32438/20' /1063	1063BOXES	NO. 200 MANIFEST BOXES IN 367 PAPER BOXES 3670EA NO. 2800 REFLECTOR BARS IN 464 PAPER BOXES 37120EA NO. 284SL REFLECTOR ANGIE LEFT IN 116 PAPER BOXES 4640EA NO. 284SR REFLECTOR ANGIE RIGHT IN 116 PAPER BOXES 4640EA TOTAL 1063 PAPER BOXES	2, 200KGS	2. 610CBM
		Description of Contents for Shipper's Use Only (Not part of This B/L Contract)		

10. Total Number of containers and/or packages (in words)

Subject to Clause 7 Limitation: SAY: 1063 PAPER BOXES ONLY

11. Freight & Charges	Revenue Tons	Rate	Per	Prepaid	Collect
				YES	NO
Declared Value Charge					

Ex. Rate:	Prepaid at	Payable at	Place and date of issue
	HUANGPU, CHINA		HUANGPU, CHINA
	Total Prepaid	No. of Original B(s)/L	Signed for the Carrier, COSCO CONTAINER LINES
	USD1600. 00	THREE	

LADEN ON BOARD THE VESSEL

DATE DEC., 28, 2021 BY

表 16-6 保险单

PICC 中国人民保险公司

The People's Insurance Company of China, Guizhou Branch

总公司设于北京一九四九年创立成

Head Office Beijing Established in1949

货物运输保险单

CARGO TRANSPORTATION INSURANCE POLICY

发票号 (INVOICE No.): GB99-16-I

合同号 (CONTRACT No.) GB99-16

信用证号(L/C No.):WIL983284

保单号次

POLICY No.: 00000034T

被保险人: CHINA NATIONAL NONFERROUS METALS CORPORATION I/E GUIZHOU BRANCH

Insured: CHINA NATIONAL NONFERROUS METALS CORPORATION I/E GUIZHOU BRANCH 中国人民保险公司（以下简称本公司）根据被保险人的要求，由被保险人向本公司缴付约定的保险费，按照本保险单承保险别和背面所载条款与下列特款承保下述货物运输保险，特立本保险单。

THIS POLICY OF INSURANCE WITNESSES THAT THE PEOPLE'S INSURANCE COMPANY OF CHINA (HERE INAFTER CALLED "THE COMPANY")AT TEE REQUEST OF THE INSURED AND IN CONSIDERATION OF THE A- GREED PREMIUM PAID TO THE COMPANY BY THE INSURED,UNDERTAKES TO INSURE THE UNDERMEN TIONED GOODS IN TRANSPORTATION SUBJECT TO THE CONDITINS OF THIS POLICY AS PER THE CLAUSES PRINTED OVERLEAF AND OTHER SPECIAL CLAUSES ATTACHED HEREON

标 记 MARKS &NOS	包装及数量 QUANTITY	保险货物项目 DESCRIPTION OF GOODS	保险金额 AMOUNT INSURED
N/M CONTAINER NO: KNLU3232438/20' 063/	IN 367PAPER BOXES 3670EA	NO.200 MANIFEST BOXES	USD11,949.52
	IN 464PAPER BOXES 37120EA	NO.2800 REFLECT BARS	USD48,590.08
	IN 116PAPER BOXES 4640EA	NO.284SL REFLECTOR ANGIE LEFT	USD9,085.12
	IN 116PAPER BOXES 4640EA	NO.284SR REFLECTOR ANGIE RIGHT	USD9,085.12
	IN 1063PAPER BOXES 16770EA		USD78,7O9.084

总保险金额:

TOTAL AMOUNT INSURED: UNITED STATES DOLLARS SEVENTY EIGHT THOUSAND SEVEN HUNDRED AND NINE POINT EIGHT FOUR ONLY

保费: PREMIUM AS ARRANGED　费率: RATE AS ARRANGE　装载运输工具 PER CONVEYANCE S.S. TIAN XIANG NO.1, P&O NEDLLOYD MARSEILLE V.05EK53

启运日期 SLG. ON OR ABT DEC.28,2021　自 FROM HUANGPU, CHINA　经 VIA　至 TO PORTLAND,OREGON U.S.A

承保险别:

CONDITIONS: COVERING ALL RISKS AND WAR RISKS AS PER OCEAN MARIN CARGO CLAUSES AND OCEAN MARIN CARGO WAR RISK CLAUSE OF THE PEOPLE' S INSURANCE COMPANY OF CHINA DATED 1/1/ 1981. INCLUDING S.R.C.C. RISK AS PER INSTITUTE STRIKE RIOTS AND CIVIL COMMOTIONS CLAUSES.

所保货物，如发生保险单项下可能引起索赔的损失或损坏，应立即通知本公司下述代理人查勘。如有索赔，应向本公司提交保险单正本（本保险单共有一份正本）及有关文件。如一份正本已用于索赔，其余正本自动失效。

IN THE EVENT OF LOSS OR DAMAGE WHICH MAY RESULT IN A CLAIM UNDER THIS POLICY,IMMEDIATE NO- TICE MUST BE GIVEN TO THE COMPANY'S AGENT AS MENTIONED HEREUNDER. CLAIMS,IF ANY,ONE OF THE ORIGINAL POLICY WHICH HAS BEEN ISSUED IN-ORIGINAL (S)TOGETHER WITH THE RELEVENT DOCUMENTS SHALL BE SURRENDERED TO THE COMPANY.IF ONE OF THE ORIGINAL POLICY HAS BEEN ACCOMPLISH,TE OTHERS TO BE VOID.

赔款偿付地点

CLAIM PAYABLE AT IN U.S.A. IN U.S.D

出单日期

ISSUING DATE DEC.28,2021

地址：中国贵州省贵阳市遵义路45号

邮编 (POST CODE):550002. Tel(0851)5822154

ADD:No.45, Zunyi Road, Guiyang, Guizhou, China

中国人民保险公司贵州省分公司

The Poeple's Insurance Company of China

Guizhou Branch

（保险公司负责人签名处）

四、训练的组织形式与要求

（一）训练地点

训练地点为国际商务电子实验室和外贸企业。

（二）训练的组织形式

（1）在教师指导下，根据提供的资料在规定的时间内，按要求完成训练任务。

（2）利用专业实验室教学软件，让学生反复练习。

（3）到校外训练基地观摩。

（三）训练要求

每个学生认真独立完成每个训练项目，完成的内容应真实并具有可行性。

第十七章 国际商务技能综合训练

国际商务从业人员应该自觉维护国家利益、社会利益和企业利益，因为微观层面的合同签订可能会影响到宏观层面的国家利益。在合同履行环节，忠实履行合同是基本的行业道德要求，要坚守“诚信”底线，不能弄虚作假。因为市场经济是法治经济，更是诚信经济。

国际商务业务的开展一般要从国际市场调研、市场细分、目标市场的选择等营销活动开始，目的是进入目标市场，与合作伙伴进行交易。整个过程可以概括为国际市场开拓和进出口合同履行两大部分内容，其中各环节基本技能的训练已在第二、三篇中一一介绍，对于一笔业务而言，从国际市场调研到结汇单证的缮制是一个有机的整体，所以，本章训练的目的是整合各环节基本技能的训练，从策划一个完整的国际商务项目开始，到完成一项进出口业务结束，形成完整的国际商务理念。

第一节 企业策划综合训练

国际商务项目策划是学生专业课学习的总结性环节，可以帮助学生针对某一现实问题，利用所学的专业知识结合实际，培养其分析问题、解决问题的能力，促使学生加快知识向能力的转化过程，使之成为一名合格的高等专门人才，为今后从事相关实践工作奠定基础。

一、训练的目的

（1）使学生了解我国对企业设立的相关法律法规、申办条件、程序与手续，了解企业成立与运作的全部内容与过程。

（2）使学生初步掌握小型企业的人员设置、投资与退出机制、财务预算与管理、公司章程与风险管理等，并学会策划企业成立方案的相关写作。

二、训练的内容与方法

（一）国际商务项目策划流程介绍（图 17-1）

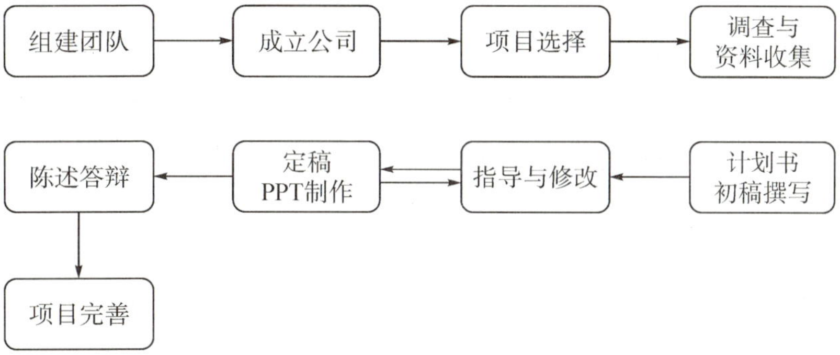

图 17-1　国际商务项目策划流程图

（二）企业策划操作训练

需要先将学生分组，组建创业团队，团队组建的方式和要求与其他章节的训练项目相似，以团队成员为基础成立公司，不足的人员通过招聘方式解决。

（1）成立公司，确定团队成员在公司中的角色与职责，明确公司性质，制定公司章程，搜集国家相关管理法规，确保公司成立与运作符合国家相关法律法规的规定。

（2）确定公司的主要架构与基本岗位设置，对不足人员主要采取招聘方式解决，明确各岗位工作职责、管理制度。

（3）确定公司资金来源、投资与退出机制。

（4）明确公司申办条件、程序、手续，各相关管理部门及其联系方式、地址，各公司成立与运营许可的证照，了解各环节在实际操作中可能产生的基本费用。

（5）确定公司业务范围、经营战略。

三、训练组织形式与要求

针对每个训练环节，以团队为单位进行讨论、写作，并实地观察各相关管理部门的办公地点、流程。

指导教师主要审定搜集的相关资料、公司架构和公司章程，考查团队在公司申办的条件、程序、手续、证照和费用方面的掌握。

第二节 国际商务项目策划综合训练

本环节的训练要求学生团队组建的公司提供一项具有市场前景的产品或服务，在深入研究和进行广泛市场调查的基础上，完成一份把产品或服务推向市场的完整、具体、深入的商业计划。所提出的产品或服务应为公司参与的发明创造或经授权的发明创造，也可以是一项可能实现开发研究的概念产品或服务，完成的项目策划报告书应可以投入市场直接应用。

一、训练目的

（1）使学生了解一项进出口业务进行的前提与基本条件。

（2）使学生在掌握产品服务项目选择、国际市场环境与竞争分析、国际市场营销决策方法的基础上，学会根据团队自身特点、公司优劣势选择国际商务项目，进行国际商务项目策划案的主体内容的写作。

二、训练内容与方法

（1）国际市场和本土市场调研，寻找国际市场机会。

（2）产品服务项目论证与选择。

（3）产品或服务描述。

（4）市场环境分析、竞争者分析。

（5）市场需求预估。

（6）公司 SWOT 分析。

（7）目标市场细分、目标市场选择、国际市场进入方式选择。

（8）投资预测，公司财务分析、项目财务预算。

（9）投资风险分析、项目风险预测。

（10）国际市场营销策略确定。

三、训练组织形式与要求

针对每个训练环节，以团队为单位通过分工合作收集相关数据进行分析，与指导教师反复进行讨论，进行国际商务项目策划书的写作，策划书的评定标准见表 17-1。

指导教师主要针对前两个环节审核项目的可行性，训练和考查团队在国际市场机会判断、项目选择方面的决策能力，针对其余环节训练学生的营销调研能力和营销决策能力。教师要注意严格把关，必须要确定项目以后，才允许学生进入以后环节的训练操作，以免项目选择上的反复，拖延训练时间。

表 17-1 国际商务项目策划书评定标准

（分值 1=很差，2=较差，3=一般，4=较好，5=很好，6=极好）

1. 概要（10%）（清晰、简洁、重点突出、具吸引力）

1 2 3 4 5 6

评价/问题：________________

2. 公司（10%）（商业目的、公司性质、公司背景及现状、创业理念、全盘战略目标）

1 2 3 4 5 6

评价/问题：________________

3. 产品/服务（10%）（描述、特征、商业价值、需求、技术含量、发展阶段、所有权状况）

1 2 3 4 5 6

评价/问题：________________

4. 市场及营销策略（10%）（市场描述、竞争分析、市场细分、市场定位、定价、营销渠道、促销方式）

1 2 3 4 5 6

评价/问题：________________

5. 经营（10%）（产品生产/服务计划、成本、毛利、经营难度、资源要求）

1 2 3 4 5 6

评价/问题：________________

6. 管理（10%）（关键人物背景、组织结构、人力需求、角色分配、实施战略能力）

1 2 3 4 5 6

评价/问题：________________

7. 财务分析（10%）

（财务报表清晰明了；与计划实施同步：第 1 年月报、第 2~3 年季报、4~5 年年报）

资产负债表	1	2	3	4	5	6
损益表	1	2	3	4	5	6
现金流量表	1	2	3	4	5	6
资金需求与运用	1	2	3	4	5	6

8. 回报（10%）（以条款方式提供所需投资、利益分配方式、可能的退出战略）

1　2　3　4　5　6

评价/问题：________________

9. 可行性（20%）（市场机会、竞争优势、管理能力、投资潜力）

9-1 市场机会（20%）　1　2　3　4　5　6

（明确的市场需求及其合适的满足方式）

9-2 竞争能力（20%）　1　2　3　4　5　6

（在市场上独有的，具有独特的核心能力以获取持续的竞争优势）

9-3 管理能力（20%）　1　2　3　4　5　6

（团队能够有效地发展企业，并合理规避投资风险）

9-4 财务预算（20%）　1　2　3　4　5　6

（团队在发展业务上有明确的财务需求）

9-5 投资潜力（20%）　1　2　3　4　5　6

（真正具有实际投资价值）

10. 简洁/清晰（5%）（是否大为 25 页且少有冗余）

1　2　3　4　5　6

评价/问题：________________

书面计划总体评价：

优势

劣势

第三节 进出口项目策划综合训练

一、训练的目的

通过训练，整合进出口业务各环节的基本技能，提高学生实际操作能力，要求学生在掌握交易对手寻找、交易对手调查方法的基础上，将前面所接受的进出口业务流程操作能力熟练运用于自己开设的公司的第一笔交易。

二、进出口业务综合训练的内容

（一）进出口业务流程介绍

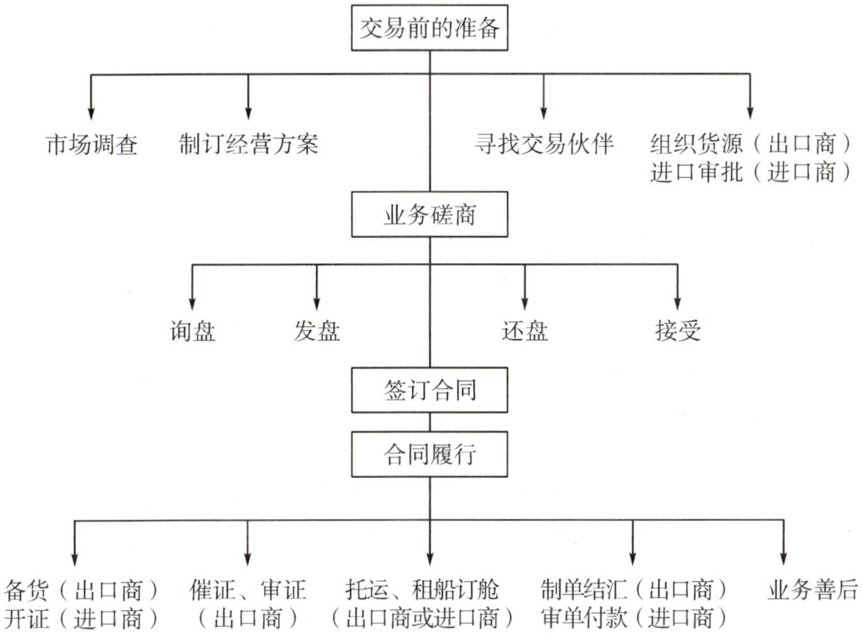

图 17–2 进出口业务流程

业务流程的前提是假定合同以信用证为支付方式，将进出口业务中进口商和出口商开展业务的步骤系统排列，其中有区别的操作步骤并列，括号内的备注表明完成该业务的当事人。如果选用其他支付方式，操作步骤仅在合同履行的部分发生改变。

企业进入国际市场可以有多种多样的选择，无论是进行单纯的货物间接出口、直接出口，还是与目标市场公司的合作，或者直接投资，国际商务活动的开展前期的步骤是相同的。鉴于商品的出口是企业拓展国际市场风险最小的方式，训练的重点放在货物进出口上。至于商品的进出口，因使用贸易术语不同，合同履行阶段交易双方所承担的义务会有所变化，具体区别见第二节表 17-2。

（二）训练内容

1. 训练项目一

从教材提供的训练背景资料中任选一个，按照上述步骤，从交易前的准备开始，用一个项目贯穿进出口业务的全过程。

2. 训练项目二（自拟项目）

（1）在教师的指导下，结合上一节的项目分析选择具体产品，先了解货源情况，获取一手商品资料。

（2）在国内市场分析的基础上，进行国际市场调研，市场细分，然后为产品选择目标市场，并制订进出口经营方案（具体方法参照第二篇内容）。

（3）模拟注册一个出口企业，与虚拟的进口公司洽谈业务。

（4）签订合同，具体步骤参照第三篇内容（空白合同见表 17-3）。

三、进出口业务流程训练的组织与控制

（一）训练的组织形式

针对每个训练环节，以团队为单位通过分工合作收集相关资料进行分析选择，通过讨论确定交易对手并进行进出口业务项目策划案的写作。

指导教师主要针对前两个环节判断团队对交易对手选择的合理性，并注意严格把关，要求学生尽可能选择目前在目标国市场真实存在且具有商业信誉的外贸企业作为交易对手，以保证训练的仿真性。

（二）训练的考核

根据学生的实际水平，教师按照业务流程中各环节的难易程度，分步骤给出具体分值，每完成一步，综合学生的学习态度、书面报告、课堂展示表现打分。对学生的考核实行动态管理。

第四节 进出口合同履行的综合训练

一、训练的目的

通过反复训练，让学生熟练掌握进出口合同履行相关环节的主要业务及操作技巧。

二、训练的内容

（一）履行进出口合同的步骤

国际商务业务中，交易双方履行合同所承担的义务由合同选用的贸易术语和结算方式决定。常常使用的贸易术语有 CIF、CFR、FOB，结算方式则多用 D/P 和 L/C，每一种贸易术语与结算方式的组合，交易双方所承担的义务都不一样，现分别对 L/C 与 CIF、D/P 与 CIF 的组合进行对比和介绍。

通过对两种结算方式的比较，合同履行的步骤清晰易懂，托收对出口商而言，风险比信用证方式大，但对进口商有利。进口商可以节省开证费用，不用支付进口押金，有利于其资金的融通，所以选用托收可以调动进口商的积极性，扩大出口量；从合同履行的角度看，托收便于货物及时装运，不受信用证条款限制和信用证迟到的影响。

信用证收汇安全，但进口商要缴纳开证费并向开证行支付押金；对出口商而言，安全收汇的条件是提交“单证一致”“单单一致”的结汇单据，对单据的要求较高，履行合同比托收复杂。

表 17-2　L/C 与 D/P 进出口合同履行流程比较

步骤	L/C+CIF 履约流程		D/P + CIF 履约流程	
	出口商	进口商	出口商	进口商
1	签订外销合同		签订外销合同	
2		开立信用证、支付开证费和押金	签订国内购销合同	

表12-2(续)

步骤	L/C+CIF 履约流程		D/P + CIF 履约流程	
	出口商	进口商	出口商	进口商
3	审核信用证		备货	
4	签订国内购销合同		选择货运代理托运	
5	备货		出口报检	
6	选择货运代理托运		到保险公司投保	
7	出口报检		到外管局申领核销单	
8	到保险公司投保		到海关报关	
9	到外管局申领核销单		货物装船、获取提单	
10	到海关报关		发送装船通知	
11	货物装船、获取提单		缮制结汇单据	
12	发送装船通知		向出口地银行交单托收	
13	缮制结汇单据		到银行办理结汇	付款，取回单据
14	向出口地银行交单议付		到外管局办理核销	到船公司换提货单
15	到银行办理结汇	审单付款	到国税局办理出口退税	进口报检
16	到外管局办理核销	到船公司换提货单		进口报关、缴税
17	到国税局办理出口退税	进口报检		提货
18		进口报关、缴税		到外管局办理进口付汇核销
19		提货		
20		到外管局办理进口付汇核销		

表中使用的是 CIF 贸易术语，出口商承担的义务多于进口商，如果改用 CFR 贸易术语，到保险公司投保的业务由进口商完成，对出口商而言，发送及时、有效的装运通知尤为重要，因为装运通知是买方投保的依据，遗忘通知或迟到的通知都会导致进口商漏保。

若又改为 FOB 贸易术语，则选择货运代理托运和到保险公司投保均由进口商负责，出口商承担的义务有所减少，使用这种贸易术语特别要注意的是船货衔接的问题，避免船等货或货等船的情况出现。

（二）训练内容

（1）延续上节的训练内容，首先在合同中使用 CIF 贸易术语、L/C 为支付方式，履行合同（所需结汇单据见附表，根据 L/C 要求选用）。

（2）更换贸易术语，选用 CFR 与 L/C 的组合，进行合同履行。

（3）再次更换贸易术语，选用 FOB 与 L/C 的组合，重复训练。

（4）更换支付方式，分别采用 D/P 与 CIF、D/P 与 CFR、D/P 与 FOB 的组合，重新开始合同履行的训练。

（5）除此之外，还可使用其他贸易术语和 T/T 等支付方式进行组合，反复训练。

三、进出口合同履行综合训练的组织与考核

（一）训练的组织和要求

（1）首先以 3 人小组的形式，组建公司，开展训练。

（2）安排 8~10 个组的学生扮演出口商，3~5 个组的学生扮演进口商，进行交易磋商，出口商、进口商之间的询盘、发盘、还盘、接受的往来函电，要求使用英文。

（3）双方签订进出口合同，开始商检、报关等一系列合同的履行。

（4）根据信用证或合同的要求，缮制结汇单据，并送银行议付。重复训练，直到学生基本掌握合同履行的步骤和方法。

（5）解散合作小组，要求学生以个人公司的形式，再次分别扮演进口商和出口商，独立完成合同的履行。

（6）进出口商之间交换角色，应尽可能地多做业务，熟练掌握进出口合同履行相关环节的主要业务及操作技巧。

（二）训练的考核

根据学生的实际水平，教师按照合同履行中各环节的难易程度，分步骤给出具体分值，每完成一步，都要对学生的实习日记、学习态度和实习报告进行打分。对学生的考核实行动态管理。

第五节 国际商务项目策划展示与答辩综合训练

本环节的训练要求学生团队按照完成的国际商务项目策划方案，制作 PPT 展示，在可能的情况下准备样品、宣传品，准备答辩资料，进行答辩和国际商务项目的完善。

一、训练的目的

（1）使学生了解国际商务项目策划的展示要点与技巧。

（2）使学生掌握国际商务项目策划案展示的 PPT 制作和答辩技巧。

二、训练的内容与方法

（一）PPT 的制作

制作 PPT 要反映项目策划案的全貌，避免以偏概全。具体要注意以下几点：

（1）PPT 的背景尽量简洁明快、色彩的对比度要大，避免采用色彩过于复杂浓厚、花哨的幻灯片背景。

（2）幻灯片内容要尽量简单明了、重点突出，多采用图、表和动画的方式，切忌复制文本在幻灯片上粘贴，表述过长、文字过小。

（二）样品、宣传品准备

部分较为简单的产品项目可以准备少量实物样品以增加项目的真实性，部分制作简单的宣传品也可以带入答辩现场，其余附件可以以电子版、图片、照片等形式展示。

（三）答辩准备

（1）分配答辩角色（一般是公司总经理担任主要陈述人，如果由其他人员主要陈述，需要特别说明）。

（2）介绍团队成员、担任的工作职责，介绍公司、业务范围、项目、产品、交易条件与交易合同，交易对手。一般单证部分只作简要说明和展示，以免费时过多。

（3）预先演示 PPT 和主体陈述的配合，确保陈述时间的充分利用和陈述内容的完整。

（四）答辩环节

答辩中团队要注意着装和精神风貌，表现团队成员的协作意识、项目陈述能力、答辩反应能力，答辩要思路清晰、逻辑严谨、语言流畅，回答问题时要正确理解评委的问题、回答准确可信，并对评委感兴趣的问题能做充分阐述。

（五）答辩评定标准

答辩评定标准如表 17-12 所示。

三、训练组织形式与要求

针对每个训练项目，以团队为单位进行制作和模拟训练，并参加班级的策划案展示，针对各策划案内容进行讨论和交流。

各团队项目策划完成后经指导教师审定同意，可进入答辩程序，按教师要求使用 PPT 展示和讲解自己的策划方案，回答评委教师提出的相关问题，通过答辩的团队，按要求完善方案后提交国际商务项目策划案纸质版 N（团队成员人数）+1 份、策划案及其附件和 PPT 的电子版各一份。成绩以答辩情况占 30%、策划案占 70%计算。

表 17-3 进出口合同

上海诚信进出口公司

SHANGHAI CHENGXIN IMPORT ANG EXPORT CORP.

35 NANJING ROAD, SHANGHAI

TEL：0086-021-48128021 FAX：0086-021-48128022

合 同

CONTRACT

卖方 SELLER：

编号 NO.：

日期 DATE：

地点：

买方 BUYER：

买卖双方同意以下条款达成交易：

This contract is made by and agreed between the BUYER and SELLER, in accordance with the terms and conditions stipulated below.

1. 品名及规格
   Commodity & Specification：
2. 数量
   Quantity：
3. 单价及价格条款
   Unit Price & Trade Terms：
4. 金额
   Amount：

允许　　溢短装，由卖方决定

With　　More or less of shipment allowed at the sellers' option.

5. 总值
   Total Value
6. 包装
   Packing
7. 唛头
   Shipping Marks：
8. 装运期
   Time of Shipment：
9. 装运港及目的地
   Port of Loading & Destination

From：

To：

10. 保险
    Insurance：
11. 付款方式
    Terms of Payment：
12. 备注
    Remarks

The Buyer
SHANGHAI CHENGXIN IMPORT& EXPORT CORP.
(signature)

The Seller
SAMSONG TECHWIN CO., LTD
(signature)

表 17-4　商业发票

<table>
<tr><td colspan="6">SHANGHAI CHENGXIN IMPORT AND EXPORT CORP.
35 NANJING ROAD, SHANGHAI
TEL：0086-021-48128021　FAX：0086-021-48128022</td></tr>
<tr><td colspan="6">COMMERCIAL INVOICE</td></tr>
<tr><td rowspan="4">To：</td><td rowspan="4" colspan="2"></td><td colspan="2">Invoice No.：</td><td></td></tr>
<tr><td colspan="2">Invoice Date：</td><td></td></tr>
<tr><td colspan="2">S/C No.：</td><td></td></tr>
<tr><td colspan="2">S/C Date：</td><td></td></tr>
<tr><td>From：</td><td colspan="2"></td><td>To：</td><td colspan="2"></td></tr>
<tr><td>Letter of Credit No.：</td><td colspan="2"></td><td>Issued By：</td><td colspan="2"></td></tr>
<tr><td></td><td colspan="2"></td><td></td><td colspan="2"></td></tr>
<tr><td>Marks and Numbers</td><td>Number and kind of package
Description of goods</td><td>Quantity</td><td colspan="2">Unit Price</td><td>Amount</td></tr>
<tr><td></td><td></td><td></td><td colspan="2"></td><td></td></tr>
<tr><td colspan="3">TOTAL：</td><td colspan="3"></td></tr>
<tr><td>SAY TOTAL：</td><td colspan="5"></td></tr>
<tr><td colspan="6"></td></tr>
</table>

表 17-5 装箱单

<table>
<tr><td colspan="8">SHANGHAI CHENGXIN IMPORT AND EXPORT CORP.
35 NANJING ROAD, SHANGHAI
TEL：0086-021-48128021 FAX：0086-021-48128022</td></tr>
<tr><td colspan="8">PACKING LIST</td></tr>
<tr><td rowspan="4">To：</td><td colspan="4" rowspan="4"></td><td colspan="2">Invoice No.：</td><td></td></tr>
<tr><td colspan="2">Invoice Date：</td><td></td></tr>
<tr><td colspan="2">S/C No.：</td><td></td></tr>
<tr><td colspan="2">S/C Date：</td><td></td></tr>
<tr><td>From：</td><td colspan="3"></td><td>To：</td><td colspan="3"></td></tr>
<tr><td colspan="2">Letter of Credit No.：</td><td colspan="2"></td><td>Issued By：</td><td colspan="3"></td></tr>
<tr><td colspan="2"></td><td colspan="2"></td><td></td><td colspan="3"></td></tr>
<tr><td colspan="2">Marks and Numbers</td><td>Number and kind of package
Description of goods</td><td colspan="2">Quantity</td><td colspan="2">Unit Price</td><td>Amount</td></tr>
<tr><td colspan="2"></td><td></td><td colspan="2"></td><td colspan="2"></td><td></td></tr>
<tr><td colspan="4">TOTAL：</td><td colspan="4"></td></tr>
<tr><td>SAY TOTAL：</td><td colspan="7"></td></tr>
<tr><td colspan="8"></td></tr>
</table>

表 17-6 海运提单

1. Shipper Insert Name, Address and Phone

B/L No.

2. Consignee Insert Name, Address and Phone

中远集装箱运输有限公司
COSCO CONTAINER LINES

TLX: 33057 COSCO CN
FAX: +86(021) 6545 8984

ORIGINAL

Port-to-Port or Combined Transport
BILL OF LADING

3. Notify Party Insert Name, Address and Phone (It is agreed that no responsibility shall attach to the Carrier or his agents for failure to notify)

RECEIVED in external apparent good order and condition except as other-wise noted. The total number of packages or unites stuffed in the container, The description of the goods and the weights shown in this Bill of Lading are Furnished by the Merchants, and which the carrier has no reasonable means Of checking and is not a part of this Bill of Lading contract. The carrier has Issued the number of Bills of Lading stated below, all of this tenor and date, One of the original Bills of Lading must be surrendered and endorsed or signed against the delivery of the shipment and whereupon any other original Bills of Lading shall be void. The Merchants agree to be bound by the terms And conditions of this Bill of Lading as if each had personally signed this Bill of Lading. SEE clause 4 on the back of this Bill of Lading (Terms continued on the back Hereof, please read carefully).
*Applicable Only When Document Used as a Combined Transport Bill of Lading.

4. Combined Transport * Pre - carriage by

5. Combined Transport* Place of Receipt

6. Ocean Vessel Voy. No.

7. Port of Loading

8. Port of Discharge

9. Combined Transport * Place of Delivery

Marks & Nos. Container / Seal No.	No. of Containers or Packages	Description of Goods (If Dangerous Goods, See Clause 20)	Gross Kgs	Weight Measurement

Description of Contents for Shipper's Use Only (Not part of This B/L Contract)

10. Total Number of containers and/or packages (in words)

Subject to Clause 7 Limitation

11. Freight & Charges	Revenue Tons	Rate	Per	Prepaid	Collect

Declared Value Charge

Ex. Rate:	Prepaid at	Payable at	Place and date of issue
	Total Prepaid	No. of Original B(s)/L	Signed for the Carrier, COSCO CONTAINER LINES

LADEN ON BOARD THE VESSEL

DATE BY

表 17-7 普惠制产地证书（FORM A）

ORIGINAL

1. Goods consigned from (Exporter's business name, address, country)	Reference No. GENERALIZED SYSTEM OF PREFERENCES CERTIFICATE OF ORIGIN (Combined declaration and certificate) FORM A Issued in THE PEOPLE'S REPUBLIC OF CHINA (country) See Notes overleaf
2. Goods consigned to (Consignee's name, address, country)	
3. Means of transport and route (as far as known)	4. For official use

5.Item number	6.Marks and numbers of packages	7. Number and kind of packages; description of goods	8. Origin criterion (see Notes	9. Gross weight or other	10. Number and date of invoices

11. Certification It is hereby certified, on the basis of control carried out, that the declaration by the exporter is correct. Place and date, signature and stamp of certifying authority	12. Declaration by the exporter The undersigned hereby declares that the above details and statements are correct. That all the goods were produced in ______________ (country) and that they comply with the origin requirements specified for those goods in the Generalized System of Preferences for goods exported to (importing country) Place and date, signature and stamp of authorized signatory

表 17-8　原产地证书

ORIGINAL

<table>
<tr><td colspan="3">1.Exporter</td><td colspan="3" rowspan="2">Certificate No.

**CERTIFICATE OF ORIGIN
OF
THE PEOPLE'S REPUBLIC OF CHINA**</td></tr>
<tr><td colspan="3">2.Consignee</td></tr>
<tr><td colspan="3">3.Means of transport and route</td><td colspan="3" rowspan="2">5.For certifying authority use only</td></tr>
<tr><td colspan="3">4.Country / region of destination</td></tr>
<tr><td>6.Marks and numbers</td><td colspan="2">7.Number and kind of packages; description of goods</td><td>8.H.S.Code</td><td>9.Quantity</td><td>10.Number and date of invoices</td></tr>
<tr><td colspan="3">11.Declaration by the exporter
The undersigned hereby declares that the above details and statements are correct, that all the goods were produced in China and that they comply with the Rules of Origin of the People's Republic of China.

Place and date, signature and stamp of authorized signatory</td><td colspan="3">12.Certification
It is hereby certified that the declaration by the exporter is correct.

Place and date, signature and stamp of certifying authority</td></tr>
</table>

表 17-9 保险单

中国人民保险公司

PICC

The People's Insurance Company of China

总公司设于北京 一九四九年创立
Head Office Beijing Established in 1949

货物运输保险单
CARGO TRANSPORTATION INSURANCE POLICY

发票号(INVOICE NO.)
合同号(CONTRACT NO.)
信用证号(L/C NO.)

保单号次
POLICY NO.

被保险人:
INSURED:

中国人民保险公司(以下简称本公司)根据被保险人的要求，由被保险人向本公司缴付约定的保险费，按照本保险单承保险别和背面所载条款与下列特别条款承保下述货物运输保险，特立本保险单。

THIS POLICY OF INSURANCE WITNESSES THAT THE PEOPLE'S INSURANCE COMPANY OF CHINA (HEREINAFTER CALLED "THE COMPANY") AT THE REQUEST OF THE INSURED AND IN CONSIDERATION OF THE AGREED PREMIUM PAID TO THE COMPANY BY THE INSURED, UNDERTAKES TO INSURE THE UNDERMENTIONED GOODS IN TRANSPORTATION SUBJECT TO THE CONDITIONS OF THIS OF THIS POLICY AS PER THE CLAUSES PRINTED OVERLEAF AND OTHER SPECIAL CLAUSES ATTACHED HEREON.

标 记 MARKS&NOS	包装及数量 QUANTITY	保险货物项目 DESCRIPTION OF GOODS	保险金额 AMOUNT INSURED

总保险金额
TOTAL AMOUNT INSURED: ____________________

保费:
PERMIUM: AS ARRANGED

启运日期
DATE OF COMMENCEMENT: ____________

装载运输工具:
PER CONVEYANCE: ____________

自
FROM: ____________

经
VIA ____________

至
TO ____________

承保险别:
CONDITIONS:

所保货物,如发生保险单项下可能引起索赔的损失或损坏,应立即通知本公司下述代理人查勘。如有索赔,应向本公司提交保单正本(本保险单共有　　份正本)及有关文件。如一份正本已用于索赔，其余正本自动失效。

IN THE EVENT OF LOSS OR DAMAGE WITCH MAY RESULT IN A CLAIM UNDER THIS POLICY, IMMEDIATE NOTICE MUST BE GIVEN TO THE COMPANY'S AGENT AS MENTIONED HEREUNDER. CLAIMS, IF ANY, ONE OF THE ORIGINAL POLICY WHICH HAS BEEN ISSUED IN 　　 ORIGINAL(S) TOGETHER WITH THE RELEVANT DOCUMENTS SHALL BE SURRENDERED TO THE COMPANY. IF ONE OF THE ORIGINAL POLICY HAS BEEN ACCOMPLISHED. THE OTHERS TO BE VOID.

中国人民保险公司
The People's Insurance Company of China

赔款偿付地点
CLAIM PAYABLE AT ____________

出单日期
ISSUING DATE ____________

____
Authorized Signature

表 17-10　装运通知

SHIPPING ADVICE

MESSRS:　　　　　　　　　　　　　　　　　　　　　　　　　　INV No.

DATE:

DEAR SIRS,

RE: ______________________

AS REQUESTED BY THE ABOVE CREDIT, WE HEREBY DECLARE THAT THE FOLLOWING GOODS HAVE BEEN SHIPPED TODAY:

COMMODITY:

QUANTITY:

VALUE:

CONVEYANCE:

PORT OF LOADING:

DESTINATION:

INSURANCE:

CONSIGNEE:

SHIPPING MARK:

表 17-11 汇票

BILL OF EXCHANGE

凭
Drawn Under
日期
Date @ % 按 息 付款
号码 汇票金额 南京
No. Exchange for Nanjing
见票 日 后 (本 汇 票 之 副 本 未 付) 付 交
at sight of this FIRST of Exchange (Second of Exchange
Being unpaid) Pay to the order of
金额
the sum of

此致
To

表 17-12 答辩评定标准

（分值 1=很差，2=较差，3=一般，4=较好，5=很好，6=极好）

1. 正式陈述（50%）

A. 清晰、有逻辑、按顺序提供材料　1　2　3　4　5　6

B. 用有意义的例子、广泛的论据来讲述公司需要的能力　1　2　3　4　5　6

C. 保持评委兴趣的能力　1　2　3　4　5　6

D. 视觉教具的质量　1　2　3　4　5　6

2. 回答提问（50%）

A. 理解评委提问的能力　1　2　3　4　5　6

B. 对评委的提问做出正确的充足的回答　1　2　3　4　5　6

C. 在限定的时间内回答　1　2　3　4　5　6

D. 自信（快速反应）　1　2　3　4　5　6

答辩总体评价：

优点

不足

参考文献

[1] 李晓璇. 国际商务综合实训教程 [M]. 2 版. 重庆：重庆大学出版社，2012.

[2] 李嘉珊. 国际商务礼仪 [M]. 北京：电子工业出版社，2018 (3)：61-62.

[3] 刘志强. 让更多中国企业迈向世界一流 [EB/OL]. (2022-03-23) [2022-06-24]. https://article.xuexi.cn/articles/index.html? art_id = 8202732765035430448&item_id = 8202732765035430448&study_style_id = feeds_default&t = 1648010830503&showmenu = false&ref_read_id = cd96b6f5 - 6b33 - 46ed - 8020 - b693cb046335_1656034733948&pid = &ptype = -1&source = share&share_to = copylink.

[4] 杨立新. 习近平进博会用典传递中国强音 [EB/OL]. (2021-11-07) [2022-06-24]. https://article.xuexi.cn/articles/index.html? art_id = 7085714895927791551&item_id = 7085714895927791551&study_style_id = feeds_default&t = 1636261184333&showmenu = false&ref_read_id = 12accb3b - 8b04 - 4f8c - 90ce - f3d40449add9_1656035458410&pid = &ptype = -1&source = share&share_to = copylink.

[5] 王淑娟. 中国国际商会与中国国际公共关系协会签署战略合作协议 [EB/OL]. (2021-05-12) [2022-06-24]. https://article.xuexi.cn/articles/index.html? art_id = 7034319453607331977&item_id = 7034319453607331977&study_style_id = feeds_opaque&t = 1620799914703&showmenu = false&ref_read_id = f72cd698-700a-4b2d-9b34-f42d4cc3be33_1656294352024&pid = &ptype = -1&source = share&share_to = copylink).

[6] 李红. 增强国有企业国际市场竞争力 [EB/OL]. (2020-05-18) [2022-06-27]. https://article.xuexi.cn/articles/index.html? art_id = 6391988239268432853&item_id = 6391988239268432853&study_style_id = feeds_default&t = 1604290656283&showmenu = false&ref_read_id = 8108b94b-83f4-419f-8f6d-8feac1946d90_1656298357519&pid = &ptype = -1&source = share&share_to = copylink.

[7] 张雯. 工信部：中小企业综合实力、核心竞争力和履行社会责任能力不断增强 [EB/OL]. (2022-06-14) [2022-06-27]. https://article.xuexi.cn/articles/index.html? art_id = 4808258223088645058&item_id = 4808258223088645058&study_style_id = feeds_default&t = 1655184236693&showmenu = false&ref_read_id = 28edd639 - 8d08 - 4844 - 8cf4 -

89268feb29ba_1656308184184&pid=&ptype=-1&source=share&share_to=copylink.

［8］任亮. 从三个维度做好调查研究工作［EB/OL］.（2022-06-14）［2022-06-27］. https://article.xuexi.cn/articles/index.html? art_id=7598922965003829l1&item_id=7598922965003829l1&study_style_id=feeds_default&t=1655262888307&showmenu=false&ref_read_id=09843029-19be-44ef-a717-b10b0a376631_1656308737740&pid=&ptype=-1&source=share&share_to=copylink.

［9］吴德群，刘洪伟. 自主研发瞄准国际细分市场 深圳家用电器出口火热［EB/OL］.（2022-01-06）［2022-06-27］. https://article.xuexi.cn/articles/index.html? art_id=277089607509184463&item_id=277089607509184463&reedit_timestamp=1641453614000&study_style_id=feeds_opaque&t=1641539527299&showmenu=false&ref_read_id=71af134c-15e3-4b98-b356-22d698af4118_1656310040300&pid=&ptype=-1&source=share&share_to=copylink.

［10］当代中国与世界研究院.《中国企业形象全球调查报告2021》［EB/OL］.（2021-12-07）［2022-06-27］. https://article.xuexi.cn/articles/index.html? art_id=8584897523880312322&item_id=8584897523880312322&study_style_id=feeds_default&t=1639042611633&showmenu=false&ref_read_id=a6640ef3-976f-407c-b2ac-ea9996eba633_1656311605010&pid=&ptype=-1&source=share&share_to=copylink.

［11］余建斌. 让企业创新"底子"厚"底气"足［EB/OL］.（2022-03-23）［2022-06-27］. https://article.xuexi.cn/articles/index.html? art_id=14089989468947081571&item_id=14089989468947081571&study_style_id=feeds_default&t=1648006240818&showmenu=false&ref_read_id=2c613f3c-77a9-46f8-baff-dddf6d38019c_1656312873626&pid=&ptype=-1&source=share&share_to=copylink.

［12］任彦，李晓宏，刘玲玲，等. 品质国货走出去，引领新时尚［EB/OL］.（2021-03-30）［2022-06-29］. https://article.xuexi.cn/articles/index.html? art_id=13681202689331307209&item_id=13681202689331307209&study_style_id=feeds_default&t=1617096909067&showmenu=false&ref_read_id=7e5a3cbe-e2dc-4d2c-bef5-ef4e1caaaf5b_1656310439034&pid=&ptype=-1&source=share&share_to=copylink.

［13］蒋正翔，张胜，王斯敏，等. 企业走出去：推动建设，更联通民心［EB/OL］.（2019-05-13）［2022-06-29］. https://article.xuexi.cn/articles/index.html? art_id=14876205673068937449&study_style_id=feeds_default&t=1557717039468&showmenu=false&ref_read_id=1bb78a20-b357-40c0-b6f6-6ab9d48fa13d_1656462204779&pid=&ptype=-1&source=share&share_to=copylink.

笔·记·用·纸

笔 · 记 · 用 · 纸